TEXTES DE LA RENAISSANCE
80
Série *L'Éducation des femmes à la Renaissance et à l'âge classique*
dirigée par Colette H. Winn

Correspondance

Cet ouvrage a été publié pour la première fois en 2004
dans la collection *Textes de la Renaissance* dirigée par Claude Blum, dans la série « L'Éducation des femmes à la Renaissance et à l'âge classique »
dirigée par Colette H. Winn

Anne Marie de Schurman

Correspondance

(1607-1678)

Édition critique par Constant Venesoen

PARIS
CLASSIQUES GARNIER

Constant Venesoen est professeur émérite de l'université de Western Ontario. Ses travaux portent principalement sur les auteurs classiques du XVIIe siècle, ainsi que sur la riche contribution de la littérature féminine, illustrée par Marie de Gournay, Madame de Lafayette, Madame de Brégy, Madame de Pringy et Mademoiselle de Schurman. Nous lui devons notamment la *Thématique de la mère dans la tragédie racinienne*.

Réimpression de l'édition de Paris, 2004.

ISBN 978-2-406-12951-6 (livre broché)
ISBN 978-2-8124-5195-9 (livre relié)
ISSN 1262-2842

AVANT-PROPOS

Jusqu'à présent le lecteur français n'a pas eu accès à l'œuvre d'Anne Marie de Schurman[1]. Plusieurs raisons expliquent cette lacune. La première tient au fait que la bibliographie abondante qui la concerne est la plupart du temps rédigée en néerlandais. La deuxième, également de nature linguistique, est liée aux langues de prédilection de l'auteur, soit le latin, le grec ou l'hébreu. Ainsi, son *Eucleria*[2], qui constitue un document autobiographique de premier ordre, est entièrement écrit en latin, avec une traduction en néerlandais qui date de 1684, et une autre en allemand de 1783. Enfin, une troisième raison est que, contre toute attente, la correspondance latine entre Anne Marie de Schurman et André Rivet, traduite pourtant en français par Guillaume Colletet en 1646, ne semble pas vraiment avoir retenu l'attention des milieux savants, mondains ou raffinés du XVIIe siècle français. Tallemant des Réaux, qui prononce les noms de Colletet et de Mlle de Schurman dans un même souffle, néglige de mentionner la traduction de Colletet. Anne Marie de Schurman, certes, est connue et reconnue, mais moins peut-être pour ses vues sur l'éducation des femmes que pour ses grands talents de polyglotte, que l'on associe d'emblée à son statut de femme savante.

---

[1] Lorsque Guillaume Colletet traduit une correspondance latine entre Anna Maria van Schurman et André Rivet, il francise le nom en « Anne Marie de Schurman ». Notons encore que la transcription des lettres françaises dans l'*Opuscula* (correspondance, poésies, éloges), est présentée sous le titre : *Lettres de madamoiselle de Schurman*. Étant donné que les noms de personnes dans les milieux savants ou théologiques étaient le plus souvent latinisés, on comprend d'autant mieux que Colletet s'en soit tenu à la version française du nom. C'est son droit le plus strict. Voir Guillaume Colletet, et la *Question celebre, s'il est necessaire, ou non, que les filles soient sçavantes*, Paris, Rolet le Duc, 1646. Après quelque hésitation, nous avons donc adopté la graphie de Colletet.

[2] *Eucleria, of Uitkiezing van het beste deel* (fac-simile de l'édition originale, chez Jacob vande Velde, Amsterdam, 1684), Leeuwarden, De Tille, 1978.

Lorsque les auteurs de l'*Histoire du féminisme français* l'évoquent, c'est pour en faire, comme l'avait fait Mario Schiff, une disciple de Marie de Gournay, alléguant que grâce à elle « le féminisme de Marie de Gournay ne s'est pas perdu dans le concert misogyne de l'époque pré-classique[3] ». C'était aller un peu vite en besogne, car contrairement à ce qu'on laisse entendre, la seule correspondance entre les deux femmes, que nous possédions, n'est constituée que de deux lettres où elles se livrent une brève joute amicale autour de l'importance de l'étude des langues[4].

Il ne s'agit donc pas de découvrir Anne Marie de Schurman en marge du féminisme français, moins éclatant du reste qu'on se l'imagine, mais plutôt, d'une part dans ses rapports nombreux avec les savants français de son époque, et d'autre part dans sa contribution à la « question féminine », telle qu'elle était posée au XVIIe siècle. Une femme savante, qu'elle soit hollandaise ou autre, qui pique la curiosité ou suscite l'intérêt de Descartes, de Guez de Balzac, du Père Mersenne, de Gassendi, de Naudé, de Jean le Laboureur[5] et de tant d'autres encore[6], sans mentionner les théologiens protestants français, André Rivet, Pierre du Moulin, Claude de Saumaise, une telle femme, disons-nous, ne saurait être ensevelie dans une note de détail mal débrouillée de la bibliographie générale de la littérature féminine de langue française.

---

[3] M. Albistur et D. Armogathe, *Histoire du féminisme français*, Paris, Éd. des femmes, 1977, I, p. 188, et Mario Schiff, *La fille d'alliance de Montaigne. Marie de Gournay*, Paris, Honoré Champion, 1910, p. 117. Rappelons aussi que Marie de Gournay est morte en 1645, donc sept ans avant la correspondance dite féministe de Mlle de Schurman avec André Rivet, et dont de toute façon elle n'a jamais eu connaissance. Le seul écrit de Mlle de Schurman qu'elle eût pu connaître est la *Dissertatio* parue en 1641. La même année Marie de Gournay publia la dernière édition des *Advis ou les presens de la demoiselle de Gournay*. On ne voit donc pas en quoi l'une aurait pu inspirer l'autre, ou en quoi Mlle de Schurman aurait été une disciple de la « fille d'alliance » de Montaigne.

[4] Ne faisons pas non plus grand cas de quelque six vers latins écrits en l'honneur de Marie de Gournay, avec la mention : « *Magni ac generosi animi Heroinae Gorna censi, causam sexus nostri fortiter defendenti gratulatur* » (*Opuscula Hebraea, Graeca, Latina, Gallica : prosaica adque metrica*, Utrecht, Joh. Wasberge, 1652, p. 303).

[5] « La dixième muse, écrit-il dans son *Histoire du voyage de la reine de Pologne*, l'une des merveilles de son siècle et de son sexe » (Cité par G.D.J. Schotel, *Anna Maria van Schurman*, 's Hertogenbosch, Gebroeders Muller, 1853, p. 98).

[6] Pour une liste complète de ses admirateurs français, voir Schotel, p. 94.

Ses vues « féministes » sont donc devenues accessibles grâce à Colletet. Sa correspondance en français qui ne compte pas moins de 32 lettres, fait revivre le climat intellectuel de son époque dans un contexte humaniste, c'est-à-dire universel. Pour Anne Marie de Schurman, la langue française a été un précieux outil qui nous permet aujourd'hui de mieux pénétrer son monde, ses allégeances, ses amitiés et ses rêves. En tant que savante, elle fit revivre la grande tradition humaniste, sans que le nom de son pays d'origine y eut une part. À ce point de vue, on songe à Érasme, à Scaliger, à Théodore de Bèze, à tous ces savants et érudits qui ont rayonné au-delà leurs frontières[7].

Étonnamment, elle a prétendu dans une lettre de ses *Opuscula* qu'elle préféra ne pas correspondre avec des érudits[8], mais quelques noms prestigieux apparaissent néanmoins dans sa correspondance, française ou autre. Mise à part la liste de ses amis, van Beverwijck, Constant Huyghens, André Rivet, Claude de Saumaise, on relève les noms de Gassendi, de Gisbert Voetius, et d'autres encore. Si Descartes manque à l'appel, c'est qu'il y avait un profond désaccord intellectuel entre elle et l'auteur du *Discours de la Méthode*. Mais l'un connaît l'autre, quitte à ne pas s'entendre[9].

---

[7] À ce propos on consultera avec profit l'ouvrage de Robert Mandrou, *Histoire de la pensée européenne. Des humanistes aux hommes de science, XVIe et XVIIe siècles*, Paris, Seuil, 1973.

[8] Voir l'étude d'Anna Margaretha Hendrika Douma, *Anne Marie de Schurman en de studie der vrouw*, Amsterdam, H.J. Paris, 1924, p. 18. La lettre en question s'adresse à D. Simonds d'Ewes, et est datée de novembre 1645 (page 211 de l'éd. 1652). L'étude de Douma constitue un des meilleurs ouvrages (thèse de doctorat) sur Anne Marie de Schurman ; ancien, certes, mais présent pour ainsi dire dans tous les autres. La thèse de Douma corrige sur des points détails l'étude mentionnée de G.D.J. Schotel, un des tout premiers ouvrages de type érudit consacré à l'étude de la vie et de l'œuvre d'Anne Marie de Schurman.

[9] Douma affirme, sans preuves : « Auparavent, Anne Marie avait été liée d'amitié avec Descartes. Il lui rendit régulièrement visite et parla avec enthousiasme de ses peintures, de ses gravures, de son français épuré et de son excellent latin, et avec respect de son goût de la solitude et des prières » (p. 39) (nous traduisons). On a pourtant soutenu, et sans doute avec de bonnes raisons, que Descartes et Anne Marie de Schurman ne se sont jamais rencontrés. Gustave Cohen fait remarquer que Descartes a habité Franeker en 1629, et que le philosophe aurait donc pu rencontrer Anne Marie de Schurman. Dans une lettre au Père Mersenne, datée du 18 mars 1630, Descartes écrit : « Alors j'étais à Franeker, logé dans un petit château... » (Descartes, *Œuvres et Lettres*, Paris, Gallimard (La Pléiade), 1953, p. 922). Mais après la mort de Fréderic de Schurman, le père d'Anne Marie, en 1623, la famille s'était transportée

Anne Marie de Schurman n'était donc pas une inconnue des milieux savants français, voire européens[10]. A ce titre elle méritait d'être mieux intégrée dans le contexte érudit de son temps, au lieu de recevoir une mention honorable à l'ombre de l'œuvre gournayéenne. Nous espérons que notre étude contribuera à une meilleure connaissance de cette femme savante exceptionnelle.

C.V.

à Utrecht. La thèse d'une rencontre est donc exclue. Par ailleurs Cohen cite un passage de la *Vie de Labadie*, ouvrage anonyme publié en 1703, qui raconte en long et en large une rencontre entre Anne Marie et René Descartes. Ce récit semble pourtant relever plus de l'imagination que de la réalité. Voir Gustave Cohen, *Écrivains français en Hollande dans la première moitié du XVIIe siècle*,La Haye et Paris, Martinus Nijhoff et Édouard Champion, 1921, p. 536-537 ; et J. Voisine, « Un astre éclipsé : Anne Marie de Schurman (1607-1678) », *Études germaniques*, 27, nov.-déc. 1972, 4, p. 508-509.

[10] Schotel écrit : « De quelque côté que l'on regarde Anne Marie, elle a démontré qu'en tant qu'artiste, savante et femme chrétienne, elle méritait que son souvenir soit conservé » (nous traduisons), p. 145.

Anne Marie de Schurman (1607-1678), femme savante[1]

Préambule

La biographie d'Anne Marie de Schurman a été amplement documentée, peu de temps même après sa mort. Nous passons sur les biographies écrites en néerlandais[2], la première datant de 1718, que nous mentionnerons néanmoins çà et là, mais nous attirons ici particulièrement l'attention sur *Le grand dictionnaire historique* de

---

[1] Elle a été comparée à deux « feminae doctae » de la Renaissance : Isotta Nogarola (1417-1461) et Cassandra Fedele (1465-1558). On reconnut les talents de I. Nogarola dès son plus jeune âge, et elle devint l'image même d'une humaniste de la Renaissance. Rejetée néanmoins par ses contemporains masculins, elle se retira dans la maison de sa mère (en 1438), et abandonna toute ambition publique. Elle devait rester vierge toute sa vie. En 1451, malgré sa retraite, elle se lança dans un débat épistolaire avec Ludovico Foscarini, examinant la relative culpabilité d'Adam et d'Ève au moment de la chute. Des copies manuscrites de ce débat circulèrent à travers l'Europe.

Quant à Cassandra Fedele, très jeune elle apprit le latin et le grec sous la direction de son père. À l'âge de seize ans elle prit la parole devant une assemblée de savants, et durant de nombreuses années elle entreprit une correspondance suivie avec les érudits de son époque, autant italiens qu'étrangers. Mariée en 1499 à un médecin, Gian-Maria Mappelli, elle passa ensuite cinq ans sur l'île de Crète. À son retour, en 1520, son mari mourut, et Cassandra prit soin de sa mère, de ses neveux et de ses nièces. En 1547, grâce à l'intervention du Pape Paul III, elle devint prieure d'un orphelinat vénitien.

On remarquera que le parcours intellectuel des deux femmes n'est pas sans ressemblance avec celui d'Anne Marie de Schurman.

En son temps, Anne Marie de Schurman n'était pas seule à mériter l'épithète de « femme savante ». Il y eut Margaretha van Godewijck, originaire de Dordrecht où Anne Marie aurait pu la rencontrer ; elle maîtrisa les langues modernes et classiques, sachant l'hébreu ; elle fut un peintre admiré, et excella dans la gravure sur verre ; on loua son chant et son jeu au clavecin. Il y eut Agneta Colvia, fille de Colvius, poète et artiste. Anna van Blockland, amie d'Anna Roemer Visscher, le peintre, nommé par van Beverwijck dans son éloge des femmes. Parmi les femmes poètes, mentionnons Catherina van Muylwijk et Maria de Witt qui écrivit des poèmes en latin, les sœurs Catherina et Wilhelmina Oem, reconnues pour leurs dons des langues, surtout le latin.

[2] Voir Schotel et Douma, pour ne rappeler que ces deux études de base.

Louis Moréri, paru la première fois en 1674, où il est déjà question de Mlle de Schurman, et dont l'édition de 1712[3] comprend une longue et généreuse notice biographique (élargie dans l'édition de 1759, par Goujet et Drouet) qui a été la base de toutes celles, écrites en français, qui suivront, à commencer par celle de Nicéron[4] en 1736, celle de Chaufepié[5] en 1750, et celle de Paquot[6] en 1770.

Depuis lors, la plupart des études sur Mlle de Schurman et son œuvre comportent une biographie forcément fondée sur ces premières sources, françaises ou autres. Beaucoup d'études récentes, il faut le dire, sont généralement de la main d'érudites hollandaises et donc écrites en néerlandais. De nombreux érudits allemands ont également contribué à une meilleure connaissance de la vie de Mlle de Schurman, avec un ouvrage de Ch. G. Jöcher, publié en 1726, et de J. M. Schröckh, datant de 1769[7]. Il existe également des notices biographiques écrites en latin, dont la première date de 1738. Il va de soi que la majorité de ces sources sont souvent peu accessibles au lecteur de langue française. Mentionnons également une étude relativement récente, écrite en langue anglaise, de Joyce L. Irwin, *Schurman, Anna Maria van, 1607-1678*, avec le sous-titre, *Whether a christian woman should be educated and other writings from her intellectual circle*[8], et

---

[3] Louis Moréri, *Le Grand Dictionnaire historique*, Paris, Denys Mariette, 1712.

[4] Jean-Pierre Nicéron, *Mémoires pour servir à l'histoire des hommes illustres dans la république des lettres, avec un catalogue raisonné de leurs ouvrages*, 42 vol., Farnborough, U.K., Gregg International, d'après l'édition parisienne de Briasson, 1729-1745, Vol. XXXIII.

[5] Chaufepié, *Nouveau dictionnaire historique et critique pour servir de supplément au Dictionnaire de Bayle*, Amsterdam, Zhatelain, 1750, IV.

[6] Jean-Noël Paquot, *Mémoires pour servir à l'histoire littéraire des dix-sept provinces des Pays-Bas, de la principauté de Liège, et de quelques contrées voisines*, Westmead, Farnborough, Hants, Gregg International Publishers limited, 1970, t. 3, p. 661, d'après l'édition originale de Louvain, de l'Imprimerie académique, 1770.

[7] Voir Douma, p. 1-7. Rappelons que son œuvre est déjà abondamment répertoriée en 1707 par Johann Kaspar Eberti, dans *Eröffnetes Cabinet dess gelerthen Frauen-Zimmers*. Voir Mirjam de Baar et Brita Rang, « Minerva of savante, heilige of dweepster » (Minerve ou savante, femme sainte ou fanatique, dans *Anna Maria van Schurman, (1607-1678) een uitzonderlijke geleerde vrouw* (une femme exceptionnellement savante), éd. par M. de Baar, M. Löwensteyn, M. Monteiro, A. Sneller, Zutphen, Walburg Pers, 1992 (dorénavant *A.M.V.S. 1607-1678*), p. 16 et 187.

[8] Joyce L. Irwin, *Schurman, Anna Maria van, 1607-1678*, Chicago, The University of Chicago press, 1998. L'ouvrage comprend, outre une biographie, la traduction en

l'excellente étude écrite en français, mentionnée plus haut, détaillée et bien documentée, par J. Voisine[9]. Enfin, disons que l'ouvrage d'Anna Margaretha Hendrika Douma, déjà mentionné, a été éclairci çà et là par l'étude magistrale de Katlijne van der Stighelen, *Anna Maria van Schurman (1607-1678), of « Hoe hooge dat een maeght kan in de konsten stijgen »* (Jusqu'où une vierge peut s'élever dans les arts), publiée à Louvain (Universitaire Pers, 1987).

La biographie commentée que nous proposons ne prétend nullement apporter des éléments nouveaux, mais tend à familiariser le lecteur de langue française avec la vie et l'activité intellectuelle d'une femme savante reconnue par Guez de Balzac, Guy Patin, Claude de Saumaise, Gassendi, Descartes et, non des moindres, Marie de Gournay.

Dans le cadre biographique de notre étude nous nous sommes penché sur les neuf chapitres de l'*Eucleria*[10], tout en nous attardant aux deux premiers chapitres du traité. Ils font tous deux office d'autobiographie partielle, et permettent de brosser un portrait moins idéalisé d'Anne Marie de Schurman. Çà et là nous référons toutefois à d'autres chapitres de l'*Eucleria*, particulièrement les chapitres VI à IX, où Mlle de Schurman revient sur la chronologie de quelques événements de sa vie passée.

Un incursion dans la vie et la doctrine de Jean Labadie complète ensuite l'image des influences spirituelles qu'Anne Marie a subies.

---

anglais, à la fois du texte de la *Dissertatio de Ingenii Muliebris ad Doctrinam, et meliores Litteras aptitudine* (Leiden, Elsevier, 1641), et des « discours » traduits en français par Guillaume Colletet (voir Lettres V, VI, VII), qui, écrits en latin en 1638, avaient annoncé les thèmes de la *Dissertatio*. Le livre de Joyce Irwin reproduit également une série de lettres écrites par Mlle de Schurman à des correspondants célèbres de son époque, et une traduction des deux premiers chapitres de l'*Eucleria* où Mlle de Schurman explique, entre autres, les raisons de son adhésion à la spriritualité labadiste.

[9] J. Voisine s'est particulièrement intéressé(e ?) aux relations de Mlle de Schurman avec les milieux intellectuels français de son temps.

[10] Nous avons consulté l'*Eucleria* dans sa version néerlandaise. Nous sommes également redevable à Joyce Irwin, p. 73-94, de la traduction en anglais des deux premiers chapitres de l'*Eucleria*. Par ailleurs, nous avons préféré citer les textes de l'*Ancien et Nouveau Testaments* dans l'édition de La Pléiade. Enfin, la pagination indiquée entre parenthèses est celle de la traduction néerlandaise.

À la suite de notre esquisse biographique et psychologique, nous proposons une étude et une transcription des lettres échangées entre Anne Marie de Schurman et André Rivet[11], traduites du latin en français par Guillaume Colletet[12]. En plus de cette correspondance destinée à un public français, nous avons également transcrit la correspondance en français adressée par Mlle de Schurman à diverses personnes, parmi lesquelles on remarquera donc plus particulièrement

[11] André Rivet (1572-1651) est né à Saint-Maixent, à l'est de Niort. Il étudia la théologie à Bern et La Rochelle. En 1596 il épousa Susanne Oyseau qui lui donnerait quatre fils. De 1595 à 1620 il est, d'abord chapelain du duc de Trémoïlle, puis pasteur à Thouars, au N.E. de Niort. En 1617 il est élu président du Synode à Vitré. En 1620 il fut nommé professeur de théologie à Leyde. Après la mort de Susanne Oyseau, survenue en avril 1621, il épousa la même année la veuve d'Antoine des Guyots, qui était la sœur de Pierre du Moulin, le ministre et théologien français qui avait échappé à la Saint-Barthélemy grâce à une servante dévouée. Polémiste acharné contre l'Église catholique et contre les déviations du calvinisme, Rivet passa une grande partie de sa vie en Hollande. En 1632 il fut officiellement nommé précepteur du fils de Fréderic Henri, le futur Guillaume II, prince d'Orange. En 1642 il rédigea une *Instruction du prince chrétien par dialogues entre un jeune prince et son directeur, avec une méditation sur le vœu de David au Psaume CI.* Quelques années plus tôt, en 1637, Fréderic Henri, ayant reconquis Breda des Espagnols, réalisa son projet d'un « Collegium Auriacum », où André Rivet, ensemble avec Constantin Huyghens, deviendra curateur de « l'Illustre École ». C'est à Breda qu'il passerait les dernières années de sa vie. Après une longue vie d'étude, de publications et de polémiques, il mourut en 1651. Tallemant des Réaux l'évoque à plusieurs reprises. Voir, entre autres, les *Historiettes*, t. 2, p. 1539, note 3 ; voir également *A.M.V.S. 1607-1678*, et le *Biographisch-Bibliographisches Kirchenlexicon*, éd. en ligne, vol. VIII.

[12] Guillaume Colletet (1598-1659) figure parmi les premiers académiciens, à côté de Boisrobert. Poète de talent, il était aimé de tous, sauf de Malherbe qui ne le reconnaissait pas comme disciple. Il fut malgré lui mêlé à l'affaire Théophile de Viau, et conséquemment banni du royaume pour neuf années, qu'il passa néanmoins secrètement auprès de son oncle en l'abbaye de Saint-Denis, ce qui ne l'a pas empêché en 1634 d'être de l'Académie. Il participa à plusieurs recueils collectifs. Son œuvre est abondante, encore que sa traduction des lettres de Mlle de Schurman et d'André Rivet n'ait pas été retenue dans la *Bibliographie* de Cionarescu. Pour Colletet, voir Antoine Adam, *Histoire de la littérature française au XVIIe siècle*, Paris, éd. Domat, 1956, t. 1, p. 349-352. Voir aussi Fleuret et Perceau, *Le Cabinet satyrique*, Paris, Jean Fort, éditeur, 1924, t. 2, p. 406-408, et les *Historiettes* de Tallemant des Réaux, éd. Antoine Adam, Paris, Gallimard (La Pléiade), 1960, 2 t., où l'on trouve une rubrique consacrée à Colletet, et une allusion à « quelques pièces de Mlle Skurmans [sic] (...) cette sçavante fille », sans qu'il soit bien clair que Guillaume Colletet avait été le traducteur de quelques lettres entre Mlle de Schurman et André Rivet (*Historiettes*, t. 2, p. 712-720, et les notes, p. 1473-1475).

Marie de Gournay. Neuf lettres sont inédites ; les autres sont tirées des *Opuscula*, une œuvre d'Anne Marie de Schurman sur laquelle nous reviendrons. Enfin, nous avons transcrit deux lettres françaises à Colvius, relevées dans l'étude de Schotel, et une lettre à Claude de Saumaise, publiée dans le *Cabinet historique*.

Vie et rayonnement d'Anne Marie de Schurman

Anne Marie de Schurman est née le 5 novembre 1607 à Cologne, où son grand-père, originaire d'Anvers, s'était réfugié par crainte des persécutions sous le régime de terreur du duc d'Albe[13]. Son père, Fréderic de Schurman, et sa mère, Eva von Harff, s'étaient mariés en 1602. Tous deux appartenaient à des familles nobles et avaient maintenu leur château près de Schleiden (à une soixantaine de kilomètres au S.O. de Cologne), qui appartenait à la famille von Harff depuis 1582. C'est là qu'ils retournèrent vers 1610. Quelques années plus tard, la famille de Schurman s'installa dans la ville d'Utrecht, mais peu de temps après, en 1623, elle déménagea à Franeker où un des frères d'Anne Marie, Johan Godschalk, s'était proposé d'étudier la médecine, même s'il semblerait qu'il ne l'ait jamais pratiquée. La même année, en novembre, le père d'Anne Marie mourut. C'est alors que la famille de Schurman se réinstalla à Utrecht, la ville qui serait ensuite associée au nom d'Anne Marie[14].

Dès son plus âge, de son propre aveu, elle manifesta des dons hors du commun. À l'âge de trois ans elle savait lire sans avoir été initiée à la lecture ; à six ans « elle faisoit avec des ciseaux sur du papier

[13] Le duc d'Albe (ou Alvares de Tolède), connu pour son extrême sévérité envers les Pays-Bas où il institua le Conseil des Troubles, appelée « Tribunal du Sang ». Comme Gouverneur des Flandres, il fit décapiter 18.000 personnes, y compris les chefs de l'opposition, les comtes de Horn et d'Egmont. La révolte des Pays-Bas le força à demander son propre rappel en Espagne, où il encourut la défaveur du roi.

[14] En 1664, Hottinger (1620-1667) appela Mlle de Schurman la « Pallas Ultrajectina », la Pallas d'Utrecht, ou la « vierge savante d'Utrecht », dans le *Bibliothecarius*, référant ainsi à la virginité légendaire et aux attributs intellectuels d'Athèna Pallas. Voir Miriam de Baar et Brita Rang dans *A.M.V.S.(1607-1678)*, p. 16 et p. 159. Dans l'*Éloge de Mademoiselle Anne Marie de Schurman*, écrit par Louis Jacob, et traduit par Paul Jacob, « advocat en Parlement », à la suite de la « Question célèbre » de Colletet, p. 101, il est question de la « Minerve hollandaise ».

toutes sortes de figures, sans aucun modèle[15] ». À huit ans elle dessinait des fleurs, et à dix, elle apprenait à broder en trois heures de temps. Véritable prodige, elle excellait dans l'artisanat sans la moindre formation : elle sculptait des portraits dans du buis, ou elle ciselait des portraits sur du verre à l'aide d'un diamant[16] ; elle modelait la cire et créait ainsi d'elle-même une figure d'une extraordinaire ressemblance[17], au point de remplir son entourage d'admiration. Avec les années elle se ferait remarquer dans le cercle de ses amis par son art pictural du petit portrait, rivalisant, dit-on, avec Anne Roemer Visscher, de treize ans son aînée, et qui lui dédicaça vers 1620 un poème où elle lui exprima son affection[18]. Anne Marie fut elle-même poète de vers latins, néerlandais et français[19].

Lorsqu'elle eut onze ans, et ayant jusqu'alors modestement caché son goût de l'étude, tout en assistant discrètement aux études de ses frères, à qui elle soufflait les réponses, son père reconnut les talents exceptionnels de sa fille et entreprit de l'encourager[20]. Sans grande peine, alors qu'elle n'eut que treize ans, elle apprit le latin et le grec[21] ; à l'âge de trente ans, selon son ami, le poète Jacob Cats, elle posséda quatorze langues parmi lesquelles l'hébreu, l'italien, l'anglais, le chaldéen, le syriaque, l'arabe. On pourrait y ajouter l'éthiopien, le

---

[15] Nicéron, repris par Paquot, t. III, p. 657, d'après l'*Eucleria*, II, 6, p. 25.

[16] Schotel, p. 16, raconte qu'elle avait orné à l'aide d'un diamant des bocaux, des verres à pied, des flûtes à champagne, des coupes, qu'elle offrait à ses amis et visiteurs. Enfin, sur un verre offert par Viglius van Zuichem à Charles V, en visite à Utrecht, elle avait écrit : « Viglius Zuichemis. Bien que je sois obscure, mon nom donne de l'éclat » (nous traduisons) (Schotel, *Ibidem*).

[17] Tous ces détails se trouvent dans l'*Eucleria*, chapitre II.

[18] Voir Katlijne van der Stighelen, « Et ses artistes mains (...), De kunstzinnigheid van Anna Maria van Schurman » (Le sens artistique d'Anne Marie de Schurman), dans *A.M.V.S. (1607-1678)*, p. 65. Notons également que ni Anne Romer Visscher ni Mlle de Schurman ne figurent dans *Women artists : 1550-1950*, par Ann Sutherland Harris et Linda Nochlin, New York, A.A. Knopf, 1976.

[19] On trouvera de beaux exemples de sa maîtrise en poésie française dans Schotel, p. 51-52, et un poème à l'occasion de l'ouverture de l'université d'Utrecht en 1636. Voir aussi Douma, p. 80-81, où on lit un poème en français vraisemblablement écrit après la mort de son père.

[20] Voir *Eucleria*, II, 2, p. 21.

[21] Anne Roemer Visscher en témoigne. Voir Pieta van Beek, « Het Babel de haar tijd : Anna Maria van Schurman (1607-1678) en haar kennis van (oosterse) talen » ([La tour] de Babel de son temps : Anne Marie de Schurman et sa connaissance des langues orientales), dans *Tijdschrif vir Nederlands en Afrikaans*, 6e année, 1999.

samaritain et le persan, encore que quelque réserve ait été émise au sujet de ces deux dernières langues[22].

Après la mort de son mari, en 1623, la veuve de Fréderic de Schurman revint donc à Utrecht, où Anne Marie pouvait poursuivre ses divers intérêts à la fois linguistiques et artistiques. Après la mort de sa mère, en 1637 -- Anne Marie avait alors 30 ans --, elle prit en main les affaires du ménage et s'occuperait même de ses deux tantes souffrantes et aveugles. Toute cette responsabilité inattendue obligea la jeune femme à réduire ses activités intellectuelles, tout comme sa correspondance étendue avec le monde des savants de l'époque. Elle s'acquitta ensuite consciencieusement de toutes ses tâches familiales, sans négliger ses obligations morales et caritatives : visiter et soigner des malades, consoler les mourants, aider les indigents, enseigner aux illettrés[23].

Quelques biographes à l'esprit romantique ont imaginé que le poète Jacob Cats, de trente ans son aîné, lui avait proposé le mariage[24], mais de toute évidence la relation entre Anne Marie et Jacob Cats est demeurée platonique et limitée à une franche amitié, comme en témoigne leur correspondance, ainsi que les éloges en vers que le poète adressa à Anne Marie[25].

En 1653, elle accompagna en voyage ses deux tantes qui, pour des raisons d'ordre familial, devaient se rendre à Cologne. C'est dans cette ville que la rumeur courut alors que Mlle de Schurman s'était

---

[22] Sans conviction, Chaufepié écrit : « On dit qu'elle entendoit aussi le Samaritain et le Persan » (t. IV, p. 210). Dans *La vie de Monsieur Descartes*, 2 t., Hildesheim - New york, 1972 (d'après l'édition originale de 1691), Adrien Baillet prétend même qu'elle connaissait le turc, ce qui irrite visiblement Paquot, p. 658, note b. Ce qu'on peut dire, c'est qu'aucune preuve écrite n'existe qui attesterait sa connaissance de ces deux langues, ce qui ne diminue en rien ses dons de polyglotte. Il est néanmoins intéressant de remarquer que le R.P. Louis Jacob, dans son *Éloge de Mademoiselle de Schurman* (1646), n'hésite pas à dire qu'elle n'ignorait ni le turc ni l'espagnol (voir la « Question célèbre » de Colletet, p. 100).

[23] Voir l'*Eucleria*, VI, 1, p. 220.

[24] Schotel, p. 102, émet de sérieux doutes sur cette histoire, rappelant que Cats, devenu veuf après 12 ans de mariage, exprimait clairement dans un poème son refus d'un autre mariage et sa fidélité à Élisabeth, sa défuncte épouse.

[25] Pour la correspondance, voir Douma, *Appendices* B, C, G et F ; pour les éloges, voir l'article d' Agnes Sneller, « Indien zij een man geweest was... » (si elle avait été un homme...), dans *A.M.V.S. (1607-1678)*, p. 147-150.

convertie au catholicisme[26]. Conséquemment, à son retour à Utrecht, et attristée par les rumeurs persistantes, elle décida de mener dorénavant une vie de recluse. Elle se retira à Leksmond, près de Vianen, à une quinzaine de kilomètres au sud d'Utrecht. C'est là qu'elle entretint une véritable « petite église », entourée de ses tantes, de son frère, ainsi que de deux jeunes servantes, tous dévoués aux principes d'une spiritualité indépendante. « Elle et sa famille formaient une petite église chrétienne », a-t-on écrit[27].

En 1662, après la mort de ses tantes et le départ de son frère, Johan Godschalk, qui entreprit un voyage en Allemagne et en Suisse, Anne Marie revint à Utrecht. Entretemps son frère avait rencontré Jean (de) Labadie, et lors de son retour parla élogieusement à sa sœur du réformateur protestant. Peu de temps après, Johan Godschalk tomba malade, et après une longue maladie, mourut en 1664.

En 1666, Labadie, alors qu'il était devenu pasteur de l'Église wallonne en Zélande, visita Utrecht et fut reçu par Voetius[28], Mlle de Schurman et ses amis[29]. C'est peu de temps après, en 1667, qu'Anne Marie de Schurman rejoignit Labadie à Amsterdam[30] et devint une fidèle adepte de sa confession spirituelle, adhésion qui lui attira la désapprobation de bon nombre de ses amis, parmi lesquels Voetius, qui l'avait initiée à l'hébreu, et Constantin Huyghens, ainsi que de ses

---

[26] Voir l'*Eucleria*, VI, 2, p. 222, où elle rend compte de cet épisode pénible de sa vie.

[27] Douma, p. 10 (nous traduisons).

[28] Gisbert Voet, ou Voetius (1589-1676), théologien et professeur à l'université d'Utrecht depuis sa fondation en 1636. Il était l'ennemi juré de Descartes, discréditait sa philosophie nouvelle et lui intenta même des procès. Descartes rendait bien l'antipathie que Voetius avait pour lui, et dans une lettre à Mersenne, datée du 11 novembre 1640 (Descartes, *Œuvres et Lettres*, p. 1091), disait de Voetius qu'il était « le plus franc pédant de la terre, et il crève de dépit, de ce qu'il y a un professeur en médecine en leur Académie d'Utrecht, qui fait profession ouverte de ma philosophie, et fait même des leçons particulières de physique, et en peu de mois rend ses disciples capables de se moquer entièrement de la vieille philosophie ». C'est dans la même lettre que Descartes écrit que Voetius « a gâté aussi la Damoiselle de Schurmans[sic] » (*Ibidem*). *La vie de Monsieur Descartes*, d'Adrien Baillet, relate en long et en large la querelle persistante entre les deux hommes, Baillet ayant bien entendu pris le parti de Descartes.

[29] Voir *art.cit.* de J. Voisine, p. 526.

[30] Tous les détails de son périple sont dans l'*Eucleria*, surtout les chapitres VI et VII.

premiers biographes[31]. En 1672, elle s'est expliquée longuement de cette décision dans l'*Eucleria* (« le choix de la meilleure part[32] »), publié en 1673, où cette femme savante a voulu donner une « Explication universelle et authentique de son état passé et présent », le titre même de son premier chapitre. Elle écrit d'ailleurs au début de cet ouvrage que « Tout le monde sait, d'après leurs publications, que des hommes illustres qui, récemment encore, étaient bien disposés à mon égard, estiment que mon mode de vie actuel est très désobligeant[33] ». Il est vrai, sans doute, comme le dit Paquot, que « Anne Marie Schurman, cette demoiselle si célèbre dans la République des Lettres, (...) crut choisir la meilleure part en se rangeant sous sa (de Labadie) direction. Elle devint un des Chefs les plus zélés de la secte, et elle y entraîna la Princesse Palatine Élisabeth, qui recevrait avec empressement les disciples errants et fugitifs de Labadie[34] ». Le bruit a même couru qu'elle avait secrètement épousé Labadie, encore qu'il n'existe aucune preuve de cette union. Paquot écrit même que Labadie, le 13 février 1674, mourut entre les bras de Mlle de Schurman[35].

---

[31] Ses contemporains ne sont pas les seuls à avoir regretté son adhésion inconditionnelle au labadisme. Schotel écrit : « Nous regrettons profondément qu'une femme d'une telle intelligence exceptionnelle ait pu succomber à une telle faiblesse » (p. 194).

[32] Voir Luc, X, 39-42, où Marie écoutait la parole du Christ, tandis que Marthe, sa sœur, « était distraite par tout un service ». C'est alors que Jésus-Christ lui dit que « Marie a choisi la bonne part et on ne la lui arrachera pas ».

[33] *Eucleria*, I, p. 1. Notons à ce sujet que la difficulté de l'Église réformée provenait précisément de la pluralité des confessions particulières, et de l'impossibilité de les réunir toutes sous la même bannière. Les plus grands efforts tendant à la réunification venaient de Pierre du Moulin qui « en proposa les moyens dans un écrit envoyé au synode de l'Isle de France » (Bossuet, *Œuvres complètes*, éd. A. Lebel, 1815-1820, Paris, Paul Mellier, 1851-1852, t. XIII, p. 383), mais échoua dans sa tentative. C'est dans ce contexte que l'on peut mieux comprendre le renoncement de Mlle de Schurman à la confession strictement calviniste, et son adhésion au labadisme schismatique.

[34] Paquot, III, p. 538.

[35] Paquot, p. 540. Schotel reprend cette remarque à son compte. Au sujet de l'agonie de Labadie, il écrit : « Que votre volonté soit faite dans les siècles des siècles, Ainsi soit-il [s'écria Labadie mourant], et il rendait l'âme dans les bras de son amie fidèle Anne Marie de Schurman » (nous traduisons), p. 248. Baillet va jusqu'à dire qu'elle avait épousé Jean Labadie (*Jugemens des savans*, Paris, Moette, Le Clerc, Morisset, Prault, Chardon, 1722, tome V, p. 457).

Quoi qu'il en soit, le petit groupe des Labadistes, exilé d'Amsterdam en 1670, se réfugia donc chez la princesse Élisabeth, à Herford en Westphalie. Deux ans plus tard la « petite communauté » s'installa à Altona, près de Hambourg, dans le Holstein. Au moment de la guerre entre le Danemark et la Suède, quelques Labadistes, parmi lesquels Anne Marie de Schurman, allèrent s'installer à Wieuwert, dans la Frise. C'est là que Mlle de Schurman mourut le 14 mai 1678.

*

*   *

Anne Marie de Schurman, femme savante

Le rayonnement intellectuel de Mlle de Schurman, comme il ressort de sa biographie, reste, à toutes fins utiles, confiné à une vingtaine d'années. À la suite d'une correspondance entre Caspar van Baerle et Johan Goldschalk, frère d'Anne Marie, qui fait l'éloge inconditionnel de sa sœur, van Baerle fait part à Constantin Huyghens de son admiration pour la jeune femme. C'est en 1630, alors qu'elle a vingt-trois ans, que Gaspar van Baerle écrit qu'

> Il y a à Utrecht une jeune fille qui est un prodige, Anne Marie de Schurman, non pas seulement en ce qu'elle possède un prénom, un nom et un surnom, mais en ce qu'elle parle le latin. Elle peint, écrit, versifie, lit le grec et le comprend[36].

C'est en quelque sorte le début de la renommée de Mlle de Schurman. Un peu plus tard elle entrera en contact avec Voetius qui l'initiera à l'hébreu. Mais en tant que femme, elle devait se cacher, avec l'assentiment de Voetius, pour suivre des cours à l'université. Elle correspond avec André Rivet dès 1632, une correspondance[37] qui donnera lieu ensuite à la fameuse « Question célèbre », relevée par

---

[36] Lettre traduite par Gustave Cohen dans *Ecrivains français en Hollande dans le première moitié du XVIIe siècle*, p. 437.

[37] On ne possède pas moins de 67 lettres échangées entre Mlle de Schurman et André Rivet entre 1631 et 1650. De Rivet deux lettres seulement sont retenues. Voir la note pour la ligne 85, dans *Correspondance du P. Martin Mersenne, religieux minime*, publiée et annotée par Cornélis de Waard, Paris, Éditions du C.N.R.S., 1962, t. VII, p. 218.

Guillaume Colletet dans sa traduction des trois lettres de Rivet et de Mlle de Schurman. À partir de 1636, elle correspond avec les plus beaux esprits de son époque : le médecin et botaniste Adolph Vorst (Vorstius) (1597-1663), le poète et musicien Constantin Huyghens (1596-1687), Pierre du Moulin (1568-1658), le pasteur et théologien français, polémiste redoutable, de la trempe d'André Rivet.

En 1636, le médecin Johan van Beverwijck (1594-1647), correspondant de Guy Patin, médecin lui aussi, insère une dissertation (*De vita humanae termino*) de Mlle de Schurman dans une de ses propres œuvres, et en 1639 il lui dédie la deuxième partie de son *De der wtnemenheyt des vrouwelicken geslacht* (de l'excellence du sexe féminin). Sous l'impulsion de Fréderic Spanheim (1600-1649), professeur de théologie à Leyde depuis 1642, les *Opuscula Hebraea, Graeca, Latina, Gallica : prosaica adque metrica* seront publiés en 1648, avec d'autres éditions en 1650 et 1652, où la plupart des éloges de ses contemporains illustres ont été incorporés[38]. Malgré sa belle réputation en France, la publication de la *Question celebre. S'il est necessaire, ou non, que les filles soient sçavantes ?*, n'a pas été particulièrement retenue, comme ce fut également le cas, jadis, des publications de Marie de Gournay. De toute évidence, la prose féminine, surtout lorsqu'elle ébranle les institutions patriarcales, a quelque difficulté à recevoir ses lettres de noblesse[39].

Ses lettres à Rivet, reprises dans la *Question célèbre,* constituaient la première esquisse de sa *Dissertatio de Ingenii Muliebris ad Doctrinam et meliores Litteras aptitudine*, publiée à Leyde en 1641. En 1643 Anne Marie de Schurman est reconnue pour ses talents linguistiques et artistiques dans la *Bibliotheca Belgica de Belgis vita scriptisque claris* de Desselius[40].

---

[38] On ajoutera à ces éloges treize épigrammes, suivis d'un anagramme de son nom (« Un Mars ne charme Diane ») de la main du Sieur des Hayons. Voir Schotel, Appendice, p. 84-91.

[39] On songe aussi à Madeleine de Scudéry qui œuvrait d'abord derrière la signature de son frère Georges, avant qu'elle ne puisse s'imposer elle-même.

[40] Voir *A.M.V.S (1607-1678)*, p. 159. L'index des noms propres de cet ouvrage range Desselius parmi les « inconnus ». En fait il s'agit de Andrea (Desselius), Valerius (Walter Driessens) (1588-1655), professeur d'hébreu à l'université de Louvain, recteur, bibliothécaire. Reconnu pour sa dévotion à l'Université.

L'accueil en France, qui nous intéresse plus particulièrement dans cette étude, s'étend à l'académie putéane où règnent, entre autres[41], les frères Dupuy, Grotius, ambassadeur de Suède à Paris, le linguiste Ménage, le Père Mersenne, et Gassendi à qui Mlle de Schurman écrit en janvier 1644, et qui lui répond en septembre de la même année. Elle avait donc à peine trente ans lorsqu'elle est portée à l'attention des milieux intellectuels (dits « libertins ») français. Dès 1638, le Père Mersenne s'enquiert de sa personne dans une lettre à André Rivet :

> [Votre fils} m'a parlé d'une demoiselle d'Utrecht qui vous écrit souvent et qui a tant de perfections d'après ce qu'il m'en a dit, je ne sais ce qu'on peut ajouter, et même qu'elle vous a écrit en hébreu, et des lettres où elle prouve que les filles sont capables des arts et des sciences. Je serai bien aise de savoir son nom, son âge et son extraction, car elle mérite d'être entre les femmes illustres. (...) Je vous prie de me faire savoir le jour, l'an et l'heure qu'elle est née, si vous pouvez le savoir, par un mot de lettre[42].

Descartes, Balzac, Jean le Laboureur, l'historien, parleront d'elle avec respect, encore que Descartes, comme nous l'avons remarqué plus haut (p. 18), avait ses réserves, surtout à partir du moment où elle choisit de se mettre sous l'aile de Voetius. Elle émerveillait néanmoins les savants de son temps, non seulement par ses talents de polyglotte, mais par son érudition en divers domaines. Pour l'Histoire elle sait citer Xénophon, Quinte Curse, Plutarque, Suétone, Tacite. Elle évoque le sort malheureux de Lady Gray, et elle connaît l'historien français Auguste de Thou. Dans son *Histoire et relation du voyage de la Reyne de Pologne*, Jean le Laboureur écrit qu'

> elle sçait la charte de tous ces pays [dont elle connaissait la langue] et elle se peut vanter d'y voyager sans guide aussi bien que sans interprete[43].

---

[41] On remarque encore à l'académie putéane Naudé, La Mothe le Vayer, Chapelain, Guez de Balzac, Claude de Saumaise, et même le jeune Bossuet. Voir Antoine Adam, *Histoire...*, t. 1, p. 287-290.

[42] *Correspondance du P. Martin Mersenne, religieux minime*, t. VII, p. 213-214.

[43] Cité par Douma, p. 33.

Elle était versée dans les mathématiques, l'astronomie, la botanique, la métaphysique (elle cite Aristote dans la *Métaphysique*), la physique, la philosophie et la théologie[44]. Ses contacts avec le médecin van Beverwijck, d'après Schotel, l'ont initiée à l'anatomie et à la médecine[45].

En 1641, elle retient l'attention de Marie de Gournay qui découvre sans doute en elle une alliée dans le combat « féministe » qu'elle poursuit depuis son *Égalité des hommes et des femmes*[46], de 1622. Mademoiselle de Scudéry, mécontente pourtant de ce que Rivet avait mis en doute la virginité de Jeanne d'Arc[47], et qu'il s'était élevé contre le port d'armes par une fille[48], cherche néanmoins à entrer en relation avec elle, et fait part de son désir à Conrart dans une lettre du 1er décembre 1646[49].

Anne Marie passe évidemment pour un prodige et attire surtout la curiosité (et les éloges) de ceux qui font le voyage en Hollande et passent par Utrecht. Pourtant, cette réputation prestigieuse s'amenuisera dès 1653, au moment où elle se rend à Cologne en compagnie de ses

---

44 Dans sa *Vie de Monsieur Descartes*, Adrien Baillet dit à propos de ses connaissances philosophiques : « Elle disputoit et répondoit mieux que les vieux Professeurs des Universitez, et que les Hibernois [strictement parlant, les habitants de l'Irlande, mais on dira plutôt Hibernois pour un philosophe ou un repétiteur (voir *Abrégé du dictionnaire de Trévoux*, Paris, Libraires associés, 1762, t. II, p. 474)]. Enfin, elle avoit étudié la Théologie des Ecoles à fonds, et possédoit parfaitement l'Ecriture Sainte, et S. Thomas, sans parler de plusieurs Pères Grecs et Latins » (p. 61).

45 Schotel, p. 75.

46 Marie de Gournay, *Égalité des hommes et des femmes, Grief des dames*, suivis du *Proumenoir de Monsieur de Montaigne*, éd. C. Venesoen, Genève, Droz, 1993.

47 Voir à ce sujet Georges Mongrédien, *Madeleine de Scudéry et son salon*, Paris, éd. Tallandier, 1946, p. 35.

48 Voir nos remarques précédant le texte traduit par G. Colletet.

49 Lettre partiellement citée par J. Voisine, *art. cit.*, p. 512. Notons ici que Mlle de Schurman eut de « courtoises dérobades » (*ibidem*) et ne répondit donc pas au désir de la célèbre Sapho. Nous apprenons néanmoins dans une lettre de Madeleine de Scudéry à Marie du Moulin, datée du 21 août 1647, qu'elle avait bel et bien reçu, par le biais de Conrart, un portrait d'Anne Marie de Schurman qu'elle appelle « une personne aussi illustre », pour laquelle elle veut « témoigner le respect qu'(elle) porte à la merveilleuse fille dont vous [Marie du Moulin] m'avez envoyé l'image ». Enfin, dans une lettre à Conrart en 1647, elle loue une fois de plus Marie du Moulin et elle ne s'étonne « pas si Mlle de Schurman a fait sa sœur d'alliance de l'excellente fille (Marie du Moulin) qui l'a écrite » (une lettre de Marie du Moulin à Conrart).

tantes, où, nous l'avons dit, la rumeur avait couru qu'elle s'était convertie au catholicisme. De retour à Utrecht, où la rumeur persiste, elle se réfugie à Leksmond, où elle vivra une vie de cloîtrée. Dès lors sa correspondance prolifique est considérablement réduite à partir de 1650. De toutes ses lettres reproduites dans les *Opuscula*, et de quelques autres, seule une quinzaine sont datées après 1650. La correspondance conservée qui lui a été adressée après cette date ne consiste qu'en six lettres[50]. Bref, son activité intellectuelle, perçue à travers sa correspondance, s'est fortement ralentie au profit d'une propension spirituelle de plus en plus croissante. Son profil psychologique de femme se dessine maintenant devant la toile de fond d'une fervente religiosité. Elle s'achemine inexorablement vers une communion avec la théologie labadiste qu'elle découvrira à partir de 1666. À toutes fins utiles, et à la suite d'une spiritualité personnelle de plus en plus absorbante, on peut dire que le rayonnement intellectuel d'Anne Marie de Schurman s'éteint au début des années cinquante. Elle était à peine âgée de quarante ans.

La femme savante s'est donc retirée derrière un voile de modestie, voire d'abnégation et d'auto-dépréciation[51]. Elle en a expliqué les

---

[50] Cette correspondance tardive avec des intellectuels de son époque se limite essentiellement à quelqu'un comme Constantin Huyghens, un ami de vieille date, à qui elle écrit sporadiquement en 1661, 1666 et 1669. On relève encore quelques lettres adressées à Daniel Meyerus en 1673 et 1675, qui fut étudiant à Utrecht en 1644, et devint pasteur à Dreischor en 1655, dans un des plus beaux villages (aujourd'hui classé) de la Zélande, et qui lui rendra un hommage posthume dans un long poème en latin (voir Schotel, Appendice, p. 44-46) ; on retiendra aussi une lettre à John Owen (1616-1683) en 1674, le theologien anglais controversé qui penchait du côté des Églises indépendantes, et à Samuel Rachelius (1628-1691) en 1675, professeur en droit à Kiel. Pour une vue plus complète, voir Douma, Appendices.

[51] Sa disparition de la vie intellectuelle dès le milieu du siècle n'a pas effacé son souvenir, comme il ressort de l'œuvre de ses premiers biographes. De son vivant même, elle est mentionnée parmi les femmes illustres de son temps. En 1647, son nom est dans la préface de la réédition des *Éloges et Vies des Reynes, Princesses, Dames et Demoiselles illustres en piété, courage et doctrine*, du Père Hilarion de Coste (voir J. Voisine, *art. cit.*, p. 517). Même le père Bouhours la mentionnera dans ses *Entretiens d'Ariste et d'Eugène* (1671), parmi les femmes célèbres de l'histoire : « Mlle de Scurmans, et tant d'autres qui ont été l'ornement de leur pays et de leur siècle ». Voir le Père Bouhours, *Entretiens d'Ariste et d'Eugène*, « Le bel esprit », éd. René Radouant, Paris, Éd. Bossard, 1920, p. 192. Notons enfin qu'en 1670 parut un poème anonyme, en néerlandais, traduit du latin, qui exprima le commun regret de son renoncement, sous le titre : *Vermaen Aan de Doorluchtige Maeght, Anna Maria van*

motifs dans son *Eucleria* de 1672, qui représente une reconstruction partielle, assez flatteuse du reste, de sa vie, et une justification de son adhésion, vers l'âge de cinquante ans, aux doctrines labadistes.

L'autobiographie dans l'*Eucleria*[52] d'Anne Marie de Schurman

L'*Eucleria* est à la fois une source biographique et une profession de foi d'Anne Marie de Schurman. Les deux premiers chapitres se concentrent principalement sur la justification du choix spirituel qui fut le sien, ainsi que sur certains détails de sa vie intellectuelle, évoquée avec le sincère regret d'avoir été emportée par sa vanité. Ce long préambule à l'exposé minutieux de sa nouvelle foi, labadiste il va sans dire, n'est ni plus ni moins une autoculpabilisation, et à ce titre ressemble à un véritable acte de contrition. La démonstration théologique proprement dite débute au chapitre III, où elle parle en premier lieu des sciences humaines qu'elle met au service des textes sacrés, seuls capables d'éclairer l'esprit. Tout converge ainsi vers ce qu'elle appelle la métaphysique chrétienne, la seule qui soit en mesure de reconnaître la vérité de la parole divine.

En réalité, plusieurs thèmes déjà effleurés dans les deux premiers chapitres sont ensuite largement explicités, et résument pour ainsi dire les fondements de sa foi. C'est dans l'*Eucleria* qu'elle peut enfin donner libre cours aux sentiments qui l'habitent et affirmer sa prise de position singulière.

À l'instar de Joyce Irwin, nous avons surtout retenu les deux premiers chapitres, parce qu'ils relatent les premières armes d'Anne Marie dans le monde des savants et des théologiens, et fournissent

---

Schurman. Om sich selven te kennen (Remontrance à l'illustre fille, Anne Marie de Schurman. Pour mieux se connaître).

[52] L'*Eucleria*, dans sa traduction néerlandaise, faite par Petrus Dittelbach (voir Miriam de Baar, ci-dessous, p. 174, note 10), et publiée en 1684, comprend 343 pages. C'est cette version que nous avons consultée, en même temps que la traduction des deux premiers chapitres, par Joyce Irwin, *op. cit.* L'*Eucleria* comporte neuf chapitres en tout, chaque chapitre étant subdivisé en plusieurs paragraphes de longueur inégale. Mirjam de Baar a consacré un article à la valeur autobiographique de l'*Eucleria* : « "Wat nu het kleine eergeruchtje van mijn naam betrecht" (En ce qui concerne la petite réputation que mon nom a acquise), De *Eukleria* als autobiografie », dans *A.M.V.S. (1607-1678)*. Pour la citation du titre de cet article, voir *Eucleria*, Chap. I, V, p. 11).

également les raisons majeures de son schisme d'avec l'Église réformée traditionnelle. Les chapitres III, IV et V sont consacrés à sa foi exaltée. A partir du chapitre VI, elle se propose de reprendre le récit de sa vie passée. C'est là que certains détails biographiques s'entrecroisent avec l'exposition passionnée de son adhésion labadiste. Elle parle de la mort de sa mère, et comment elle a été menée à devoir s'occuper de la maisonnée et de ses deux vieilles tantes. C'est encore là qu'elle nous parle de ses soins et visites aux malades, de sa compassion pour les mourants, de son aide aux indigents, et de son dévouement auprès des illettrés. Elle nous rappelle les bruits qui ont couru autour de sa soi-disant conversion au catholicisme, et la peine qu'elle en retira. Puis ce fut la rencontre avec Jean Labadie dont le nom ne quittera plus sa plume jusqu'à la fin de l'*Eucleria*. Elle nous parlera du déménagement à Amsterdam, et de son intimité spirituelle de plus en plus grande avec une Église purifiée[53]. Ce sera ensuite le départ d'Amsterdam pour Herford. Enfin, le dernier chapitre (IX) relate son départ pour Altena, la « ville du Roi du Danmark », où elle se rend, accompagnée de fidèles adeptes labadistes. Qu'on ne s'y trompe pas. Les enchaînements biographiques ne constituent finalement qu'un fil ténu qui s'enroule autour de l'évolution de sa spiritualité aux forts accents mystiques.

C'est à propos de sa confession spirituelle et mystique qu'il convient de souligner sommairement le grand nombre de références bibliques dans l'*Eucleria*, afin de rendre justice à l'étendue des connaissances scripturaires de cette femme savante, et de souligner en même temps sa familiarité avec des textes des Pères de l'Église, comme saint Augustin, ou avec des œuvres profanes, comme celles de Sénèque et de Cicéron.

Ce qui frappe d'abord à la lecture de l'*Eucleria*, c'est l'extraordinaire éventail de connaissances bibliques de Mlle de Schurman. Les références à la Bible[54] (Ancien et Nouveau Testaments) abondent.

---

[53] *Eucleria*, VII, p. 250.

[54] La grande majorité de nos références scripturaires sont tirées de *La Bible*, 3 tomes, Paris, Gallimard (La Pléiade), 1956-1971. Nous précisons également que bon nombre de références scripturaires apparaissent dans l'*Eucleria*, et ne sont donc pas nécessairement présentes dans notre étude. L'objectif des références scripturaires est surtout de montrer la vaste connaissance d'Anne Marie de Schurman des textes sacrés.

Dans l'Ancien Testament nous relevons, outre les *Psaumes* et l'*Exode*, Ézéchiel, Isaïe (Ésaïe, selon la tradition biblique protestante), Jérémie, Joël, le *Livre de Job*, le *Deutéronome*, Zacharie, le 2e Livre de Samuel, *Les Juges, Les Proverbes.* Pour le Nouveau Testament, les apôtres Matthieu, Luc et Jean, les *Actes des Apôtres*, pour ainsi dire tout saint Paul, la 1e et 2e de Pierre.

À côté de ces nombreuses références scripturaires on découvre des renvois à saint Augustin (p. 63, 147, 213), Sénèque (p. 59, 73), Cicéron (p. 340, 341), Scaliger (p. 62), Calvin (p. 97, 114), Luther (p. 144), saint Thomas d'Aquin, qu'elle appelle le docteur angélique (p. 52), Lactantius, apologiste du IVe siècle (p. 85), Thomas à Kempis, l'auteur, dit-on, de l'*Imitation de Jésus-Christ* (p. 31).

La méthode dialectique du traité s'appuie de toute évidence sur les principes de la rhétorique ancienne, à savoir la multiplicité des références savantes, surtout scripturaires dans le cas de Mlle de Schurman. Montaigne, par exemple, mais avec beaucoup plus d'ampleur, avait parfaitement assimilé cette méthode dialectique et en avait donné un exemple magistral dans ses *Essais.* Anne Marie de Schurman hérite donc d'un passé humaniste et, en outre, des nombreux théologiens protestants, férus de références scripturaires, qui représentent une partie intégrante de sa vie.

Sur le plan biographique, l'*Eucleria* révèle un portrait psychologique d'Anne Marie de Schurman, que tous les commentateurs ou commentatrices (surtout) n'interprètent pas forcément de la même façon. Une tendance hagiographique risque parfois de masquer la vérité même du personnage. Nous avons essayé d'éviter cet écueil, tout en reconnaissant l'extraordinaire mérite de la femme savante.

Dès ses premières observations, Anne Marie rappelle au monde à qui elle doit sa « conversion ». Il y a même un certain défi dans l'énoncé de son prosélytisme :

> Je suis dès lors heureuse, écrit-elle, que l'occasion s'est présentée permettant à ces remarquables témoins de la vérité, à ces fidèles bergers

> de notre église – de la Badie, Yvon et Dulignon[55] – d'exposer publiquement la déclaration ou la défense de leur orthodoxie, et se sont opposés aux noirs traits de la calomnie (2).

Elle se propose ensuite d'expliquer les raisons de son éloignement de la vie intellectuelle de son temps :

> ... j'espère qu'une fois pour toutes je pourrai expliquer brièvement et en toute candeur à tous ceux qui aiment la vérité et la justice, les raisons de ce remarquable changement dans ma vie (2).

Elle s'est rendu compte que l'enseignement de ses maîtres, parmi lesquels Labadie occupe évidemment la première place, correspond en tout, « en privé comme en public, aux voies des Saintes Écritures » (3). Elle n'hésite pas à qualifier leur enseignement de « divin » dont émane une « telle force insurmontable » (3) qu'il lui est impossible de mettre leurs leçons en doute. Ainsi, leur enseignement évoque les paroles du psalmiste qui disait : « Iavhé est mon pasteur (...) Il ranime mon âme, il me conduit sur les sentiers de la justice en vertu de son nom[56] » (5). Ses pasteurs sont même comparables aux interlocuteurs de saint Paul lorsque ce dernier disait :

> Vous êtes cette lettre (de recommandation), écrite dans nos cœurs, connue et lue de tous les hommes, et il est manifeste que vous êtes une lettre du Christ écrite par nos soins, non avec de l'encre, mais avec l'esprit du Dieu vivant[57] (5).

Nous reconnaissons ici toute la tendance évangéliste, voire fidéiste de Labadie, qui tend à marginaliser les dogmes et toute connaissance de Dieu par la raison, mais ramène tout enseignement à l'Église

---

[55] On a attribué à ces trois hommes un traité intitulé *Éclaircissement, ou Déclaration de la Foy et de la pureté des sentiments en la doctrine des Srs. Jean de Labadie, Pierre Yvon, Pierre Dulignon* [sous le titre néerlandais, *Verklaringen van de suyverheit des geloofs* (1671/1672)], avec une traduction latine, *Veritas sui vindex* en 1672, où l'on trouve en épilogue une déclaration d'adhésion de Mlle de Schurman. Voir Mirjam de Baar, art. cit., « "Wat nu het kleine eergeruchtje van mijn naam betrecht", De *Eukleria* als autobiographie », dans *A.M.V.S. (1607-1678)*, p. 106 et 177, note 58.

[56] *Psaume* XXIII, 1-3.

[57] *II*e *aux Corinthiens*, III, 2-3.

primitive du Christ, les pasteurs labadistes ayant dès lors assumé le rôle des apôtres. Grâce à eux,

> Quiconque suit véritablement et dans son for intérieur le Christ, et tend à lui ressembler en toutes choses, admettra aussi pleinement que la vie et le sort de cette église primitive, aussitôt qu'elle avait reçu les premiers fruits glorieux et abondants de l'Esprit du Christ, étaient les meilleurs et les plus heureux, c'est-à-dire les plus Chrétiens (6-7).

Elle est donc heureuse d'avoir « quitté le monde », car la grâce de Dieu est descendue en elle pour l'éternité.

On aura remarqué dans quelle mesure Anne Marie de Schurman, sous le regard de ses maîtres, éprouve un mysticisme profond, et est convaincue de la vérité de sa nouvelle foi. Il y a même dans cette absence totale de doute (en quoi elle ne fut jamais cartésienne) une conviction obsessionnelle d'avoir trouvé le véritable chemin du salut. Elle a été, dans le plein sens du mot, fascinée, voire ensorcelée par l'ascendant labadiste. Après avoir goûté à une certaine gloire intellectuelle, alimentée par les éloges de ses pairs, et après une crise psychologique à cause d'accusations calomnieuses, elle a renoncé à tout en rejettant un passé où elle ne découvre que vanité. Nous sommes donc en droit de nous demander ce qui a bien pu l'influencer au point de tout abandonner, et de se consacrer exclusivement au service d'une foi renouvelée et toute puissante. Lorsque Labadie entre dans sa vie, vers 1666, elle est déjà très engagée dans la voie d'un mysticisme ascétique. Labadie, somme toute, ne sera qu'un instrument opportuniste, une sorte de dernier déclic, d'une évidente et définitive métamorphose spirituelle.

Pour en arriver là, Anne Marie a dû être habitée de démons qui la rendaient vulnérable et susceptible de succomber aux charmes d'un enchanteur. Une incomplétude profonde semble avoir miné son existence, en dépit des lauriers que le monde intellectuel lui avait décernés. C'est précisément ce monde auquel elle renonce de toutes ses forces, parce qu'elle l'associe à la raison, incompatible avec l'élan mystique, et produisant une sagesse rationnelle incapable de comprendre le mystère du royaume de Dieu. En outre, l'amour-propre « est le pire conseiller pour faire des progrès » (10) dans la reconnaissance du divin, car

> il érige autant d'idoles pour lui-même qu'il y de créatures qu'il peut exploiter au profit d'un bien, d'un honneur, d'un bénéfice ou d'un plaisir illusoires (10).

Elle remercie néanmoins les savants qui l'ont instruite dans la reconnaissance de la vertu, ce qui lui a permis de résister à l'attrait de la renommée et surtout de découvrir « la perle précieuse de l'évangile avec plus de sûreté et en toute pureté » (11). Elle avoue avoir été la proie de l'amour-propre et de s'être laissée séduire par une gloire plus manifeste, qu'il est difficile d'abandonner. Mais elle s'est rendu compte que ses laudateurs mensongers s'étaient transformés en bêtes qui ne vivent que pour la gloire. En un véritable *mea culpa*, elle regrette et répudie

> ses écrits dont émane une telle paresse honteuse de (son) âme, ou, si l'on veut, un tel esprit de matérialité et de vanité (14).

Elle s'en réfère enfin à l'*Ecclésiaste*, XII, 12, où elle souscrit à la parole de Salomon (l'auteur présumé de l'*Ecclésiaste*) :

> faire des livres en grand nombre serait sans fin et beaucoup d'étude est une fatigue pour la chair. Fin du discours : le tout entendu, crains Dieu et observe ses préceptes, car c'est là tout l'homme (15).

Il y a donc eu chez Anne Marie de Schurman une sorte de cheminement paulien qui l'a incitée à se dépouiller du poids de son passé, dont elle a eu honte parce qu'il n'était que vaines promesses et illusions.

Si nous examinons toutefois de plus près la démarche intellectuelle de Mlle de Schurman, force est de reconnaître que peu de ses écrits, particulièrement avant sa « conversion », avaient atteint des hauteurs philophiques, voire théologiques, susceptibles de rivaliser avec les œuvres de quelques-uns de ses plus illustres contemporains. Nul traité d'une importance fondamentale ne marque son œuvre, ni avant ni après sa « retraite ». La *Dissertatio de Ingenii Muliebris ad Doctrinam, et meliores Litteras aptitudine*, de 1641, a du mérite[58], certes, mais

[58] On trouvera une excellente analyse de ce traité dans l'article de Caroline van Eck, « Het eerste nederlandse feministische traktaat ? » (Le premier traité feministe néerlandais ?), dans *A.M.V.S. (1607-1678)*, p. 49-60. On y remarquera que l'argumentation de Mlle de Schurman est parfois fondée sur des syllogismes ingénieux,

manque peut-être de force pour contrecarrer définitivement les positions plus extrêmes, voire arbitraires, de ses adversaires, y compris André Rivet avec qui elle avait déjà abordé le sujet dans une correspondance qui fait, entre autres, l'objet de cette étude. Quant à ses *Opuscula Hebraea, Graeca, Latina,Gallica : prosaica adque metrica*, mise à part la réédition de la *Dissertatio* de 1641, il s'agit surtout d'un recueil de ses lettres[59], de ses poèmes, et des éloges que plusieurs lui ont faits[60]. Ainsi, en dépit de sa réputation et de ses contacts prestigieux, en dépit même de ses grands talents de polyglotte, Anne Marie de Schurman n'est pas parvenue à produire une œuvre majeure, qui aurait marqué son temps par son originalité ou par une force argumentative persistante. Même dans le domaine des beaux-arts, elle ne fut pas vraiment reconnue comme une artiste de grand talent. Comme la plupart des femmes, du passé et de son temps, qui nourrissaient quelque ambition artistique dans le domaine pictural, elle s'est surtout spécialisée dans l'auto-portrait, et de préférence en miniature, sorte d'expression artistique conforme à la modestie obligée des femmes. C'est vraisemblablement à cause de cette réduction, dans le sens propre et figuré, de ses créations picturales qu'elle ne fut jamais considérée par les artistes contemporains comme leur égale. Elle était surtout admirée par un public de dilettantes, et non par la communauté artistique de son temps. Un seul portrait de dimensions plus imposantes lui a été attribué, et rien n'est sûr. Il s'agit du portrait de 73.7 cm sur 58,5 cm, d'une femme non-identifiée, exposé au Wallraf-Richartz-Museum de Cologne[61].

---

recevables en soi, mais sans qu'il soit toujours tenu compte d'une réalité sociale dont il aurait d'abord fallu démonter les mécanismes arbitraires.

[59] Plusieurs lettres, surtout latines, témoignent de l'extraordinaire savoir d'Anne Marie de Schurman. Nous ne mentionnerons que sa lettre latine à Claude de Saumaise, datée de janvier 1646, démontrant une maîtrise absolue des références scripturaires ou savantes. Cette superbe preuve de son érudition reste cependant cloîtrée dans une correspondance privée... rendue publique, partiellement dans les *Opuscula*.

[60] Dans l'ordre alphabétique des prénoms : Caspar Barlée, Claude de Saumaise, Constantin Huyghens, Daniel Heinsius, Guillaume Staakmans, Jacob Cats, Johan van Beverwijck, Jean le Laboureur, Jean-Louis Guez de Balzac, Johan de Laet, John Smith, Isaac Gruter, et Louis Jacob dont Colletet reproduit l'éloge, en latin et en français, à la suite de la correspondance autour de la *Question célèbre*.

[61] Pour mieux connaître les contributions artistiques d'Anne Marie de Schurman dans le domaine pictural, les études de Katlijne van der Stighelen font autorité. Voir surtout son ouvrage déjà mentionné, *Anna Maria van Schurman, of « Hoe hooge dat*

On peut donc dire que ses divers talents l'étouffaient au point qu'elle ne parvint pas à libérer ses plus intenses pulsions intellectuelles et artistiques. L'ampleur de son savoir, voire l'éparpillement de ses dons multiples, ainsi que la richesse de ses connaissances linguistiques aboutirent finalement, et paradoxalement, à l'échec de sa productivité potentielle. Nous pensons que Mlle de Schurman a plus souffert de cette défaite intellectuelle qu'elle ne l'a laissé entendre. Etre femme, être savante, être adulée même, mais ne pas pouvoir, dans un monde dominé par des hommes, produire une œuvre à la mesure de son talent, voilà sans doute une grande source de frustration et d'un sentiment, non seulement d'impuissance, mais d'une dramatique incomplétude. Ce vide, sans doute de plus en plus ressenti, l'a graduellement poussée vers des valeurs compensatoires dont sa radicale conversion spirituelle, déclarée supérieure à tous les biens charnels, porte le témoignage. Dans un sens, Mlle de Schurman a suivi la trajectoire même de la conversion d'un saint Augustin, lui aussi attaché aux douceurs du « monde » :

> Cette vie même dont nous vivons sur la terre, a quelque chose qui nous charme, parce qu'elle a sa beauté et qu'elle a une proportion et un rapport avec tout ce que nous trouvons de beau ici-bas, (...) C'est pour ces choses ou d'autres semblables qu'on pèche, lorsque se portant vers elles avec une affection déréglée, on préfère ces biens qui sont les derniers de tous, à ceux qui sont les plus excellents, et qui ne sont autre chose que vous-même, ô mon Dieu, votre vérité et votre loi. Car toutes ces choses d'ici-bas donnent de la satisfaction et du plaisir, mais non pas comme mon Dieu qui est le Créateur de l'Univers, en qui seul le juste trouve sa joie, et qui est le bien unique et les chastes délices des âmes pures[62].

Mutatis mutandis, nous entendons chez Anne Marie les mêmes accents de la culpabilité d'avoir vécu une vie charnelle. Saint Augustin en est aussi la première source :

---

een maeght kan in de konsten stijgen », et son article dans *A.M.V.S.(1607-1678)*, « Et de ses artistes mains (...), De kunstzinnighijd van Anna Maria van Schurman », p. 61-74.

[62] *Les confessions de saint Augustin*, Paris, Guillaume Desprez, nouvelle édition, 1761, II, V, p. 55 (orthographe modernisée).

> Ne vivez pas dans les festins et l'ivrognerie, ni dans la débauche et impudicités, ni dans un esprit de contention et d'envie ; mais revêtez-vous de notre seigneur Jésus-Christ, et ne cherchez pas à satisfaire les désirs de la chair[63].

Lorsque Mlle de Schurman rétractera son œuvre écrite, elle réfèrera nettement à saint Augustin, « le plus sincère de tous les pères de l'Église[64] » (14).

On peut donc dire que la remise en cause, voire le rejet, des attraits du « monde » est la première démarche du néophyte et le premier élan vers une révélation mystique. Qu'entendons-nous dans l'*Eucleria*, sinon les échos des ces conséquences de la conversion spirituelle ? Parlant de sa « retraite », elle écrit :

> Je ne regrette nullement ce que j'ai fait, étant donné que le vrai sort des Chrétiens, même s'il est méprisé par les autres, est l'état le plus heureux, et par la grâce de Dieu le sera jusque dans l'éternité (7-8).

Et un peu plus loin :

> Nous devons seulement écouter la voix de Dieu et de Jésus-Christ. Elle nous instruira que « Toutes les nations ne sont rien devant lui, elles sont considérées par lui comme du néant et du vide »[65] (10).

Ayant été pour ainsi dire victime de sa trop grande familiarité avec les textes sacrés, elle sous-tend son *Eucleria* de l'enseignement de l'Ancien Testament, mais aussi du Nouveau Testament, dont témoignent, entre autres, les références à Luc ou aux *Actes des Apôtres* et à saint Paul. Elle rappelle même le terrible mot de l'évangile de Luc, qui résume l'exigence intraitable du renoncement :

---

[63] *Confessions*, VIII, XII, éd. citée, p. 257.

[64] « Et c'est pour cela que je rétracte ici, en pleine lumière du jour (...) tous mes écrits dont émane une telle faiblesse honteuse de mon cœur, ou, si vous préférez, un esprit vain et mondain » (*Eucleria*, p. 13-14).

[65] Isaïe, XL, 17.

> Si quelqu'un vient à moi et ne déteste pas son père, sa mère, sa femme, ses enfants, ses frères, ses sœurs et jusqu'à sa vie, il ne peut pas être mon disciple[66] (11).

Ceci révèle chez elle une psychologie tenace, voire fanatisée[67], d'anachorète. Elle termine enfin ce premier chapitre de l'*Eucleria* par un véritable exercice d'autoflagellation, où elle se culpabilise à outrance en évoquant le « monstre » auquel elle craignait tant de ressembler :

> Au contraire, si je devais observer avec assiduité toutes les étapes de ma vie, ainsi que les études qui les occupaient, et si j'exposais à tous la configuration de l'ensemble, ce serait comme un monstre. Mais il y a assez de monstres dans le monde (16).

Disons que sa religion, toujours en quête d'absolu et d'angélisme, est devenue sa béquille, la guidant sur le chemin cahoteux de l'extase spirituelle.

Le deuxième chapitre s'écarte légèrement du premier en ce qu'il retrace quelques moments privilégiés de sa vie depuis son plus jeune âge. Elle se propose un « profil de sa vie » (17) dans la mesure où celui-ci peut contribuer à une meilleure compréhension de sa décision de « quitter le monde ». Nous assistons donc à une véritable reconstruction du passé, semblable à ces mémoires où l'on ne retient finalement que les événements qui peuvent servir à un objectif précis,

---

[66] Luc, XIV, 26. Cette parole inspire également Néarque qui incite Polyeucte à se donner tout entier à Dieu. Voir *Polyeucte*, Acte I, scène 1, v. 74-75 : « Il ne faut rien aimer qu'après lui, qu'en lui-même, / Négliger, pour lui plaire, et femme, et biens, et rang ». On entend même des échos, mais sur le mode comique cette fois, de cette exclusivité de la foi dans *Tartuffe*, acte I, scène 2, dans la bouche de Dorine : « Il l'appelle son frère, et l'aime dans son âme / Cent fois plus qu'il ne fait mère, fils, fille, et femme. / C'est de tous ses secrets l'unique confident, / Et de ses actions le directeur prudent » (v. 185-188), et encore, mais cette fois dans la bouche d'Orgon : « Un bon et franc ami, que pour gendre je prends, / M'est bien plus cher que fils, que femme, et que parents » (III, 7, v. 1179-1180). Quand on sait que Tartuffe incarne la religion aux yeux d'Orgon, et en fait *est* la religion, on mesure toute l'ironie moliéresque.

[67] Rappelons le titre, et dès lors les appréhensions réfléchies de l'article de Mirjam de Baar et de Brita Rang : « Minerve ou savante, sainte ou fanatique » !

qu'il soit consciemment ou inconsciemment perçu. À cet effet, on remarque en premier lieu qu'elle prétend avoir éprouvé « dans son cœur de petites étincelles d'une piété authentique » (17) dès son plus jeune âge. Elle n'avait pas plus de quatre ans, lorsqu'elle vibra déjà, dit-elle, aux paroles prophétiques du Catéchisme de Heidelberg[68] :

> Aux paroles, « que je ne m'appartiens pas, mais appartiens à mon sauveur le plus fidèle Jésus-Christ », mon cœur fut rempli d'une telle immense et douce joie et d'un tel sentiment intime d'amour pour le Christ, au point que toutes les années qui ont suivi n'ont pas pu effacer ce moment de ma mémoire vivante (18).

Il n'y a sans doute pas lieu de mettre ce souvenir en doute. Ce qui importe par ailleurs, c'est de le confronter à l'expérience spirituelle qu'elle veut vivre à partir de l'âge de soixante ans, comme s'il y avait eu cause à effet. En réalité, ce souvenir, gravé dans sa mémoire, dit-elle, n'est ni plus ni moins qu'une justification tardive des options confessionnelles de ses années de maturité. De la même manière l'autoflagellation qu'elle s'était infligée se retrouve dans le souvenir de sa lecture du martyrologue de John Foxe, publié en anglais en 1563 sous le titre *Acts and Monuments*. C'est là du reste qu'elle a lu, avec émotion sans doute, la fin tragique de Lady Grey[69], évoquée dans sa

---

[68] Le Catéchisme de Heidelberg est considéré comme le livre symbolique le plus significatif des réformés. Œuvre de deux menbres de l'université, Ursinus et Olevianus, il fut publié en allemand en 1563. D'esprit calviniste et zwingliste, combattu par les luthériens, il se répandit hors de l'Allemagne et fut reconnu en Hollande par le Synode de Dordrecht en 1618-1619.

[69] D'après le témoignage de John Fecknam (1515-1585), doyen de St. Paul et abbé de Westminster, qui œuvra en vain contre la persécution des catholiques du temps de Marie Tudor, et qui rencontra Jane Grey en prison dans le but de lui faire renoncer à sa foi protestante, ce qu'elle refusa. Le dialogue entre Fecknam et Lady Grey révèle la foi réformiste de la condamnée, tout à fait conforme à la spiritualité d'Anne Marie de Schurman. Lorsque Fecknam lui demande s'il n'y a rien d'autre dans la foi que la seule foi, Jane répond : « Oui, nous devons l'aimer de tout notre cœur, de toute notre âme, et de tout notre esprit, et aimer notre prochain comme nous-même ». Lorsqu'il l'interroge sur le mystère de l'eucharistie, elle proclame hautement le symbolisme, et non la réalité, du corps et du sang de Jésus-Christ : « Je crois que lors de la cène je ne reçois ni le corps ni le sang, mais du pain et du vin, lesquels, au moment d'être rompu et bu, me font souvenir que pour mes péchés le corps du Christ fut rompu et son sang répandu sur la croix ». Un autre témoignage de cette entrevue dramatique, familier à l'entendement de Mlle de Schurman, est celui où la jeune femme condamne

correspondance avec André Rivet. À la suite de cette jeunesse supposément très pieuse (et il n'y a vraiment pas de raison d'en douter), elle déclare que même si elle a

> toujours conféré la première place à la piété (comme à la plus haute vertu), au-delà de l'opinion commune et de la pratique ordinaire d'une adolescente de mon statut et de ma condition, ceci n'était cependant jamais la raison pour laquelle je fus louée. Soit qu'elle ne fut pas suffisamment reconnaissable et admirée des autres comme étant la suprême vertu, soit que je n'en fis pas une démonstration suffisamment pure et ferme dans ma vie (19).

C'est derrière cet écran de sa piété précoce que se dessinent sa ferveur labadiste, sa modestie légendaire et son renoncement au monde. Elle a tout abandonné, mais non sans jeter un dernier regard sur l'éclosion de ses multiples dons, tant artistiques que linguistiques. En effet, les paragraphes qui suivent reconstituent le parcours intellectuel de sa jeunesse, retraçant les encouragements de son père, ses premières armes en l'apprentissage du latin et du français, ses contacts avec les auteurs de la latinité, surtout Sénèque dont elle modérait le paganisme en lisant les Livres saints.

Le chapitre IV, contrairement aux autres, donne quelques indices de ce que deviendrait sa vie sexuelle, constamment privée d'épanouissement. Ses parents, gens d'honneur fort soucieux de la décence la plus stricte, la détournèrent dès ses plus tendres années de la lecture d'auteurs, poètes grecs et latins, qui auraient pu affecter, dit-elle, sa chasteté et la pureté de sa virginité[70]. On devine aisément le rigorisme

---

l'Église telle qu'elle existe : « Je fonde ma foi sur la parole de Dieu. Car si l'Église est une bonne Église, la foi de l'Église doit être éprouvée par la parole de Dieu, et non la parole de Dieu par l'Église, et ainsi non plus ma foi » (nous traduisons). Voir *The Acts and Monuments of John Foxe*, par Rev. George Townsend, New York, AMS Press, 1965, vol. VI, p. 416-417.

[70] Selon Baillet, dans sa *Vie de Monsieur Descartes*, « Elle voua sa virginité à J.C. et elle lui garda en ce point une fidélité inviolable jusqu'à la fin ». De là ce mot de saint Ignace qu'elle fit sien : « mon amour est crucifié ». Une épigramme de des Hayons célèbre son état de vierge : « La mort de l'amour immortel, / Anne ! a donc fait naistre ta flamme, / Et sa croix a servy d'autel / Au sacrifice de ton ame : / O prodige de verité ! / Que pour vivre en virginité / Tu suives les lois conjugales ! / Que ton père soit ton espoux, / Et que ton cœur soit moins jaloux / Quand plus il aime tes rivales ! ». Voir Schotel, p. 85-87.

moral qui marqua les années de formation d'Anne Marie. À force de la détourner de lectures dites immorales, on lui instilla la crainte même de la sexualité, et plus précisément de *sa* propre sexualité. Elle ne découvre qu'un seul poète français, du Bartas, huguenot farouche, qui n'ait jamais souillé « sa couronne de lauriers, si l'on peut dire, avec la feuille pourrie d'un seul vers licencieux »(23). Élevée dans l'appréhension de toute souillure charnelle, Anne Marie semble s'être réfugiée dans une permanente frigidité sexuelle. Dans le paragraphe X du chapitre II de l'*Eucleria*, elle livre partiellement les raisons qui l'ont tenue éloignée de tout commerce érotique. De ses parents, elle a appris à se méfier « des associations mondaines et vaines » (35). Grâce aux avertissements répétés de son père et à ses exhortations à la dévotion, elle a évité d'être « contaminée par l'esprit du temps et la compagnie de la mondanité » (35). Même sur son lit de mort, son père l'alertait aux dangers « des liens dépravés du mariage mondain (que l'on trouve fréquemment) » (35-36). Quand on sait que son père est mort en 1623, et qu'elle avait donc seize ans à l'époque, on conçoit aisément l'impact des conseils paternels sur une adolescente, mais on a malgré tout quelque peine à croire que cet héritage moral de son père ait pu la marquer pour le restant de ses jours. Sauf si, comme c'était le cas, croyons-nous, Anne Marie, toute savante qu'elle fût, souffrit d'une faiblesse caractérielle incurable. On a beau être savant, cela n'est pas forcément une garantie contre les faiblesses inhérentes de l'esprit, ou contre la vulnérabilité d'une psyché fragilisée. Il suffit de parcourir la correspondance de Mlle de Schurman, pour se rendre compte jusqu'à quel point elle voulut éviter à tout prix la confrontation. On a tôt fait d'attribuer ses réserves, et toute absence d'agressivité, à sa nature modeste, voire aux bienséances de son rôle de femme. Elle traite Rivet avec des gants, même si celui-ci dépasse parfois les limites du bon sens et de la civilité. Lorsque Marie de Gournay, à qui l'agressivité ne manquait guère, lui reprochait le temps qu'elle consacrait à l'étude des langues, elle lui répondit toute en douceur et en dérobades[71]. Il y a dans ses réponses une politesse qui frise l'impuissance à se défendre. Elle partage les opinions de ses maîtres, et amis pasteurs, mais elle ne participe jamais pleinement à leurs querelles[72]. Elle hésite à prendre

---

[71] Voir plus loin, la Lettre XI.

[72] Elle est même peinée d'avoir été mêlée malgré elle à une querelle de pasteurs. Voir la Lettre XXX à Rivet, du 3 avril 1649.

position[73], sauf dans l'*Eucleria,* qui date de 1673, cinq ans avant sa mort. Avant cela, que de faux-fuyants, que de reculades, que de concessions, même si elle estime qu'elle est dans son bon droit. Anne Marie a été une femme soumise qui s'est finalement prosternée devant le maître ultime, Dieu, devant qui elle n'avait plus à rougir, ni à feindre la docilité.

Ses explications tardives, reconstruisant le passé à son gré, pour touchantes qu'elles soient, ne rendront jamais vraiment compte des pulsions refoulées qui secouaient son âme chancelante. C'est avec candeur qu'elle relate qu'elle n'a fréquenté l'école française (sans doute d'une réputation douteuse) que durant deux mois, afin de « ne pas souffrir de trop de la corruption de jeux enfantins et de la contagion de paroles impures » (23). C'était encore une fuite. Ayant été instruite dans l'étude de la musique et dans des arts divers, qui risquent peu la censure, elle se félicite d'avoir reçu une telle formation qui

> l'empêchait plus tard de fréquenter des gens ridicules et d'être engagée dans les amusements et les parures des jeunes mondaines[74] (24).

Nouvelle fuite, cette fois au nom de la morale. À toutes fins utiles, Anne Marie de Schurman a grandi comme une jeune fille trop prude, pour ne pas dire pudibonde, et trop timide, se rebiffant constamment

---

[73] Cette mollesse n'est pas passée inaperçue. Brita Rang, dans « Een sonderlingen geest, De geleerde Anna Maria van Schurman », dans *A.M.V.S. 1607-1678*), rappelle que Mlle de Schurman se persuadait, après avoir relu la lettres de Rivet plusieurs fois, que leurs divergences étaient minimes, et qu'en aucun cas elle aurait voulu faire croire que son sexe avait quelque supériorité sur le sien. Brita Rang dit encore que Mlle de Schurman ne veut pas de changement radical, ni laisser entendre sa propre voix (p.35).

[74] On a proposé, à la suite d'un autoportrait qui date de 1633, qu'elle n'a pas toujours été sans frivolité. Il est vrai que ce portrait montre une jeune femme (elle avait alors vingt-cinq ans) aux cheveux frisottés surmontés d'un rang de perles, portant une somptueuse dentelle par dessus un justaucorps élaboré et fort élégant, le cou orné d'un double collier décoratif. Il s'agit d'un buste et il n'y a donc pas lieu de s'inquiéter, comme Constantin Huyghens ou C. van Baerle, de ce que l'on ne voie point ses mains, ce qui aurait incité van Baerle de parler de la *Virginem Ultrajectinam sine manibus pictam*. Voir Katlijne van der Stighelen, *op. cit.*, p. 17 et 118-119, qui cite aussi l'ouvrage de U. Birch où il est question de « The frivolous time of her life » (*Ibidem*, p. 17).

contre toute intrusion sexuelle dans sa vie. Telle était la rançon de son éducation et le triste legs de ses parents. Devrait-on s'étonner de ce qu'elle ne soit jamais allée en France ? À ses yeux, c'était sans doute un pays de débauche et de corruption[75]. Ce qui est plus frappant, c'est que la plupart des hommes qui ont traversé sa vie furent, soit des hommes de science, voire des poètes, l'un d'eux étant le celèbre Jacob Cats, de trente ans son aîné, et dont on a dit[76] (sans preuves tangibles) qu'il lui aurait demandé la main ; ou Constantin Huyghens, marié à Suzanna van Baerle ; soit des pasteurs de l'Église réformée, c'est-à-dire des hommes qui, en principe, abhorraient les plaisirs de la chair autant qu'elle. Parmi les hommes de science on trouve le médecin van Beverwijck qui lui dédie la deuxième partie de son ouvrage sur l'excellence du sexe féminin, ou encore le physicien Adolph Vorstius, l'historien Daniel Heinsius. Tous assez inoffensifs et absorbés par leurs activités littéraires ou scientifiques. Remarquons surtout le nombre de pasteurs et de théologiens[77] qui ont été ses correspondants, et parfois ses amis intimes. Fréderic Spanheim, professeur de théologie, Jacobus Lydius, théologien, André Rivet, le théologien de Leyde qui est son correspondant le plus assidu, Claude de Saumaise, théologien et transfuge, Gassendi, prêtre de son état, théologien, et, bien entendu, Voetius, l'adversaire de Descartes, sans oublier l'incontournable Jean Labadie dont les intentions étaient peut-être moins pures qu'il le laissait entendre, mais qui mystifiait Anne Marie avec sa doctrine proche de l'angélisme.

La prédilection d'Anne Marie de Schurman pour les théologiens, avant autant qu'après sa « conversion », est particulièrement intéressante dans la mesure où elle révèle chez la femme savante un goût

---

[75] Ce qui ne l'empêche pas d'écrire à Anne de Rohan dans une lettre du 13 novembre 1643 : « Or encores que je regarde la France il y a long temps comme une des plus belles parties de l'univers : et comme mere et nourrisse de la sagesse et de la vertu ». Sur quoi Schotel a ce propos quelque peu ambigu : « Non seulement Anne Marie comprenait-elle l'art de s'attirer la bienveillance des grands de ce monde par de beaux éloges pleins d'esprit, mais aussi l'art plus noble et plus difficile de consoler les profonds chagrins » (nous traduisons), commentaire suivi d'une lettre de consolation à Anne de Merveil, datée du 13 août 1642. Voir Lettre XVI et Lettre XIII, et Schotel, p. 127.

[76] Voir les remarques à ce sujet de Paquot, p. 658.

[77] Nous ajoutons à la liste les noms de Johan Cloppenburg, Simon d'Ewes, Jacobus Crucius, théologien de Delft, John Owen.

prononcé, d'une part pour les questions théologiques, et d'autre part pour les tenants les plus acharnés de la controverse religieuse. On songe bien entendu à Voetius, à André Rivet, à Pierre du Moulin, à Jacob Revius, professeur de théologie à Leyde et ennemi juré de Descartes qu'il traite, selon Baillet, comme un impie et un blasphémateur[78] ; enfin, et surtout, il y eut Jean Labadie. Ce sont les hommes qui combattent le plus radicalement la tradition théologique catholique, voire la position cartésienne, qui retiennent particulièrement l'attention de Mlle de Schurman. Ce sont eux qui mènent un combat sans fin qu'Anne Marie de Schurman, en tant que femme, n'osait pas entreprendre elle-même. Elle semble avoir légué à leur force rhétorique et polémique une part de ses propres ambitions combatives, mais toujours étouffées par sa féminitude oppressée.

On devine également que la persécution des protestants, plus aiguë peut-être à Anvers qu'ailleurs, et forçant son grand-père à s'exiler à Cologne, a sans doute fortement marqué Anne Marie. Aux yeux d'une jeune enfant, le catholicisme, s'acharnant sur sa famille, semble avoir incarné l'instrument du diable ou d'une Église qui s'était nettement égarée du bon chemin. Il n'est donc pas étrange qu'Anne Marie trouvât un refuge intellectuel et idéologique auprès de ceux qui sont les adversaires les plus redoutables d'une confession dégénérée à leurs yeux. C'est peut-être aussi de là que venait sa mésentente avec René Descartes[79], homme rationnel, certes, mais fidèle à sa foi ancestrale.

Les événements de sa jeunesse, l'éducation et le rigorisme de ses parents, son don des langues, où l'étude de l'hébreu occupait la première place, son incapacité à produire un grand chef-d'œuvre de

---

[78] Voir Adrien Baillet, *La vie de Monsieur Descartes*, p. 314 et ss., et p. 319 et ss.

[79] Une fine observation de Schotel (p. 123) attire l'attention sur la différence de ton dans deux lettres (Lettres VIII et XVII) d'Anne Marie de Schurman à la Princesse de Bohème, fascinée par Descartes. La première lettre, du 7 septembre 1639, est savante à souhait : Anne Marie y expose son jugement sur les anciens historiens, tout comme elle fait connaître ses idées sur l'astrologie et la physique. Dans la deuxième lettre, du 26 janvier 1644, elle aborde sur un ton plus familier la situation de la philosophie en leur temps. Sans qu'il soit nommé, Descartes est présent. Elle évoque des « spéculations vaines, dangereuses, voire blasphemes », même s'il est question « d'esclaircir les secrets de la Philosophie, ou de soustenir les plus hauts poincts de la Religion Chrestienne » ; suivi de ce mot terrible : « À peine sçauroit on discerner, s'ils ont esté plus ingenieux à forger des doutes, et des objections ; ou plus adroits à les resoudre ». En 1644, la scission entre elle et Descartes est complète.

l'esprit, ses maigres succès en peinture, tout contribua à la pousser du côté d'une religion rebelle[80], dernier refuge de l'incomplétude. C'est sur les hauteurs d'une intense vie spirituelle qu'elle étanchera sa soif absolue de pureté que malheureusement ni l'Église catholique ni l'Église réformée ne pouvaient lui apporter. Le labadisme fut en fin de compte le terme inéluctable de sa quête d'un plein épanouissement strictement spirituel, à défaut des grandes réussites intellectuelles dont elle avait probablement rêvé.

C'est donc sous l'emprise de sa spiritualité exaltée, véritable planche de salut et source rassurante de plénitude, que se développe la suite de l'*Eucleria*. Au chapitre VII, elle regrette d'avoir été vaniteuse et conséquemment de ne pas s'être donnée tout entière à Dieu. En parlant de ses activités artistiques, elle écrit :

> Mais parfois la même activité remplissait mon esprit et même mon cœur de nouvelles découvertes, au point qu'il ne m'était pas facile de contempler fermement Dieu, en lui-même ou en ses créatures. Ceci était clairement la preuve de la vanité de cet art (26).

Elle évoque également l'épisode de la statuette de cire qu'elle avait ciselée, et les ornements qu'elle lui avait appliqués, dans lesquels elle découvre maintenant la vanité de son art.

Toutes ces frivolités dont elle s'accuse exigent bien entendu pénitence, comme si elle se complaisait finalement dans l'acte d'accusation prononcé par elle-même contre elle-même ! Nous assistons à un singulier, sinon pitoyable exercice de mortification pour tous les « péchés » d'orgueil, de vanité et d'amour-propre qu'elle aurait commis. Comme nous l'avons laissé entendre plus haut (p. 27), nous sommes les témoins d'un passé où une grande crise de prosélytisme avait déchiré son âme. Au chapitre VII, elle se demande, après avoir parlé de la statuette de cire,

[80] Jean Labadie incarne la rébellion contre les Synodes et les canons de l'Église réformée. À ce titre le pasteur dissident projette l'esprit de rébellion, profondément enfoui mais réel, d'Anne Marie de Schurman. Elle s'est vue marginalisée par le monde scientifique et artistique. Comme il arrive souvent chez les marginalisés, elle est devenue protestataire à sa manière.

> quel fruit (elle) cherche vraiment en tout ceci, à moins qu'(elle) puisse faire pénitence pour la perte d'un temps si précieux (28).

La statuette ayant été brisée accidentellement, et son dépit ayant suivi, elle confesse que

> cela démontre bien que je m'étais attachée ridiculement à une chose de peu de valeur, qui n'était rien d'autre que l'ombre de moi-même, tout comme je ne suis rien d'autre que le songe d'une ombre, de la manière dont le Poète[81] décrit les êtres humains (29).

Suit une diatribe qui s'en prend à ceux qui s'élèvent au-dessus de la terre, à la manière de Cyrano[82], et

> contemplent toutes choses inconstantes, quitte à retomber dans la boue au point qu'ils se préoccupent ou s'inquiètent de l'insignifiance de ces sortes de choses (29).

Quant à elle, elle a écarté ces vaines préoccupations, à mesure que

> l'image de la vie du Christ lui est venue à l'esprit, qu'(elle) a jugée seule digne d'imitation (30-31).

C'est cette image qu'elle prétend avoir retrouvée auprès de ses pasteurs, quitte à les renier au moment de son adhésion labadiste. Elle reconnaît toutefois que « leurs exemples vivants ont dû remplacer en elle le déploiement de tous les arts » (31).

Ce rejet de toute expression artistique se fait donc au profit d'une sorte de fétichisme, attaché surtout à la personne de Jésus-Christ. Dans

---

[81] Pindare, dans la Huitième *Pythique*, 95 : "L'homme est le songe d'une ombre". A comparer avec le mot de Torquato Tasso dans *Jérusalem délivrée* (chant XIV, stance 63), et rapporté par Montaigne (*Essais*, I, XLI, éd. Pierre Villey, 3 vol., Paris, Quadrige, P.U.F., 1965) : "La renommée (...) *n'est qu'un écho, un songe, que dis-je ! l'ombre d'un songe...*". Voir *Odes Pythiques*, II, éd. A. Puech, Paris, Belles lettres, 1958-1966.

[82] Il est possible qu'elle ait lu les *États et empires de la lune*, de Cyrano de Bergerac, publiés, posthumes, en 1657, et où le philosophe, précisément, contemple ironiquement l'état de la terre. Voir Antoine Adam, *Les libertins au XVIIe siècle*, Paris, Buchet/Chastel, 1964, p. 159 et ss.

une lettre à Constantin Huyghens, datée du 13 septembre 1669, c'est-à-dire en pleine conversion labadiste, elle clamait que

> l'entrée du royaume des cieux n'est ouverte qu'à ceux qui brillent d'un rayonnement qui tient du divin (32).

Elle prie donc Dieu d'enjoindre son correspondant d'emprunter la même voie « pour la gloire et les réformes de la véritable église d'Utrecht » (33). C'est dire qu'elle s'était alors pleinement ralliée aux dogmes de Labadie. On sait qu'il était charmeur, éloquent, voire séduisant. Les doutes que l'on a entretenus sur ses mœurs étaient probablement fondés. On s'étonne donc d'autant plus que Mlle de Schurman, une femme intelligente et savante, férue de lectures, se soit laissée enrégimenter dans un mouvement insurgé contre la religion réformée traditionnelle. Qu'elle ait suivi les enseignements des théologiens qui furent ses correspondants, soit. Après tout, ils combattaient tous une religion dite corrompue, la religion catholique. Mais on reste interdit devant l'emprise d'un Labadie qui promouvait un mysticisme farfelu, la plupart du temps fondé sur de fausses interprétations des textes sacrés. C'est la raison pour laquelle nous avons soutenu la thèse de l'exutoire spirituel dans le cas d'Anne Marie. Sa faiblesse caractérielle qui la limitait dans ses ambitions, ainsi que ses déceptions profondément ressenties, et rationnellement refoulées, l'ont attirée dans les pièges d'une bondieuserie extrême.

Il est intéressant de voir que la spiritualité nouvelle d'Anne Marie, empreinte d'un angélisme presque infantile, repose essentiellement sur le rejet de tout ce qui fit sa réputation. La négation même des fruits de l'érudition est suscitée par l'échec de l'entreprise intellectuelle. Contrairement à ses maîtres théologiens, ou aux Pères de l'Église dont personne ne nie la vaste culture, fondement de leurs écrits, Anne Marie de Schurman a voulu découvrir la vérité de sa foi dans l'absence de toute érudition, et dans une sorte d'adhésion naïve à la parole évangélique, seule source viable, selon elle, de l'amour de Dieu. On ne s'étonne donc pas de son insistance sur la vanité du savoir, dont elle s'est jadis rendue coupable. Au paragraphe XI, elle évoque les temps malheureux où elle

> se dédiait volontiers à la vanité des sciences (qu'elle) croyait devoir révérer comme si elles étaient les servantes choisies de la Reine Théologie (36).

Elle a cru naïvement, écrit-elle, qu'elle aurait pu « apporter quelque lumière à cette sphère du vaste savoir » (37), mais ce n'était là que vanité, et une injure à sa « modestie innée » (37). C'est malheureusement trop tard, dit-elle, qu'elle « s'est rendu compte combien tout ceci allait à l'encontre de l'humilité chrétienne[83] » (37-38). C'est à ce point que l'on remarque combien la dialectique d'Anne Marie de Schurman est devenue tendancieuse. Une fois de plus elle a recours aux syllogismes qui l'avaient si bien servie dans sa *Dissertatio* : l'amour des sciences est une exaltation du moi, donc contraire à l'esprit d'humilité ; l'humilité réside donc dans l'abandon total de toute science. Ce qui surprend ensuite, c'est qu'elle se dit la victime de la haine de certains théologiens parce qu'elle avait fui leur enseignement et leurs sermons. Il est difficile d'identifier ces théologiens haineux, à moins qu'elle ne songe à ceux qui lui ont reproché d'avoir tout abandonné, ce qui serait pour le moins curieux, puisqu'il s'agit d'amis, comme Constantin Huyghens, ou de mentors, comme Voetius. Quoi qu'il en soit, ce passage dans l'*Eucleria* ressemble étrangement à une comparaison (subconsciente ?) avec le Christ vilipendé par les Pharisiens :

> ... ils crurent qu'ils pouvaient me mépriser et me dénigrer par leurs calomnies, moi et mes études ; et à cause de l'envie, ou quoi que ce soit, ils eurent des oreilles attentives et obtinrent leur but auprès de

[83] Nous entendons ici les échos de l'enseignement des textes sacrés : Matthieu qui l'exhorte à trouver le repos : « ... prenez mon joug sur vous et apprenez de moi, car je suis doux et humble de cœur, et vous trouverez du repos pour votre vie » (XI, 29) ; dans *Aux Romains*, elle découvre la vanité de la supériorité intellectuelle : « ... tendez à l'unanimité, ne tendez pas à la supériorité, soyez entraînés par les humbles, ne vous prenez pas pour sensés » (XII, 16) ; dans *Aux Philippiens*, c'est la communion avec le Christ dans l'humble soumission : « Car pour nous, notre citoyenneté est aux cieux, d'où nous attendons comme sauveur le seigneur Jésus-Christ / qui transformera notre humble corps jusqu'à le conformer à son corps glorieux, selon l'énergie de ce pouvoir qu'il a de soumettre tout » (III, 20-21) ; enfin, l'épître *Aux Colossiens* a dû confirmer et justifier son désir de « mourir au monde » : « Si, avec le Christ, vous êtes morts aux éléments du monde, pourquoi vous faites-vous endoctriner comme si vous viviez du monde ? » (II, 20).

> nombreuses personnes, ce qui me libérait du poids d'une trop grande réputation et de trop de visites pénibles de gens qui vivaient dans mes environs (38-39).

D'ailleurs, comme nous l'avons suggéré en parlant de fétichisme, le nom et l'inspiration du Christ dominent constamment le discours. Elle a vu ses ennemis,

> non comme des ministres du Christ, mais comme des hommes qui trahissent sa grâce et sa gloire étant donné qu'ils œuvrent ouvertement pour le monde (39).

Selon elle, ces faux prophètes se sont

> égarés pour suivre le chemin de Balaam (et à qui) une bête de somme sans voix parla avec une voix d'homme et empêcha la démence du prophète[84].

Car, dit-elle, « qu'est-ce que la lumière a en commun avec l'obscurité » (40), allusion à la *IIe aux Corinthiens*, où saint Paul marque la différence entre le Christ et Bélial[85] » (40). Constamment elle rappelle l'unique lumière du Christ, et elle a toujours

> eu de l'estime, à la fois avec beaucoup d'honneur et d'amour, pour les dignes serviteurs de l'Église qui ont prouvé et continuent de prouver qu'ils sont les fidèles serviteurs et les disciples du Christ, non seulement par la parole et par inclination, mais à travers des actions et leurs effets (42).

C'est sa totale communion mystique avec la personne du Christ qui l'incite à condamner sa vie passée, et, pour ainsi dire, à se reprocher ses luttes (peu agressives pourtant) pour la cause des femmes instruites, qui étaient contraires « à la remontrance de notre Sauveur selon qui une seule chose est nécessaire[86] ». Avec un rappel du « discours » à

---

[84] *Ire de Pierre*, II, 15-16.

[85] Bélial (ou Béliar), ou « fils de Bélial », ou « vaurien(s) » (*Deutéronome*, XIII, 14), qu'on retrouve dans la *IIe aux Corinthiens*, VI, 15 : « Quelle entente entre Christ et Bélial ? ». Cf. l'*Eucleria*, chap. VIII, XII, p. 303.

[86] Parole de Luc, X, 42.

Rivet, elle reconnaît l'utilité de connaître l'hébreu et le grec, car « ce savoir s'ouvre sur une connaissance plus aisée et complète de la Sainte Écriture » (45). Qu'on sache toutefois qu'il faut surtout un

> don spirituel pour être en mesure de donner une interprétation (des livres saints), à laquelle cette connaissance (des langues) contribue peu, sinon rien (...). Seul

> Seul Dieu, par la grâce de son Esprit, est infaillible et le vrai interprète des Livres sacrés (47).

Il ressort de ces réserves que toute érudition est remise en cause par Anne Marie, comme si elle voulait à tout prix effacer toute trace de ses « fautes » passées. Elle est d'ailleurs convaincue que

> la moindre expérience de l'amour de Dieu nous donne une compréhension plus véritable et plus profonde de la page sacrée, que ne peut le faire la connaissance achevée même du langage sacré (48).

De toute évidence Anne Marie de Schurman s'est laissée emporter par une forme de piétisme, chère aux Luthériens. C'est sous l'influence incontestable de Jean Labadie qu'elle en est arrivée à ces illuminations mystiques, aveugles aux dogmes et aux doctrines théologiques, et mues par le seul amour de Dieu et de son fils incarné. En effet, comme nous le verrons (p. 56), un des fondements de la doctrine labadiste était que la vie contemplative était faite de grâce et d'union divine. L'homme parfaitement serein jouissait donc en toutes choses de la présence divine. C'est une telle spiritualité éthérée qui a envahi toute la personne d'Anne Marie, comme si elle avait eu honte d'un passé d'étude qui, nonobstant ses vastes connaissances, l'avait trahie. Elle ne reconnaît plus que « le livre des Écritures, le livre de la Nature et le livre de la grâce intérieure » (92). En elle s'est développée une intériorité spirituelle qui ressemble à un véritable cocon, refuge ultime d'anachorète qui craint le contact avec le monde, et pour qui la phobie sociale se confond aisément avec l'adoration béate de Dieu. L'expérience religieuse d'Anne Marie de Schurman, aussi authentique soit-elle, n'a donc rien en commun, croyons-nous, avec celle que connurent une Catherine de Sienne, saisie par ses élans mystiques dès l'âge de seize ans, ou une Thérèse d'Avila, prenant l'habit à vingt-et-un ans, et retraçant quarante ans plus tard son parcours spirituel dans *Le Château intérieur*(1577). L'abandon du monde, chez elles, partait d'un élan de jeunesse et sans doute aussi d'une soif d'absolu. Elles n'ont pas dû se « convertir », car le monde leur était inconnu. Elles n'avaient rien à fuir ni à regretter. Il en va tout autrement d'Anne Marie : elle sacrifie son passé glorieux et son savoir sur l'autel du désenchantement. Pour paraphraser un mot de Paul Bénichou, elle entreprit vers l'âge de soixante ans, la « démolition de l'héroïne[87] ».

Dans les deux premiers chapitres de l'*Eucleria*, le nom de Labadie n'est mentionné qu'une seule fois, au début du premier chapitre, ensemble d'ailleurs avec celui d'Yvon et de Dulignon. Par la suite toutefois, elle se référera constamment à celui qui devait devenir son maître spirituel.

A la fin du chapitre II, elle rend un bel hommage posthume à André Rivet, décédé en 1651, et qui en dit long de l'admiration qu'elle lui avait portée et de l'enseignement qu'il lui avait prodigué. Elle le dépouille néanmoins des fruits de sa vaste culture, comme si elle voulait qu'il fût « labadiste » à son insu. Tout en parlant avec émotion des dernières heures de son correspondant le plus fidèle, elle souligne son renoncement[88] *in extremis* aux valeurs de l'érudition :

> à la fin de sa vie [il] ressentait dans son âme la lumière et la puissance d'un savoir expérimental imprimé par le divin. Il estimait que le savoir tiré des livres était comme du fumier ou de l'ordure, et s'exclama avec

[87] La « démolition du héros » chez Bénichou s'inscrit dans le cadre du jansénisme austère, ennemi, lui aussi, de tout amour-propre. Inspirés toutefois par la tradition cléricale de l'Église, les Jansénistes s'attachent à l'étude et à l'érudition qu'ils mettent au service de leur cause première, à savoir un retour à l'humilité de l'Église primitive, catholique, donc universelle. Ils sont anti-mystiques car ils se méfient des élans spirituels qui reflètent une « dévotion de caractère adoratif ». C'est en cela que Mlle de Schurman, démolissant l'héroïne en elle, diffère totalement du mouvement « réformateur » janséniste. Voir Paul Bénichou, *Morales du Grand siècle*, Paris, Gallimard, 1948, p. 138-139 et p. 155.

[88] Sur son lit de mort, Rivet avait écrit au sujet d'Anne Marie : « Elle est une personne à laquelle j'ai toujours voué de l'amour et une sincère affection, et elle m'a honoré avec sa sainte amitié du nom de père. Comme modeste gage de mon affection paternelle je lui offre une Bible sans annotations, que vous trouverez à tel endroit dans mon cabinet de travail » (nous traduisons). Voir une version plus complète dans Schotel, p. 112, tirée des *Dernieres heures de Monsieur Rivet*, paru à Breda en 1651. Voir aussi la Lettre XXXIV où Anne Marie évoque avec émotion la mort de son mentor.

> ces saintes paroles dignes de toute notre attention : « Vous êtes l'éducateur des esprits. J'ai appris plus de théologie en ces dix jours durant lesquels vous m'avez rendu visite qu'en l'espace de cinquante ans... »[89] (50-49bis[90]).

Anne Marie se réconcilie donc spirituellement avec André Rivet en lui prêtant l'idéologie du dépouillement intellectuel. Elle communie avec lui en l'attirant dans la sphère de sa propre spiritualité.

Au paragraphe XIX, elle concède quand même, mais du bout des lèvres, qu'il ne faut évidemment pas rejeter toute science, mais vu que les hommes son « vains et superficiels » (49 ? 51), il s'ensuit que

> tous ceux qui appartiennent au monde, étant donné qu'ils sont privés du regard de la foi et ne voient pas Dieu dans sa lumière, et qu'ils ne sont pas instruits par l'amour de Dieu (...), et dépourvus de l'Esprit de Dieu, que ceux-là changent tout enseignement, et même l'Écriture sainte, en un odeur de mort (selon les paroles de l'Apôtre[91]) pour eux-mêmes et pour leurs disciples (49-50bis).

Elles accuse ensuite les docteurs de dispenser une théologie pratique et polémique, et de tomber ainsi dans le péché, puisqu'ils ne saisissent pas l'Esprit de la lettre, mais la lettre de la parole divine qui tue[92] le vieil homme[93] et triomphe de Satan. Ces mêmes hommes « mêlent

---

[89] Cité par Joyce Irwin, d'après la 2e édition des *Dernières heures [de monsieur Rivet, ministre du Christ et professeur de théologie*, publié à Genève en 1666].

[90] Une faute de pagination dans la version néerlandaise de l'*Eucleria* répète la pagination 49 et 50. Cette citation, strictement parlant, se trouve donc aux pages 50-49.

[91] « Car nous sommes la bonne odeur du Christ pour Dieu, parmi ceux qui se sauvent comme parmi ceux qui périssent : aux uns, une odeur de mort pour la mort ; aux autres, une odeur de vie pour la vie » (*IIe Aux Corinthiens*, II, 15-16).

[92] « (Dieu) qui nous a donné d'être au service d'une nouvelle alliance, non pas littérale mais sprituelle, car la lettre tue et l'esprit fait vivre » (*IIe Aux Corinthiens*, III, 6). En filigrane nous retrouvons l'enseignement de Labadie sur l'ancienne et la nouvelle Alliances (voir plus loin).

[93] « Vieil, se dit figurément en termes de l'Escriture. Le *vieil* homme, c'est à dire, l'homme engagé dans le peché. Il faut despouiller le *vieil* homme pour vivre dans la grace, c'est à dire, renoncer à toutes ses mauvaises habitudes » (Furetière). Voir s. Paul, *Aux Romains*, VI, 6. "Vieil-homme" symbolise donc Adam pécheur, opposé à « l'homme nouveau », Jésus-Christ.

leur propre raison corrompue aux choses divines » (50bis), et « retournent les armes de l'érudition contre la simplicité de la foi » (51). Suit une longue diatribe contre ceux qui, à force d'érudition, se sont faits les champions du diable et déforment la vérité. Mlle de Schurman mérite ici, certes, l'épithète de « fanatique », que ses commentatrices ont proposée. On regrette la violence du ton, mais surtout le flou de ses accusations, sans identifier aucun de ses détracteurs en qui elle ne découvre qu' « ambition, envie et colère, et d'autres monstres du cœur humain » (51). Dans une volée oratoire et mystique, elle cloue effectivement au pilori, et la science et ses défenseurs, réduisant en réalité cette même science aux ratiocinations, même de bonne foi, des théologiens. Son engouement tenace pour la spiritualité labadiste, « victime » de la persécution des Synodes, l'empêche dorénavant de situer la recherche scientifique dans un contexte culturel de perfectibilité. Obnubilée par son angélisme extrême, elle est devenue incapable de juger tout effort d'érudition en dehors des méandres vaporeux du mysticisme. On ne s'étonne guère que le dernier paragraphe s'en prenne insidieusement à la philosophie cartésienne, sous le couvert d'une contestation de la pensée de saint Thomas d'Aquin. Descartes, tout comme Thomas d'Aquin, croyait pouvoir justifier et expliquer l'existence de Dieu par les voies de la raison. On devine aisément l'antipathie qu'Anne Marie de Schurman avait éprouvée pour Descartes, imperméable aux doctrines traditionnelles de Voetius, et l'auteur suspect du *Discours de la méthode,* publié en 1637, dont le scientisme avait de quoi inquiéter toute velléité mystique. Même si les premières *Méditations*, dès 1641, avaient modéré la rationalité de la pensée cartésienne, il n'en reste pas moins que le philosophe français, familier du monde hollandais et du milieu de Christine de Suède, continua à faire figure d'iconoclaste. On le reconnaît donc assez bien derrière les remarques acerbes en épilogue du deuxième chapitre de l'*Eucleria* :

> Car il ne faudrait pas que l'on croie que la vérité est fondée sur le raisonnement humain, ou que quelqu'un puisse être instruit par lui ou par des arguments artificiels, ou que l'on puisse corriger des erreurs d'une façon salutaire grâce à des débats subtils. (...) Je suis persuadée que l'argument le plus efficace contre l'erreur d'athées ou d'hommes querelleurs est une vie irréprochable frappée par l'éclat des vertus chrétiennes (51-52).

N'oublions pas que Descartes avait été accusé à plusieurs reprises d'athéisme, surtout par Voetius, mais aussi par Revius et par tous ceux qui, dans le milieu universitaire d'Utrecht, avaient pris parti contre lui[94]. Mlle de Schurman rompt donc une dernière lance en faveur de ses anciens maîtres. Une manière de se racheter. Elle peut maintenant en toute bonne conscience entreprendre son itinéraire spirituel et idéologique, qui occupera principalement les chapitres III, IV et V. Le deuxième chapitre se termine par un dernier regard sur la mort exemplaire de Lady Jane[95], évoquée déjà dans sa lettre à Rivet, et qui a su mourir glorieusement pour le Christ de l'Église réformée.

Anne Marie de Schurman a été une femme remarquable que les vicissitudes de la vie ont détournée de sa première vocation. Son extrême vulnérabilité psychologique éclate au grand jour dès l'instant où elle se voit faussement accusée d'avoir quitté la religion réformée pour se donner au catholicisme. Elle ne peut supporter l'idée même d'être calomniée, ou, plus précisément, d'être soupçonnée d'avoir trahi ses maîtres, dont Voetius et Rivet. En dépit de la modernité du terme, on peut dire qu'Anne Marie a été « une femme rompue », constamment dépendante de l'autorité d'hommes, d'abord son père et même son frère, ensuite son maître Voetius, et enfin son prophète de malheur, Jean Labadie. Elle avait, certes, une culture égale, voire supérieure, à celle de ses « tuteurs », mais à cause d'une timidité à la fois innée et inculquée, elle s'effaçait spontanément derrière l'autorité de ses pairs. Elle était à cent lieues de l'agressivité combative de son amie d'occasion, Marie de Gournay. On peut même imaginer qu'il y eut en elle un bouillonnement culturel, toujours contenu par les restrictions

---

[94] Nous sommes bien renseignés sur cette accusation d'athéisme par *La vie de Monsieur Descartes* d'Adrien Baillet. Pour Voetius, voir tome II, pages 32, 92, 251 et ss., 277, 282, 506 et ss. Pour Revius et d'autres, voir pages 314-315. Dans une lettre à son ami Chanut, résident français auprès de la reine Christine de Suède, datée du 1 novembre 1646, Descartes écrit : « Car puisqu'un père Bourdin a cru avoir assez de sujet, pour m'accuser d'être sceptique, de ce que j'ai réfuté les sceptiques ; et qu'un ministre [Voetius] a entrepris de persuader que j'étais athée, sans en alléguer d'autre raison, sinon que j'ai tâché de prouver l'existence de Dieu » (Descartes, *Œuvres et Lettres*, p. 1247).

[95] Il est bon de rappeler que Lady Jane, dont le courage et les convictions étaient irréprochables, appartenait à la religion réformée, et qu'elle fut tuée sur ordre de Marie Tudor, la reine catholique, dite « Marie la sanglante ».

traditionnelles de son sexe, qu'elle étouffait littéralement sous le poids de son érudition. Lorsqu'elle décide à quarante ans de se retirer « dans son désert », nous observons, non pas une évolution de sa spiritualité, mais le symptôme d'une impuissance intellectuelle à s'imposer, comme un homme, à l'univers des sciences et des arts. Forcée, par elle-même, de ne jamais prononcer un mot plus haut que l'autre, elle a fini par abandonner un monde rempli d'éloges, mais avare néanmoins de véritable reconnaissance. De savante elle est devenue dévote. De dévote elle est devenue mystique. En fin de compte, la vraie reconnaissance ne pouvait venir que de Dieu, c'est-à-dire d'une puissance où les hommes n'avaient plus aucune part.

Jean Labadie a exploité sa fragilité au point de faire d'Anne Marie une mystique fanatique. Ce n'est qu'au moment où elle atteint le point culminant du fanatisme de sa foi nouvelle, que, libérée de tous ses démons du passé, elle ose déployer son amertume, sinon sa hargne. C'est effectivement ce qui ressort de l'*Eucleria*, où la nostalgie du passé se mêle à un emportement presque colérique contre les fantômes de sa vie : son adolescence évaporée dans les brumes du savoir, les femmes coquettes dont elle fuyait, ou condamnait la frivolité, les rationalistes, de part et d'autre, dont la foi suspecte menaçait la sienne. D'aucuns diront qu'elle était pieuse, de son propre aveu, dès sa plus tendre enfance, et que le cheminement spirituel d'Anne Marie n'a été que la conséquence naturelle de ses premières ferveurs. Méfions-nous cependant de ces élans de jeunesse que connaissent toutes les fillettes que l'on déguise en petites mariées du Christ à l'âge de onze ans, à l'occasion de leur communion solennelle. Les vocations fusent à cet âge, mais se dissipent aussitôt. Il y a donc fort probablement une part de fiction dans les souvenirs pieux d'Anne Marie, un peu comme ces images d'Épinal sur lesquelles on s'attendrit au fil des ans.

Anne Marie de Schurman possédait une remarquable force intellectuelle en son temps, mais son temps a tôt fait de la détruire. Ce qui lui a manqué pour que s'épanouissent tous ses talents, c'était l'audace de Marie de Gournay, la fierté de Madeleine de Scudéry, la causticité de Gabrielle Suchon[96].

---

[96] Nous proposons ces trois exemples de femmes du XVIIe siècle français, parce qu'elles représentent, chacune à sa manière, et en des temps différents, la progressive émancipation de la femme. Marie de Gournay est le féminisme combatif, Madeleine de Scudéry le féminisme hautain et triomphal, Gabrielle Suchon le féminisme

Jean Labadie (1610-1674)[97], le labadisme, et Anne Marie de Schurman

Les quelques éléments biographiques, spirituels et psychologiques, glanés çà et là dans l'*Eucleria* de Mlle de Schurman, et susceptibles de mieux éclairer sa personnalité, méritent, certes, d'être confrontés à la personnalité de Jean Labadie et aux points forts du labadisme, auquel Anne Marie de Schurman a succombé. Nous sommes surpris qu'elle ait pu tomber sous le charme d'un tel personnage, farfelu à ses heures, charlatan de génie ou visionnaire ambitieux, qui tirait quelque fierté à séduire les femmes. Nous comprenons difficilement que l'intelligence d'Anne Marie de Schurman n'ait pas pu détecter les faiblesses des doctrines labadistes, ostensiblement marginales aux courants théologiques de l'Église réformée. Nous avons émis le soupçon que sous l'esprit de rébellion inné de Labadie, se profilait la projection même de l'esprit de rébellion réprimé d'Anne Marie de Schurman. On peut croire également que sa dévotion extrême se soit abîmée dans la recherche d'un absolu spirituel que ses anciens maîtres, comme Rivet ou Voetius, ne pouvaient plus lui offrir, et que l'opportunisme de Labadie a fait le reste. Le personnage qui a eu une telle influence sur Anne Marie de Schurman méritait donc d'être examiné de plus près.

Jean Labadie, fils de Jean-Charles Labadie et de N. Coibot, naquit le 13 février 1610. Dès son plus jeune âge il fut élevé chez les Jésuites à Bourdeaux, qui, ravis par la vivacité d'esprit de leur élève, virent en lui un candidat idéal pour entrer dans leur Ordre. En 1624, après la mort de son père qui s'était opposé aux pieux projets des Jésuites, Jean Labadie entra dans la Société. Après ses études, il se consacra à la prédication, avant même d'avoir été ordonné. Peu de temps après, alors que se formaient déjà ses grands desseins réformateurs, il demanda au Père général de la Compagnie le droit de la quitter. On le lui refusa momentanément, ce qui l'incita à épouser l'esprit de saint Jean-Baptiste, et de ne plus se nourrir que d'herbes. Malade, puis rétabli, il

---

mystique et déchiré.

[97] Pour la vie et la doctrine de Jean Labadie, nous abrégeons et paraphrasons la longue notice de Paquot dans ses *Memoires...*, consacrée à Jean Labadie, t. III, p. 533-543.

persista à tel point dans son désir de quitter l'Ordre qu'on lui accorda finalement son congé[98] en avril 1639.

Il erra quelque temps à Bourdeaux et à Paris où le curé de Saint-Nicolas-de-Chardonnet lui permit de prêcher dans son église. Remarqué par François de Caumertin, évêque d'Amiens, il obtint un Canonicat à Amiens. C'est là qu'il réunit autour de lui des fidèles sensibles à son message, et qu'il créa une Confrérie à cet effet, sous l'autorité de l'évêque. En mission à Abbeville, il semblerait qu'il ait eu une relation douteuse avec une femme qu'il avait séduite. En même temps il exerça une influence considérable sur quelques religieuses de l'Ordre de Citeaux. Démasqué par la Supérieure, et dénoncé auprès de l'évêque, Labadie s'enfuit à Paris où il se réfugia durant un mois chez les MM. de Port-Royal. Ayant repris sa prédication peu de temps après, il fut bientôt accusé de répandre des doctrines pernicieuses. Il s'en défendit en niant, et obtint gain de cause. On découvrit cependant ses dérives spirituelles, sa séduction de quelques religieuses Ursulines ; il fut forcé par son évêque de rétracter les erreurs théologiques qu'il avait professées. Rendu à Toulouse, il obtint la confiance de l'archevêque et fut nommé directeur d'un couvent de religieuses, où ses théories hédonistes firent des ravages parmi des femmes naïves et soumises. Ayant eu vent des honteuses pratiques de Labadie, l'archevêque dispersa les religieuses séduites, et ordonna l'arrestation de leur directeur. En 1649 Labadie aboutit à quelques lieues de Bazas où il fut reçu dans une maison religieuse de Carmes, consacrée à la règle ascétique de Saint Albert. Il s'octroya lui-même l'habit des Carmes, et fit croire qu'il était chargé d'une mission divine. C'est ainsi qu'il parvint une nouvelle fois à rallier des âmes naïves à sa cause nébuleuse. Il fit bientôt figure de prophète visionnaire, mû par la grâce divine. Mais sa bonne fortune fut de courte durée. Démasqué une fois de plus et menacé d'un mandat d'arrêt, il s'enfuit en 1650 et abjura la religion catholique en octobre de la même année. Vainement les autorités catholiques tentèrent de le ramener à sa foi première et de l'enjoindre d'abandonner son adhésion calviniste. Accueilli à Montauban, il fut bientôt déclaré Pasteur de cette ville, sans que l'on s'enquît de ses mœurs ou de ses supposées dépravations. Il y resta huit ans, y ayant acquis le soutien et le crédit des dévotes qu'il avait ravies, soit par

---

[98] « Un moine n'oseroit sortir de son couvent sans le congé de ses Superieurs » (Furetière).

l'esprit soit par la chair. Il commit toutefois l'erreur de vouloir épouser une demoiselle de Calongues, à quoi les parents de la fille[99] s'opposèrent vivement. Il fut condamné comme séditieux et exilé de Montauban. Après un passage à Orange, il se retira secrètement à Genève en juin 1659. Une fois de plus il parvint à charmer quelques âmes avides de direction spirituelle, mais on jugea plus sage de l'envoyer à Middelbourg, en Zélande, où il arriva en 1666 et où il commença à répandre ses dogmes d'hérésiarque. Comme nous l'avons vu, c'est à ce moment-là qu'il entra en contact avec Mlle de Schurman, séduite bientôt par ses doctrines.

C'est aussi l'époque où Anne Marie de Schurman endoctrina la princesse Paladine Élisabeth qui n'hésita pas à recueillir les labadistes en qui elle voyait des membres de *la véritable Église*. Le magnétisme de Labadie fascinait Anne Marie et Élisabeth. Après une tentative avortée de s'unir à la communauté d'Antoinette Bourignon, non moins « mystique » que lui, Labadie vit néanmoins croître son influence, ainsi que les rangs de ses adeptes dans les Provinces Unies[100]. Le monde calviniste s'alarma de la prolifération labadiste de « l'Église de Middelbourg » ; on le convoqua instamment, mais en vain, devant le Synode de Narden où « l'Église de Middelbourg (fut) censurée, et

---

[99] Que cet épisode de la vie de Labadie, et ses détails scandaleux, aient été connus de ses contemporains ou non importe peu. Labadie lui-même publia en 1656 *La Pratique des deux Oraisons Mentale et Vocale*, où il tenta d'engager Mademoiselle de Calongues dans les voies tortueuses de sa spiritualité. Quoi qu'il en soit, il aurait été un parfait modèle pour le Tartuffe de Molière. Après avoir initié son amante à la vie spirituelle et l'ayant invitée à un recueillement intérieur, il s'approcha d'elle lorsqu'il la crut le plus recueillie, et lui mit la main sur le sein. Devant les protestations très vives de la jeune femme, il lui dit : « Je vois bien, ma fille, que vous êtes encore bien éloignée de la perfection. Reconnaissez humblement votre faiblesse : demandez pardon à Dieu d'avoir été si peu attentive aux Mystères que vous deviez méditer. Si vous y aviez apporté toute l'attention nécessaire, vous ne vous fussiez pas aperçue de ce qu'on faisait à votre gorge. Mais vous étiez si peu détachée des sens, si peu concentrée avec la Divinité, que vous n'avez pas été un moment à reconnaître que je vous touchais » (Paquot, p. 536-537).

[100] La réalité des chiffres situe le labadisme dans son véritable jour. Vers 1670, la congrégation compte cinquante-cinq adeptes. Peu de temps après la mort de Labadie, lors de l'exode vers Wieuwert, elle compte environ cent-soixante membres. C'est à Wieuwert que la « petite église » prend une certaine ampleur, avec à peu près quatre cents membres. Notons enfin que le labadisme disparaît définitivement en 1732 (voir *The Catholic Encyclopedia*, vol. VIII, édition en-ligne).

Labadie condamné à confesser à la face du Synode ». De retour à Middelbourg, Labadie monta ses coreligionnaires contre les Synodes, prétendant que « ces compagnies ne peuvent lier les consciences. Le prétendre, ce seroit ramener le Papisme dans la Réforme ». En dépit du soutien de la régence[101] et des États de Zélande, Labadie se vit condamné par les Synodes. On exigea de lui une *repentance éprouvée,* qu'il refusa. Sous la protection de riches négociants, tous dévoués à sa cause, il se retira à Veere, ville voisine de Middelbourg. Le Prince d'Orange intervint toutefois et défendit aux habitants de Veere de donner asile à Labadie. Ce dernier tenta encore, avec divers succès, de répandre sa doctrine dans les Provinces Unies, mais il dut finalement, en 1670, se ménager une retraite à Herford où il passa les deux années suivantes. Il se rendit alors à Altena, dans la Basse-Saxe, où il mourut en 1674, « entre les bras, écrit Paquot, de Mademoiselle de Schurman ».

Jean Labadie fut donc, soit un illuminé transporté par des élans authentiquement mystiques, soit un fumiste de génie, mû par une pulsion schizophrénique qui le mit en travers de toute autorité dogmatique, se convaincant à tout instant qu'il détenait la vérité et qu'à l'instar d'un Jansénius ou d'un Saint-Cyran[102], il pouvait devenir le centre de sa propre Église, en marge du grand mouvement réformateur calviniste qui s'était répandu dans les Pays-Bas.

On remarque également qu'il avait un ascendant irrésistible sur des femmes à l'esprit « romantique », en quête d'absolu et séduites par l'éloquence et la marginalité, voire l'originalité de la spiritualité labadiste. On retiendra aussi que l'abnégation de la chair chez Labadie était plus verbale que réelle. Il aimait séduire l'esprit sans négliger le corps. C'était, sans doute, sa part d'humanité.

Sans entrer dans les détails, il n'est pas inutile de souligner les principes fondamentaux de la doctrine labadiste. En effet, c'est à

---

[101] Sous la minorité de Guillaume III d'Orange, fils de Marie Stuart, alors que le pouvoir de la régence était entre les mains de Jan de Witt. Le jeune prince se déclarerait majeur à l'âge de dix-huit ans, en 1668.

[102] Faisons remarquer toutefois que Saint-Cyran, Arnauld et toute l'intelligentsia janséniste étaient convaincus d'être des catholiques authentiques et évangéliques, très éloignés de toute idée de schisme d'avec l'Église catholique.

travers eux que l'on peut mieux comprendre l'adhésion inconditionnelle de Mlle de Schurman, étant parmi les plus zélées adeptes du labadisme, et, comme cause à effet, arrachée à une vie intellectuelle pleine de promesses.

Labadie pensait que Dieu pouvait et voulait de temps en temps tromper les hommes. À preuve, disait-il, l'exemple de Dieu envoyant l'esprit de mensonge à Achab, dans *Les Rois*[103]. Par voie de conséquence, l'Écriture n'était plus nécessaire pour être conduit au salut. Le Divin agissait directement sur l'esprit, et cette source d'inspiration constitua la véritable révélation. Ce mysticisme (réel ou emprunté) conduisit Labadie à voir dans l'ancienne Alliance, c'est-à-dire le lien entre Dieu et les hommes, une manifestation charnelle, avec des cérémonies et des bénédictions temporelles, alors que la nouvelle Alliance[104], la sienne, n'existait que pour les hommes spirituels et leur conférait une totale liberté. C'est ce qui fait que selon lui il y eut deux Églises, l'une étant déchue, l'autre composée d'hommes et de femmes « régénéré(e)s », ayant rompu avec le monde. Remarquons aussi que selon Labadie, l'Eucharistie n'était que la commémoration de la mort de Jésus-Christ, et que l'on recevait son corps spirituellement si l'on y participait dignement. Nous avons souligné plus haut (p. 46) qu'il enseignait que la vie contemplative était un état de grâce et d'union divine, et que l'homme rendu à une parfaite sérénité jouissait de la présence divine en toutes choses. Il enseignait également que la Divinité restait indifférente à l'univers qu'elle avait créé. Les maux et les fléaux ne touchaient guère la Divinité, et au-delà des vicissitudes humaines, seul un état de calme et d'abnégation, par la mortification des sens et l'éloignement des biens charnels, apporterait une tranquillité complète en harmonie avec Dieu.

C'est donc dans un tel contexte spirituel, propre au labadisme, qu'il faut lire, croyons-nous, la « conversion » irrémédiable d'Anne Marie de Schurman. Il s'agit donc d'une doctrine mystique fondée sur le rejet

---

[103] En réalité, c'est Micayehou, ou Michée, le prophète, qui prétendit que Iahvé inspira l'esprit de mensonge : « Et maintenant, dit-il, voici que Iahvé a mis un esprit de mensonge dans la bouche de tous tes prophètes qui sont là, car Iavhé a prédit du mal contre toi ! » [trad. Éduard Dhorme], *La Bible*, t. I, *Ier Rois*, XXII, 23, p. 1133).

[104] Il est abondamment question de la Nouvelle Alliance dans l'*Eucleria*, le testament spirituel d'Anne Marie de Schurman, surtout aux chapitres IV et V.

de l'Église traditionnelle, et sur la nécessité de « mourir au monde » afin d'assurer la plénitude de sa propre vie spirituelle et d'obtenir le salut de son âme, détachée enfin de toutes les vanités de ce bas monde. C'est avec un tel état d'âme qu'Anne Marie de Schurman a rédigé son *Eucleria,* une œuvre qui est aussi la justification de sa retraite définitive du monde visible et de ses tentations de gloire et de renommée.

*

* *

La correspondance française[1] d'Anne Marie de Schurman

Introduction

La correspondance d'Anne Marie de Schurman est abondante et variée[2]. D'une façon générale ses lettres ont un caractère privé, encore qu'elle n'a pas hésité à reproduire plusieurs de ses lettres dans ses *Opuscula*, publiés dès 1648 et réédités en 1650 et 1652, dernière concession sans doute à sa discrète coquetterie de femme savante.

Nombreuses sont les lettres écrites en latin ; quelques-unes en hébreu ou en néerlandais, ces dernières s'adressant particulièrement à des femmes de ses connaissances.

La correspondance française n'a pas l'ampleur de la latine, mais elle permet de constater la maîtrise du français de Mlle de Schurman, ainsi que l'intelligence du propos. On constate également que parmi ses nombreux correspondants, les femmes occupent une place importante : la Princesse Palatine Élisabeth de Bohème, Madame Coutel, Marie de Gournay, Anne de Merveil, Mlle du Moulin, Anne de Rohan, Madame de Saumaise. D'une façon générale, Anne Marie de Schurman semble avoir voulu respecter la culture linguistique de ses correspondantes[3], encore que Marie de Gournay, pour ne citer que son exemple, était parfaitement versée dans la langue latine.

---

[1] Pour les cas d'exception, voir plus loin (p. 61).

[2] Nombreuses sont les lettres d'Anne Marie de Schurman, qui ont été perdues. Schotel (p. 130) prétend même qu'elle a brûlé toutes les lettres en sa possession en 1672, six ans avant sa mort. Cette assertion est problématique. On ne compte pas moins de 56 lettres non éditées de Mlle de Schurman, et neuf lettres non éditées qui lui sont adressées. Voir Douma, Appendices F et G. Il est vrai que Shotel mentionne plusieurs correspondantes dont il ne reste plus de trace : Mlle van Veer, Charlotte Hubert, Élisabeth Vervoorn, Brigitta Tott (p. 130).

[3] À Dorothy Moor, elle écrit une lettre en latin, et une autre en grec.

Sa correspondance avec André Rivet, de loin la plus abondante, est généralement écrite en latin, sauf trois lettres en français (**inédites**), datant de 1649 et 1650. C'est avec Rivet qu'il y a eu un échange, en latin, de trois petits « discours », sous forme de lettres, sur la nécessité pour les femmes de se consacrer à l'étude. La première, de la main d'Anne Marie de Schurman, date du 6 novembre 1637 ; la réponse de Rivet est du 18 mars 1638 ; enfin, une réplique d'Anne Marie a été fautivement datée du 14 mars 1638[4] !

Tout en étant sous une forme épistolaire, cette correspondance latine entre Anne Marie de Schurman et André Rivet est constituée de véritables petits traités sur la pertinence des femmes savantes[5]. C'est un tel sujet qui a donné lieu à un débat raisonnablement amical où seul le filigrane révèle quelque rancœur de part et d'autre. En somme, cette joute épistolaire avait débuté en 1632, mais reprenait de plus belle en novembre 1637. Ce sont ces trois lettres de 1637-38 que Guillaume Colletet a traduites et a voulu porter à l'attention du public français. Elles constituent la base du *Virginis Annae Mariae a Schurman Dissertatio De ingenii Muliebris ad Doctrinam, et meliores Litteras aptitudine. Accedunt Quaedam Epistolae ciusdem Argumenti*[6], qu'Anne Marie de Schurman publierait en 1641.

---

[4] Voir l'article cité de Brita Rang, dans *A.M.V.S. (1607-1678)*, p. 32 et 162, note 1 et ss. Pour la réplique d'Anne Marie de Schurman, les *Opuscula*, dans l'édition de 1652, donnent la date du 14 mars 1638, ce qui est rigoureusement impossible, la lettre de Rivet étant du 18 mars. Guillaume Colletet donne la date du 14 mars 1640, plus logique et plus probable.

[5] Gustave Cohen écrit qu'il « est probable que Molière en connut la traduction publiée par Colletet », allusion aux conséquences que l'on devine. Voir *op. cit.*, p. 719.

[6] Voir l'article cité de Caroline van Eck dans *A.M.V.S. (1607-1678)*. Disons encore que la première lettre d'Anne Marie de Schurman, en 1632, mentionnait déjà la mise en œuvre de la *Dissertatio*(titre abrégé). Dans un passage de cette lettre on apprend que « Il y a un an, ou à peu près, que quelqu'un a voulu mettre en français (parce que le charme et l'élégance de cette langue habituellement touchent une corde sensible auprès de jeunes femmes) le livre dans lequel je tente de les convaincre, encore que davantage par les effets que par la force de mon éloquence, de la meilleure façon d'occuper nos loisirs. Étant donné toutefois que rien dans le livre n'avait une forme définitive, sauf sa forme générale, et qu'en outre ses images et ses traits d'esprit devaient être vus comme rien de plus que des ombres et de l'obscurité, je n'ai pas cru qu'il était digne d'être soumis à votre critique ou qu'il était de quelque façon que ce soit apte à recevoir une telle lumière » (Lettre I)(nous traduisons).

Guillaume Colletet n'a pas retenu la *Dissertatio*, mais il s'était procuré, grâce sans doute à son confrère Conrart, les trois lettres latines en question dont le sujet lui sembla assez important pour en donner une traduction et en faire une *Question celebre. S'il est necessaire, ou non, que les Filles soient sçavantes*, publiée à Paris en 1646 chez Rolet le Duc.

Pour des raisons peu évidentes, cette traduction ne semble pas avoir retenu outre mesure l'attention des lecteurs français de Colletet. Tallemant des Réaux, nous l'avons vu, qui débute ses *Historiettes* en 1657, n'en souffle mot. Bayle, non plus. Plus près de nous, ni René Jasinski, dans son *Histoire de la littérature française*, ni Antoine Adam, dans son *Histoire de la littérature française au XVIIe siècle*, ni le *Dictionnaire des Littératures de langue française*, ne font mention de la traduction de Guillaume Colletet. Inexplicablement, rappelons-le, la *Bibliographie du XVIIe siècle* de Cionarescu omet carrément la traduction des trois « discours » dans la liste des œuvres de Guillaume Colletet.

Dans l'histoire du féminisme français, et à ce titre, dans l'histoire de la préciosité et de ses justes prétentions intellectuelles, le témoignage d'Anne Marie de Schurman méritait certainement sa place. Il est dommage que les études littéraires françaises ne l'aient pas mieux reconnue. C'est pour combler cette lacune que nous avons voulu transcrire et commenter ces documents traduits, même si leur rayonnement fut apparemment moindre que la réputation de femme savante d'Anne Marie de Schurman.

Nous espérons aussi que les lettres en français[7] de Mlle de Schurman jetteront un peu plus de lumière sur la remarquable personnalité de cette femme savante.

Dans la présente étude, l'accent porte donc sur la correspondance *en français* d'Anne Marie de Schurman. Comme on sait déjà, il y a quelques exceptions. Le premier cas d'exception sont évidemment les

---

[7] Il y a quelques lettres en français inédites d'Anne Marie de Schurman, auxquelles nous n'avons pas eu accès : une à la Duchesse de Braunschweig et Lüneburg, du 16 novembre 1670 (au British Museum), et une à Colvius, du 9 septembre 1637 (à la Bibliothèque universitaire d'Utrecht). Par ailleurs nous n'avons pas transcrit la lettre à Vegelin van Claerbergen (17 avril 1667), celle-ci étant sans grand intérêt.

trois lettres, ou « discours », échangées entre Anne Marie de Schurman et André Rivet. Il s'agit de textes clés qui par leur ampleur et leur sujet dominent en quelque sorte toutes les autres lettres d'Anne Marie de Schurman. Nous avons affaire ici à un débat sous forme de savants traités, et c'est dans cette courtoise passe d'armes que l'on découvrira l'attitude « féministe » de Mlle de Schurman, dans la mesure où elle milite avec vigueur pour la cause de l'éducation féminine. Il ne s'agit donc pas d'une simple correspondance de civilité, truffée d'érudition, mais d'un échange d'idées qui embrasse la question féminine du XVIIe siècle, et dont Marie de Gournay, en 1622, avait donné le grand signal[8]. Compte tenu de leur valeur historico-sociale, ces trois lettres-discours devaient occuper ici une place centrale : elles représentent en effet le pivot de la réflexion dite « féministe » d'Anne Marie de Schurman. En outre, elles situent la femme savante dans le courant de l'émancipation féminine au XVIIe siècle. Écrites en latin, elles apparaissent en la traduction française de Guillaume Colletet.

Un deuxième cas d'exception à la correspondance française est le premier échange, en 1632, entre Anne Marie de Schurman et André Rivet. Ces deux lettres latines précèdent de six ans la correspondance de la « Question célèbre » de Guillaume Colletet. Elles ne manquent certainement pas d'intérêt, car Anne Marie de Schurman, non seulement y annonce sa *Disseratio* de 1641, mais y fait également allusion au meilleur moyen pour les femmes d'occuper leurs loisirs. Ainsi, les moments de loisirs, de repos ou d'oisiveté, constituent déjà un thème majeur qui sera repris abondamment dans sa lettre à Rivet, en 1637.

Un deuxième thème, d'ordre moral cette fois, sous-tend également cette première lettre à Rivet. Il s'agit plus précisément de la question cent fois évoquée par la suite concernant sa modestie proverbiale. En effet, elle se défend d'avoir jamais voulu aspirer à une vaine gloire, même si des personnes mal-intentionnées auraient pu être tentées de dire le contraire. Cette première lettre latine sert donc de cadre général à la correspondance qui suivra. C'est à ce double titre qu'il nous a

[8] En 1604, Charlotte de Brachart avait précédé Marie de Gournay avec une *Harangue faicte par demoiselle Charlotte de Brachart surnommée Arétuze qui s'adresse aux hommes qui veulent deffendre la science aux femmes* (8 pages). Un titre qui aurait pu plaire à Mlle de Schurman. Voir la bibliographie de J. Geffriaud-Rosso, *Études sur la féminité au XVIIe et XVIIIe siècles*, Pise, Éd. Libreria Goliardica, 1984.

semblé qu'elle avait sa place, en traduction française, dans la présente étude.

Enfin, noblesse oblige : il fallait forcément y joindre la réponse de Rivet, datant du 1er mars 1632. Nous y apprenons que Rivet n'avait pas encore rencontré Anne Marie, mais qu'il admirait sans réserves son talent, sa modestie et sa piété. Il esquisse en même temps le thème central de leur correspondance ultérieure de 37-38, à savoir si toutes les filles sont aptes à l'étude, étant donné que quelques-unes ne veulent pas s'y appliquer, tandis que d'autres sont appelées à vaquer à des occupations plus humbles. Il y a donc là une étincelle qui mettra le feu aux poudres, sans fracas toutefois, à leur discussion subséquente.

Rivet nous apprend aussi qu'Anne Marie de Schurman, à la suite de la mort de son père, survenue en 1623, avait écrit un poème en français[9] que lui-même a fait parvenir à la Princesse Palatine, Élisabeth de Bohème.

Enfin, cette réponse de Rivet est bien une première reconnaissance de la modestie de la jeune femme, et, d'une façon presque prémonitoire, de son extrême piété, qu'il met au même niveau que ses aptitudes intellectuelles, et qu'il mentionne une fois de plus à la fin de sa lettre en exprimant son admiration pour sa « piété exceptionnelle ». Cette lettre de Rivet, sans doute à son insu, traçait d'avance l'itinéraire moral et spirituel d'Anne Marie de Schurman.

Les lettres, trente-huit en tout, dont trente-cinq sont de la main d'Anne Marie de Schurman, ont été présentées dans un **ordre chronologique**[10]. La majorité d'entre elles se trouvent dans les *Opuscula*. Par ailleurs, neuf lettres sont **inédites**, et deux lettres, à Colvius, ont été transcrites de l'ouvrage de Schotel. Enfin, on lira aussi une lettre à Claude de Saumaise, qui se trouve dans le *Cabinet historique*[11].

[9] On peut lire ce poème dans Douma, p. 80-81.

[10] Il y a quelques légères entorses à la chronologie lorsqu'il s'agissait de maintenir la cohésion d'un échange.

[11] Douma a commis l'erreur d'attribuer deux lettres du *Cabinet historique* à Anne Marie de Schurman (voir *op.cit.*, p.72). En fait, la première, du 11 juillet 1648, est d'Anne Marie de Schurman ; la seconde est de la main de Johan Godschalck, son frère, qui signe J.G. de Schurman.

Les lettres dans les *Opuscula* sont celles de l'édition 1652, sous le titre : *Lettres Françoises, de Madamoiselle de Schurman.* Les éditions de 1648 et de 1650 reproduisaient pour ainsi dire les mêmes lettres, encore que dans l'édition de 1648, la lettre à Marie de Gournay clôt la correspondance française.

Dans l'édition de 1650, après les *Elogia*, se trouvent des lettres à Claude de Saumaise (26 novembre 1647 et 18 mars 1648), à Madame de Saumaise (18 mars 1648) et à Spanheim (15 août 1648). Un *Advertissement au Lecteur* nous apprend que « Les Imprimeurs estant à la fin de cet ouvrage, ces lettres suivantes sont tombées entre leurs mains, c'est pourquoy on ne s'estonnera pas, de ne les voir pas en leur ordre ».

Enfin, les lettres inédites, dont quatre à Rivet, et trois à Mlle du Moulin, nous ont été gracieusement communiquées par la Koninklijke Bibliotheek de La Haye.

*
* *

LETTRE I

De Mademoiselle de Schurman à Rivet[12]

[le 12 janvier 1632] (traduction)

Au gentilhomme le plus éminent, le Dr. André Rivet, Salutations,

Quand je me rends compte, honorable Seigneur, combien je dois à votre amabilité et à l'honneur que vous me faites de parler avantageusement de ma personne à d'autres, je dois avouer que rien n'est plus agréable ou ne m'apporte plus de bonheur que j'ai jamais éprouvé de pouvoir récolter de si beaux fruits en échange d'une éducation si frêle. Mais à l'heure qu'il est, quiconque connaît et révère les vertus qui sont vôtres cesse de se demander pour quelle raison tant d'excellentes choses me sont octroyées. Et étant donné qu'en ce moment les étoiles sont particulièrement inconstantes et passagères, j'aurai recours à ce soutien exceptionnel de l'amitié.

Je ne suis pas non plus si ignorante de ce monde ici-bas pour ne pas croire qu'il n'existe quelque personne mal-intentionnée qui prétende que je suis arrivée à ce point dans l'espoir orgueilleux de pouvoir étaler mes capacités intellectuelles. Mais Dieu est mon témoin combien mes intentions sont éloignées d'une telle ambition dans la sorte de vie que j'ai choisie de mener. Quoique je supporte ce genre de chose avec plus ou moins d'indifférence[13], je me réjouis néanmoins que vous n'ayez pas ouvert la porte aux scrupules. Car à cause de votre aimable disposition à mon égard, vous avez tout interprété si favorablement que le grand espoir que j'avais nourri jusqu'à présent n'a jamais été déçu par vous. Par conséquent, à partir de maintenant, alors que notre confiance mutuelle s'accroît, je ne pense pas qu'il convienne encore de vous cacher le moindre aspect de mon étude, ou plutôt de bagatelles. Il y a un an, ou à peu près, que quelqu'un a voulu mettre en français (parce que le charme et l'élégance de cette langue touchent habituelle-

[12] Au moment de cette première correspondance avec Rivet, Anne Marie de Schurman avait vingt-cinq ans.

[13] Ne la prenons pas tout à fait au mot. Tout ce qui est calomnie ou médisance la blesse. La preuve en est qu'elle a senti la nécessité d'évoquer « quelque personne mal-intentionnée ».

ment une corde sensible auprès de jeunes femmes) le livre dans lequel je tente de les convaincre, encore que davantage par les effets que par la force de mon éloquence, de la meilleure façon d'occuper nos loisirs. Etant donné toutefois que rien dans le livre n'avait une forme définitive, sauf sa forme générale, et qu'en outre ses images et ses traits d'esprit devaient être vus comme rien de plus que des ombres et de l'obscurité, je n'ai pas cru qu'il était digne d'être soumis à votre critique ou qu'il était de quelque façon que ce soit apte à recevoir une telle lumière. J'ignore cependant en ce moment quelle direction secrète de son esprit protecteur l'a dépêché vers vous, comme vers son guide et son défenseur ; en effet, un jour, si Dieu le veut, il vaincra tous les obstacles. Entre-temps je l'invoquerai avec mes prières intimes, pour qu'il vous garde, vous et les vôtres, sains et saufs, comme un exemple aux hommes et comme un ornement destiné à tous, à savoir son Église. Adieu, homme le plus juste, estimé non le moindre par moi parmi vos amis et vos admirateurs.

Désireuse de vous plaire et, de même manière, tout homme aimable.

Anne Marie de Schurman
Utrecht, Janvier 12, 1632

*
* *

LETTRE II

De Rivet à Anne Marie de Schurman

[le 1 mars 1632] (traduction)

À la demoiselle la plus admirable et la plus érudite, Anne Marie de Schurman

Très noble demoiselle, si j'ai proclamé vos louanges parmi d'autres, j'ai fait ce qui m'incombait. Car un cœur honnête et sincère n'enferme pas et n'admire pas en lui-même ce qui, ayant été porté à la connaissance d'autres, est une cause d'honneur pour celui dont les talents sont loués ; et cela peut également être utile à d'autres, à la fois comme exemple qui les inciterait à pratiquer une émulation honorable, et comme moyen de remercier Dieu avec gratitude pour avoir orné votre sexe d'une telle splendeur dans les lettres et les arts. Cela peut également servir de preuve aux vivants et à la postérité que ce n'est pas à cause d'une déficience de l'esprit ou de jugement que la plupart des femmes ne s'occupent pas de telles sortes de choses, mais parce qu'elles ne veulent pas y appliquer leur esprit, ou parce qu'elles ne sont pas libres à cause d'autres occupations plus humbles. En outre, il ne convient sans doute pas à plusieurs d'entre elles de choisir ce genre de vie ; il suffit sans doute que quelques-unes qu'un instinct naturel stimule, se détachent, surtout en notre temps, où de nombreux jeunes gens prétendent s'adonner à l'étude plus qu'ils ne la cultivent, et, satisfaits du nom seul, dédaignent la chose[14] ; certes, quelqu'un comme vous aide à les dénoncer et à les couvrir de honte. Ce sont ces raisons qui m'ont poussé à montrer au grand jour les choses que votre modestie risque de voiler, dans la mesure où j'en étais capable, tout comme je le ferai encore lorsque l'occasion s'en présentera. Je dois ajouter que je soigne mes propres intérêts dans cette affaire, car je ne m'enorgueillis pas à tort qu'une fille avec une telle faculté mentale et d'une telle piété implorerait précisément mon amitié et m'invite si cordialement à communiquer avec elle. Je me sens moi-même tellement ému par cette amabilité au point que je vous accorde mon affection paternelle, vous que mes yeux n'ont pas encore vue. Que je puisse un jour faire en sorte que mon affection porte ses fruits ! Une occasion sera donnée, par la grâce de Dieu, qu'en présence de vous, je puisse vous ouvrir mon cœur et admirer du regard ce visage qui orne un esprit d'une telle élégance[15]. Un esprit, ajouterai-je, qui est si sincère et si modeste dans l'estime de soi-même. Jusqu'à présent je n'ai pas encore entendu parler de qui que ce soit qui vous spolierait de cette vertu. En ce qui me concerne, je croyais que vous aviez

---

[14] Dans ses réflexions sur les « enfants celebres de l'autre sexe », Adrien Baillet dit à peu près la même chose : « De sorte que, comme selon l'usage introduit parmi nous, ce n'est pas le besoin, mais l'inclination seule ou la seule curiosité, qui porte les jeunes Filles à l'étude, nous pouvons hardiment compter autant de savantes que d'étudiantes, en quoi consiste leur différence d'entre les Garçons, dont plus des trois quarts ne prennent le parti de l'Etude que par intérêt ou par nécessité : et suivant cette considération, l'on devroit être moins surpris de voir les Jeunes Filles avancer encore plus que les Garçons dans les Sciences et dans les Arts » (*Jugemens des savans*, tome VI, p. 183).

[15] La politesse conventionnelle de la correspondance de l'époque entraîne Rivet dans des déclarations romanesques qui rendraient suspect tout autre correspondant.

davantage péché par un manque d'estime de soi que par un excès, sauf que je crois que même ce défaut-là mène à la perfection.

J'ai transmis vos vers français à la Princesse Élisabeth, et elle les lut et loua en ma présence, et promit qu'elle vous en remercierait de sa propre main. Mais pour ce qui est du travail que vous envisagez dans cette même langue, je vous demande de ne pas me soumettre plus longtemps à l'attente de le voir : je le lirais avec enthousiasme. Et s'il y a la moindre chose dans ma langue maternelle, apprise par vous comme une langue étrangère, dont vous devriez être avertie, sachez que je me prononcerai clairement et sincèrement. Ayant vu toutefois des exemples de votre style, qui me satisfont entièrement, je ne crois pas que mes commentaires soient nécessaires.

Vous savez sans doute que je vais déménager à La Haye dans deux mois[16], où de nouvelles tâches me réclament, pour lesquelles je dois redevenir un jeune garçon, mais en accord avec un grand garçon ! Si je peux en faire un homme pour son pays et son église, j'estimerai que mon travail n'aura pas été vain. Que je vive là ou ailleurs, vous aurez toujours, aussi longtemps que je vivrai,

mon admiration pour vos vertus et
par dessus tout pour votre exceptionnelle piété et modestie.

André Rivet
Leiden, 1 mars, 1632.

*
* *

[16] C'est en effet en 1632 qu'il fut officiellement nommé précepteur du fils de Fréderic Henri, le futur Guillaume II, et qu'il se rendit à La Haye.

LETTRE III

Lettre à Pierre du Moulin
[le 20 mars 1635]

Au moment où elle écrit cette lettre, Anne Marie n'a même pas vingt-huit ans. Pierre du Moulin[17] en a soixante-sept, et est devenu, comme on dit, un personnage assez célèbre qui impressionne, voire intimide la jeune Anne Marie. De toute évidence elle avait déjà été en contact avec Mlle du Moulin, la fille de Pierre.

Cette lettre offre également un autre témoignage de cette fameuse modestie qu'elle étalera avec ostentation toute sa vie. Son nom et sa jeune réputation ont déjà été portés à l'attention de Pierre du Moulin, d'une part sans doute par sa fille, et d'autre part à la suite de sa première correspondance à partir de 1631 avec André Rivet[18]. On sait que Rivet, ayant épousé en 1621 la sœur de Pierre du Moulin, veuve d'Antoine des Guyots, était de ce fait devenu le beau-frère du Pasteur de Sedan. Rivet agit alors comme un véritable mentor d'Anne Marie,

[17] Pierre du Moulin, ministre protestant, né en 1568, mort à Sedan en 1658. Après des séjours à Londres et à Leyde où il commence sa carrière d'enseignant, il rentre en France en 1598. Peu de temps après il entre dans le ministère et devient le protégé de Catherine de Bourbon, la sœur de Henri IV, qui restera fidèle à la cause huguenote jusqu'à sa mort en 1604. Pierre du Moulin, d'après ses biographes, « devient le symbole même de l'intransigeance huguenote » (Lucien Rimbault, *Pierre du Moulin, 1568-1658*, Paris, Librairie philosophique J. Vrin, 1966, p. 33). À ce titre il devient l'ennemi juré du Père Coton qui œuvre dans l'ombre du roi. On le reconnaîtra comme l'auteur d'un virulent *Anti-Coton*, rédigé à la suite de la lettre déclaratoire du Père Coton (voir *Marie de Gournay, textes relatifs à la calomnie*, éd. C. Venesoen, Tübingen, Gunter Narr Verlag, 1998, p. 22 et ss. ; voir aussi L. Rimbault, p. 211). Il passera sa vie à combattre la tradition de la religion catholique. C'est lui néanmoins qui prononça l'oraison funèbre de Henri IV à Charenton, où il fit pleurer son auditoire. On remarque donc que déjà à l'âge de vingt-huit-ans, Anne Marie se sent attirée par les champions agressifs de l'Église réformée, comme le furent aussi Rivet et Voetius. Elle a également eu une correspondance amicale (*Opuscula*, p. 274 et ss.) avec Mlle du Moulin, la fille de Pierre. Devenu *persona non grata* à Paris, Pierre du Moulin doit se réfugier à Sedan en 1621 où il est reçu chaleureusement par le duc de Bouillon. C'est là qu'il se consacrerait à l'enseignement de la théologie jusqu'au jour de sa mort, en 1658. Son œuvre est très abondante (voir L. Rimbault, p. 242-246).

[18] Entre 1632 et 1635 on ne compte pas moins de onze lettres latines entre Rivet et Anne Marie de Schurman, dont dix sont restées inédites. Voir Douma, p. 72 et 87.

et lui conseilla ses lectures, non seulement de nature théologique, mais aussi d'un caractère plus profane[19].

Il semble que Pierre du Moulin lui ait écrit, mais cette correspondance n'a pas été retrouvée. Quoi qu'il en soit, il n'est pas sans intérêt de remarquer que la ferveur spirituelle d'Anne Marie, précoce comme on sait, et croissante avec les années, perce nettement ici lorsqu'elle évoque « Dieu qui est le vray dispensateur et soustien de(s) amitiez fideles ». Elle exprime son admiration pour Pierre du Moulin dont elle reconnaît l'éloquence[20] et les hautes vertus. Elle parle son langage[21]. Elle pousse même la flatterie (ou flagornerie ?) jusqu'à lui dire qu'elle a « tousjours eu ceste ambition de (se) proposer (son) exemple ». Lorsqu'on connaît l'acharnement de Pierre du Moulin à promouvoir sa propre vérité théologique, on comprend plus aisément l'admiration d'Anne Marie de Schurman dont le parcours spirituel sera également marqué par la ténacité, voire par une aveugle persistance.

La lettre se termine par un double hommage : à Pierre du Moulin et à sa fille[22], qui a sur elle, dit-elle, « cest avantage, qu'en une poursuitte si relevée la proximité du sang et l'ordre de la Nature la favorizent ». Le compliment ne pouvait pas être plus joliment tourné.

---

[19] Voir l'article cité de Brita Rang, « Een sonderlingen geest », dans *A.M.V.S. (1607-1678)*, p. 43 et page 166, note 77.

[20] « Parmi toutes ses capacités intellectuelles, la plus remarquable fut son habileté dans la dispute. Il s'était aguerri dans cet art par une longue pratique » (*La vie de P. du Moulin*, par son fils Pierre du Moulin, dans L. Rimbault, *op. cit.*, p. 200).

[21] Pierre du Moulin était tenu, lui aussi, pour quelqu'un de modeste. Son fils écrit dans la biographie de son père que « Jamais je n'ai vu d'homme qui fût plus impatient devant la louange, ni plus soucieux de glorifier Dieu sans se magnifier lui-même. C'est pour la gloire de Dieu, non pour la sienne, que je me propose, par ce simple récit, de faire luire sa lumière devant les hommes et de rendre en même temps un hommage filial à la précieuse mémoire de mon cher et vénéré père » (L. Rimbault, *op. cit.*, p. 195).

[22] Pierre du Moulin a eu trois filles, une de son premier mariage avec Marie Colignon, nommée Esther et qui deviendra la femme de Pierre Jurieu ; Marthe (sans alliance) et Marie, toutes deux issues du deuxième mariage de Pierre du Moulin avec Sarra de Gelhay. D'après Ribault, *op. cit.*, Marie serait l'auteur d'une *Instruction d'un Prince pour l'éducation de Guillaume de Nassau, roi d'Angleterre*. Il s'agit de Guillaume III, né en novembre 1650, huit jours après la mort de son père Guillaume II. La fille dont il s'agit ici est Marie du Moulin (ou Mlle du Moulin), amie d'Anne Marie de Schurman.

*

* *

A Monsieur du Moulin
Docteur en la S. Theologie et Ministre de la Parole de Dieu

Monsieur,

L'honneur que vous croyiez estre fait à Madamoiselle vostre fille par nostre chere et estroite alliance m'a esté bien plus avantageux et profitable qu'à elle. Car de fait quel lustre et quel prix pourroit-on tirer de la communion de tous mes biens, ou de l'entreprise de mon devoir qui puisse contrepeser la moindre de vos faveurs qu'elle a produite. De sorte que pour un suject de si peu de valeur il vous a pleu m'honorer de vos Lettres, et de m'en remercier avec tant de ressentiment[23] et de bien veuillance [sic]. Et de surplus il semble qu'en une action si libre et si gratuite vous avez voulu prendre de la consideration sur le recit de mes loüanges : par le moyen desquelles il a pleu à ma chere sœur et à d'autres de mes bons amis, m'acquerir vos inclinations, et balancer l'inegalité de la partie. Or quand à moy, j'esleveray plustost mes yeux à Dieu qui est le vray dispensateur et soustien de(s) amitiez fideles, que de m'arrester aux faveurs de la renommée : de peur que la verité mesme puisse esbranler ce fondement, et m'interrompre vos bonnes graces. Mais au contraire le tableau, par lequel j'ay l'honneur de vous cognoistre, n'est pas susceptible d'erreur, ny de deguisement ; à sçavoir la vive image de vostre pure et divine Eloquence : à la loüange de laquelle tant y a que j'ose toucher, bien que je croye n'avoir point d'esprit assez pour l'admirer en ce rang de perfection, où tout le monde l'a placée. Neantmoins il me faut advoüer ; qu'estant esmeüe par l'object de vos eminentes Vertus, sans avoir égard à ma rudesse et incapacité, j'ay tousjours eu ceste ambition de me proposer vostre exemple. Et de fait, si je puis porter envie à Madamoiselle vostre fille, c'est qu'en ce point, elle a sur moy cest avantage, qu'en une poursuitte si relevée la proximité du sang et l'ordre de la Nature la favorizent. En fin vous pouvez vous asseurer, que le double lien de l'amour que je

[23] « Ressentiment », le mot n'avait pas seulement la nuance péjorative d'aujourd'hui. Furetière écrit : « Ressentiment, se dit figurément en Morale, des sentiments de l'âme, quand elle est émeuë de certaines passions. La reconnoissance est un *ressentiment* qu'on a du bien que quelqu'un nous a fait ».

luy porte, ne coura jamais danger d'estre rompu : puis que je ne l'ayme pas seulement pour l'amour d'elle, mais aussi pour l'amour d'un tel Pere. Et je vous supplie de croire, que je n'ay rien de plus cher au monde que la conservation de vostre Amitié : laquelle je tiens à plus grand honneur que toutes les faveurs de ce Monde ne me sçauroyent promettre. En fin je prieray nostre Dieu, qu'il luy plaise de se servir encore long temps de vostre bonne disposition au bien de son Eglise, et au contentement et felicité de vos Amis, et principalement de celle qui est et demeurera

Monsieur, Vostre Tres humble, etc.
A. M. de Schurman
d'Utrecht le 20. de Mars 1635.

*
* *

LETTRE IV

Lettre à Colvius[24]
[le 15 février 1637]

Andreas Colvius (1594-1671) appartient à cette génération d'humanistes, qui prolonge au XVIIe siècle la pensée des Érasme, Calvin, Montaigne. Colvius était pasteur de l'Église réformée de Dordrecht. Lorsque le chevalier Johan Berck se rendit à Venice pour y représenter les Provinces unies, il fut accompagné de Colvius qui y rencontra Paolo Sarpi et le Frère Fulgentio[25], les deux religieux rebelles de Venise. Il correspondit avec René Descartes, discutant, entre autres, le

[24] Pour cette lettre, voir Schotel, p. 106-107. À part une lettre en français de Colvius, qui date du 3 novembre 1637 (réponse probable à une lettre de Mlle de Schurman, le 9 septembre 1637), et que nous citons plus bas, il existe une lettre inédite en français de Colvius à Anne Marie de Schurman, datée du 7 avril 1637, et qui peut être consultée à la Bibliothèque universitaire d'Utrecht.

[25] Petro Sarpo, religieux vénitien, de l'ordre des Servites, connu surtout pour son *Histoire du Concile de Trente* (1619), mais qui lui valut d'être soupçonné d'antipapisme. Quant à Fra (frère) Fulgentio, il eut droit à une réprimande du Pape, parce qu'il avait écrit que « enseigner les Écritures saintes était une chose suspecte. Celui qui adhère étroitement aux Écritures ruinera la foi catholique ».

« cogito ergo sum », le fameux axiome de la pensée cartésienne, sur lequel les deux hommes trouvèrent un terrain d'entente[26].

C'est chez van Beverwijck qu'Anne Marie de Schurman rencontra Colvius. Non seulement était-il théologien de formation ; il était aussi astronome et naturaliste, un savoir qui attira la curiosité d'Anne Marie.

Les deux lettres françaises à Colvius ne sont pas dans les *Opuscula*, mais sont reproduites dans l'ouvrage de Schotel, aux pages 106 et 107.

Cette lettre du 15 février 1637 évoque d'abord le renvoi à Colvius de « rares pieces »[27]. Il s'agirait en l'occurence d'une homélie de Colvius, où ce dernier, aux dires d'Anne Marie, fait « esclatter les merveilles de l'amour divin ». Elle a également reçu les Mémoires de son voyage que l'on suppose être celui que Colvius effectua en Italie, à Venise. Anne Marie s'émerveille devant la façon dont Colvius a opposé « un tableau de la vanité du siècle » aux « saincts delices du Paradis celeste ». Ainsi, déjà en 1637, à l'âge de trente ans, Anne Marie de Schurman fait preuve d'une spiritualité et d'une religiosité marquées par les tendances fidéistes que l'on retrouvera plus tard dans la doctrine labadiste.

Cette lettre témoigne aussi de son désarroi lors de la mort de sa mère, survenue en 1637. De là son incapacité « à philosopher » sur les matières que Colvius a développées. Enfin, elle se réjouit de recevoir des lettres de Colvius, plutôt que « ces lettres parfumées, qui n'ont rien que des complimens et de louanges affectées », ce qui ne l'empêchera pas de publier plusieurs éloges à son intention dans les *Opuscula*.

*

* *

---

[26] Voir Brita Rang, *art. cit.*, dans *A.M.V.S (1607-1678)*, p. 165, note 57.

[27] Ce n'est sans doute pas la dernière fois que Colvius lui a fait parvenir quelque document de curiosité. Une courte lettre de Colvius, datée du 3 novembre 1637 nous en donne la preuve : « Mademoiselle, Afin que ma lettre vous puisse aggrieer j'y adjoustray quelques rarité que peut estre vous n'avez jamais veues, assc : characteres Persiques, Japonois, et du royaume de Siam, où est cette grande ville d'Odia. S'il vous plaist retenir tout ceci je me contenteray des copies de vostre main, vous laissant l'authentique. Pour le Chinois il est assez commun et j'en ai assez. J'entends qu'il y a un Chinois à Amsterdam qui sait lire leur escriture, etc. » (voir Schotel, Appendices, p. 115).

Monsieur,

Je ne m'amuseray pas à vous expliquer les raisons pourquoy j'aye tardé jusqu'à present, à vous renvoyer ces rares pieces, desquelles il vous pleu nous conceder si longtemps l'usage : d'atant que j'ay opinion, que Monsieur Voetius, s'estant absenté quelque temps pour le bien de l'Eglise de Heusden, vous en aura fait ses excuses ; et que de ma part, j'ayme mieux m'en rapporter à vostre faveur, qu'à l'équité de ma cause. Il me suffit de vous tesmoigner, par la presente, l'obligation que je vous auray toute ma vie, pour le bien et le plaisir que vous m'avez fait, en me communiquant un thresor si rare et si precieux. Et combien que je ne suis pas capable de m'estendre sur les louanges de vostre homélie, ainsi que l'elegance et la hauteur de vos conceptions le merite[nt] : si est-ce que je ne puis pas m'empescher de dire, que vous y faites tellement esclatter les merveilles de l'amour humain, que toutes les beautéz du monde n'ont plus d'attraicts hors de sa lumiere. Or c'est fort bien à propos, que vous y avez adjousté les Memoires de vostre voyage, dans lesquelles [sic] nous voyons un tableau de la vanité du siecle, dont l'Italie nous donne un abregé, et specialement ceste grande ville, où vous avez autrefois allumé ce clair flambeau parmy les tenebres plus qu'Egyptiennes[28]. De sorte que vous representez d'un costé une vraye image des plaisirs mondains, et des ravissemens des ames profanes ; de l'autre les saincts delices du Paradis celeste, afin de decouvrir mieux la bassesse des choses vaines et abjectes, par l'eminence des choses hautes et divines. Je me plairois fort à philosopher un peu là dessus à ma façon, si mon indisposition, qui m'a affligée depuis une perte si regrettable, me voudroit permettre de serener[29] mes pensées. C'est que vos discours ne donnent si ample sujet d'escrire, que je dois excuser la brieveté, où on trouvera peut estre à dire l'excez et la profusion. Quoy qu'il en soit, je vous puis asseurer, que vos lettres m'apportent un autre contentement que ces

[28] Allusion au passage de l'*Exode*, X, 21 : « Iavhé dit à Moïse : Tends ta main vers les cieux et il y aura des ténèbres sur le pays d'Égypte, en sorte qu'on tâtonne dans les ténèbres ! Moïse tendit sa main vers les cieux et il y eut d'épaisses ténèbres dans tout le pays d'Égypte durant trois jours ».

[29] « serener », rendre calme, rendre serein, verbe en usage au XVIe siècle, mais qui disparaît chez Furetière (voir La Curne, ou le *Dictionnaire d'ancien français* de R. Grandsaignes d'Hauterive, Paris, Larousse, 1947).

lettres parfumées, qui n'ont rien que de complimens et de louanges affectées. Ce que je dis en passant, pour vous inciter à m'entretenir plus souvant sur ces graves matieres. L'obligation que je vous en auray ne vieillira jamais dans l'esprit et la memoire de celle, qui est

Monsieur,

Vostre bien-humble et tres-obligée Servante
Anne Marie de Schurman.

*
* *

LETTRE V

Le premier « discours » d'Anne Marie de Schurman à André Rivet

[le 6 mars 1638] (traduction Guillaume Colletet)

Le premier « discours » (ou lettre) de Mlle de Schurman, adressé à André Rivet, aborde donc le sujet de l'aptitude des femmes à égaler les hommes dans les sciences et dans les arts. Il répond en partie au point de vue de Rivet, exposé furtivement dans sa lettre du 1 mars, 1632[30].

En premier lieu, Mlle de Schurman relève les restrictions antérieures de Rivet, qui consistent à n'accorder le privilège des études qu'à certaines femmes qui auraient été frappées, dit-elle, « par une grace speciale du Ciel, (et qui) s'eslevent de temps en temps au dessus de leur sexe par le moyen des bonnes lettres ». C'était bien là le point de vue de Rivet : que certaines filles soient savantes, mais que cette prérogative ne soit pas étendue à toutes les femmes, car la société y perdrait assurément. C'est dire que Rivet assignerait nettement aux femmes un rôle, voire une utilité, que l'étude des arts et des lettres pourrait perturber. Anne Marie de Schurman, toute en modestie et

---

[30] Il est possible qu'il y eût une correspondance (perdue) entre Rivet et Anne Marie de Schurman, antérieure à celle de 1638, touchant déjà à la question de l'éducation des femmes. Les « reproches » d'Anne Marie sont trop précis pour être dus seulement à la lettre que Rivet lui envoya le 1 mars, 1632.

feinte soumission, s'insurge contre cette séparation arbitraire entre les sexes.

Le débat n'est pas nouveau et se poursuivra plus tard dans le siècle, du temps de Bossuet, de Fénelon, de Fleury ou encore de Madame de Maintenon. Pour Bossuet,

> Les dames modestes et chrétiennes voudront bien entendre en ce lieu les vérités de leur sexe. Leur plus grand malheur, chrétiens, c'est qu'ordinairement le désir de plaire est leur passion dominante ; et comme, pour le malheur des hommes, elles n'y réussissent que trop facilement, il ne faut pas s'étonner si leur vanité est souvent extrême, étant nourrie et fortifiée par une complaisance presque universelle. (...) C'est la raison principale pour laquelle, si je ne me trompe, on les exclut des sciences ; parce que, quand elles pourroient les acquérir, elles auroient trop de peine à les porter : de sorte que si on leur défend cette application, ce n'est pas tant, à mon avis, dans la crainte d'engager leur esprit à une entreprise trop haute, que dans celle d'exposer leur humilité à une épreuve trop dangereuse[31].

Fénelon dira qu'

> Il est vrai qu'il faut craindre de faire des savantes ridicules. Les femmes ont d'ordinaire l'esprit encore plus faible et plus curieux que les hommes ; aussi n'est-il point à propos de les engager dans des études dont elles pourraient s'entêter (...) Celles qui ont de l'esprit, s'érigent souvent en précieuses, et lisent tous les livres qui peuvent nourrir leur vanité[32].

Écoutons encore Fleury : « premièrement elles [les jeunes filles] ne doivent ni ignorer la religion, ni y être trop savantes », et elles

> se peuvent passer de tout le reste des études, du latin et des autres langues, de l'histoire, des mathématiques, de la poésie, et de toutes les autres curiosités[33].

---

[31] « Panégyrique de Sainte Catherine », dans Bossuet, *Œuvres complètes*, t. XI, p. 528.

[32] Fénelon, *De l'Éducation des filles*, Avalon, Comyet, Imprimeur-Libraire, 1822, p. 6-7 et 14.

[33] Cité dans *Histoire du féminisme français*, I, p. 220.

Et Madame de Maintenon, fondatrice et marraine de l'école de Saint-Cyr, aquiesce volontiers, comparant les femmes aux hommes :

> Nous avons autant de mémoire, mais moins de jugement ; nous sommes plus folles, plus légères, moins portées aux choses solides[34].

À la lumière de ces points de vue discriminatoires, émis plusieurs années après les lettres de Mlle de Schurman, on peut dire que les idées de cette femme savante avaient encore du chemin à faire avant d'être acceptées dans la société, qu'elle soit française ou autre.

Mlle de Schurman éprouve donc quelque difficulté à « accorder ce poinct » à Rivet. Elle concède que les femmes qui sont occupées à « l'œconomie d'une grande famille » auraient quelque difficulté à prétendre au titre de femme savante, mais que cela ne signifie pas que « celles que Dieu a pourveües d'un excellent esprit et qui ont esté noblement eslevées, et instruites avec beaucoup de soin » soient de ce nombre. On détecte ici chez Mlle de Schurman un état d'esprit quelque peu élitiste. En effet, elle réserve le droit à la connaissance des lettres et des sciences aux femmes privilégiées qui jouissent d'un rang social peu commun. Elle est néanmoins prête à reconnaître le rôle traditionnel de la ménagère, tel qu'il avait été défini sans grande nuance par Montaigne :

> La plus utile et honnorable science et occupation à une femme, c'est la science du mesnage. J'en vois quelcune avare, de mesnagere fort peu. C'est sa maistresse qualité, et qu'on doibt chercher avant tout autre, comme le seul doire [dot] qui sert à ruyner ou à sauver nos maisons. Qu'on ne m'en parle pas, selon que l'experience m'en a apprins, je requiers d'une femme mariée, au dessus de toute autre vertu, la vertu œconomique[35].

C'est donc dire qu'aux yeux d'Anne Marie de Schurman la culture féminine passe nécessairement par les opportunités culturelles qui sont données aux femmes, rares mais réelles. Toutes les femmes, certes, ne peuvent pas en jouir, mais cela ne signifie pas que la capacité intellec-

---

[34] *Ibidem*, p. 221.

[35] *Les Essais*, éd. citée, III, XI, p. 975.

tuelle des femmes, sous toutes ses formes, et l'étude qui est « une chose si precieuse et si digne de toutes les belles ames », ne peuvent pas être l'apanage de quelques-unes d'entre elles. C'est donc au nom de l'universalité des mérites et du principe de l'égalité des sexes, principe fort débattu et peu respecté[36], occupant la majeure partie du XVIe siècle, qu'Anne Marie de Schurman réclame le droit des femmes à l'étude, même si elles sont peu nombreuses.

Suit un argument assez spécieux qui établit un lien entre la coquetterie féminine, qui incite les femmes à « se parer un peu plus que les hommes », et le « plus beau de tous les ornements du monde », à savoir les bienfaits du savoir. « Les graces qu'elles ont euës de la nature », et qu'elles cultivent avec art, les disposeraient donc plus particulièrement à l'acquisition des arts. Bref, à partir de la beauté fascinante que les bonnes lettres et les sciences exercent sur les esprits, les femmes et leurs grâces naturelles, ou leur beauté, devraient être les premières à se trouver en symbiose avec l'étude des arts et des sciences. Le moins que l'on puisse dire, c'est que l'argument est syllogistique.

Le long préambule de la lettre s'ouvre finalement sur le fond de la question,

> de sçavoir si en ce temps, et dans l'esclat où sont les affaires, il est à propos qu'une fille s'applique entierement à l'estude des bonnes lettres, et à la connoissance des arts et des sciences. Quand à moy je suis pour l'affirmative ; je tiens qu'elle le peut et qu'elle le doit faire, et il me semble que pour prouver ce poinct, j'ay des raisons assez considerables[37].

Faisant alors appel à l'autorité d'Ulpien, le jurisconsulte romain, elle prétend que le repos des femmes, source bienfaisante de l'étude, a été « ordonné par les loix mesmes ». En fait, propose Mlle de Schurman, l'exclusion des femmes de certaines tâches dites strictement masculines est une approbation de ce repos dont les femmes doivent jouir afin

---

[36] Voir Ruth Kelso, *Doctrine for the Lady of the Renaissance*, Urbana, University of Illinois Press, 1956.

[37] Ceci n'est ni plus ni moins que l'annonce du titre qu'elle donnera ensuite à sa plaidoirie en faveur des femmes savantes : « *Dissertatio de ingenii muliebris ad doctrinam, et meliores litteras aptitudine. Accedunt quaedam epistolae, ejusdem argumenti* » (1641).

qu'elles aient le temps de s'adonner à l'étude. Ce que les femmes font, selon elle, avec le plus grand bonheur « quand il arrive que nous ne sommes pas attachées au soin d'un mesnage ny accablées d'affaires domestiques ». Aussi louable que soit ce vœu, sinon cette réalité plaisante pour quelques-unes, il reste que dans le contexte social du temps et compte tenu des us et coutumes, ces hautes ambitions paraissent assez utopiques pour la plupart des femmes, sauf bien entendu si elles appartiennent à une classe minoritaire avantagée par la fortune. Si l'on tient compte de son propre cas, on pourrait croire que Mlle de Schurman oublie un instant qu'elle était issue d'une famille noble, où, après s'être rendu compte de ses dons, l'on cultiva volontiers son esprit de femme savante, sans qu'elle eût à s'occuper de questions domestiques, du moins jusqu'à l'âge de trente ans[38].

Un autre argument qui milite en faveur de l'étude des femmes, dit-elle, c'est que l'oisiveté des femmes pourrait les entraîner au vice. Bref, il faut bien leur occuper l'esprit avec des choses plus utiles que frivoles. Encore que l'on a quelque difficulté à voir dans ce contexte la distinction subtile[39] que fait Mlle de Schurman entre le « repos » et l'« oisiveté », il faut reconnaître qu'il s'agit d'un argument traditionnel associant l'oisiveté des femmes à une détérioration de leur vertu, pierre de touche de tout jugement sur la conduite féminine. Dans *Les aventures de Floride* de Béroalde de Verville, datant de 1593, on lit à propos des femmes :

> Or leur lecture doit être telle qu'elles y passent le temps pour vaincre l'oisiveté, cause de tous leurs dommages ; ainsi en lisant avec prudence, elles apprendront honnêtement, si elles ne le savent, à aimer et respecter

[38] A sa décharge il faut rappeler qu'elle a pris les rênes du ménage solidement en mains après le décès de sa mère, survenu en 1637. Ce sont peut-être ces nouvelles responsabilités dont elle se souvient, et sur lesquelles elle insiste, lorsqu'elle s'adresse à Rivet moins d'un an plus tard.

[39] En fait, Mlle de Schurman récupère l'oisiveté au profit du repos. Elle écrit : « ...d'où pourriez-vous attendre l'immoralité ? seroit ce de ceste profonde oisiveté où vous estes ensevelies ? ouy c'est de ceste tenebreuse oisiveté que vous dittes, pourveu qu'elle soit esclairée de la lumière des sciences ».

> ceux et celles que le devoir commande, et à suivre les objets de réputation...[40].

Cent ans plus tard, en 1694, alors qu'elle passe les femmes au crible, Madame de Pringy, dans ses *Differens caracteres des femmes du siecle*, publié à Paris, chez la veuve Coignard, fait entendre le même son de cloche :

> L'oisiveté est de toutes les inclinations naturelles la plus mauvaise et la plus dangereuse. Elle conduit à tout ce qui est de plus imparfait et de plus criminel. Et il est rare qu'une personne née avec cette malheureuse disposition ait beaucoup de raison et de vertu ; c'est ce qui fait que l'occupation est si necessaire à tout le monde, il ne faut pas qu'il y ait un moment de vuide dans la vie d'un honnête homme ni d'une femme sage[41].

Anne Marie, elle, s'appuie savamment sur Sénèque et Cicéron pour démontrer la véracité de son assertion. C'est à ce point qu'elle se devait d'évoquer la fameuse quenouille, véritable symbole de l'activité féminine sans que des facultés intellectuelles soient sollicitées. Elle se fait donc l'écho d'une plainte féminine courante, et, en fait, de la question fondamentale à laquelle les femmes de son temps, et bien avant, étaient confrontées : doivent-elles être confinées à la quenouille, et exclues des arts, des lettres et des sciences ?

L'opinion communément répandue au XVIe siècle était simple : « La femme est incapable d'effort intellectuel, ses facultés sont inférieures, elle ne parviendra aucunement à égaler l'homme et à le remplacer dans ses rôles sociaux », écrit à ce sujet Ilana Zinguer dans ses commentaires désabusés sur les *Misères et grandeurs de la femme au XVIe siècle*, passées en revue par Nicole Liébault, née Estienne[42]. Ces vues désespérantes, partagées même par le sage Montaigne, – voir ses propos sur « l'économie » –, incitaient toute femme un tant soit

---

[40] Ilina Zinguer, *Misères et grandeurs de la femme au XVIe siècle, de Nicole Liébault*, Genève-Paris, éd. Slatkine, 1982, p. 59. Compte tenu de la transcription douteuse des textes anciens dans l'ouvrage de Zinguer, nous avons modernisé l'orthographe.

[41] Voir Madame de Pringy, *Les caracteres des femmes du siecle*, éd. C. Venesoen, Paris, Honoré Champion, 2002, p. 100.

[42] Ilana Zinguer, *op. cit.*, p. 59.

peu cultivée, ou aspirant à le devenir, à s'insurger contre la tyrannie de la quenouille. Dans sa dédicace aux vertueuses dames, pièce liminaire de ses *Débats de Folie et d'Amour*, Louise Labé « exprimait la pensée que les lois sévères des hommes n'empêchaient plus les femmes de s'attacher à l'étude, et que leur devoir était de s'y livrer avec une honnête liberté[43] ». Même revendication, mais avec plus de violence, certes, chez Hélisenne de Crenne, dans une de ses épîtres :

> Et parlant en general, tu dis que femmes sont de rudes et obnubilez espritz : parquoy tu conclus, qu'autre occupation ne doibvent avoir que le filler... J'ay certaine evidence par cela, que si en ta faculté estoit, tu prohiberois le benefice litteraire au sexe femenin [sic], l'improperant de n'estre capable des bonnes lettres[44].

Même son de cloche, mais cette fois tout en douceur, chez Madeleine Neveu, qui, « aimant mieux écrire que filer[45] », nous dit que

> Le feu de son esprit perd sa douce lumière,
> Et ne me reste plus de ma force première,
> Sinon que j'aime mieux écrire que filer[46].

Sa fille, Catherine des Roches, oscillant entre la quenouille et la plume, poussa même la fantaisie jusqu'à s'adresser à sa quenouille :

> ... mon souci, je vous promets et jure
> De vous aimer toujours, et jamais changer
> Votre honneur domestic pour un bien étranger,

tout en nous rappelant dans la même adresse que

> ... quenouille m'amie, il ne faut pas pourtant,
> Que, pour vous estimer et pour vous aimer tant,

---

[43] Léon Feugère, *Les femmes poètes au XVIe siècle*, Genève, Slatkine Reprints, 1969, p. 12.

[44] Cité par Mario Schiff, dans *La fille d'alliance de Montaigne, Marie de Gournay*, p. 61-62.

[45] Léon Feugère, *op. cit.*, p. 43.

[46] Cité par Gisèle Mathieu-Castellani, dans *Montaigne et Marie de Gournay*, textes réunis par Marcel Tetel, Paris, Honoré Champion, 1997, p. 199.

> Je délaisse du tout cette honnête coutume
> D'écrire quelquefois...

Elle termine par un envoi grâcieux, réclamant le droit d'avoir « dedans la main le fuseau et la plume[47] ».

Ce droit, souvent refusé aux femmes, est constamment réclamé par les savantes de l'époque :

> C'est pourquoy je blasme infiniment ceux qui veulent que l'ignorance seule soit gardienne de la Reputation et honneur des Dames,

écrit Marie Le Gendre dans son *Exercice de l'âme vertueuse*[48]. Enfin, Marie de Gournay, correspondante occasionnelle de Mlle de Schurman, ravive, elle aussi, la longue tradition opposant la quenouille au savoir :

> Que dis-je, il ne suffit pas à quelques gens de leur preferer le sexe masculin, s'ils ne les [femmes] confinoient encore d'un arrest irrefragable et necessaire à la quenouille, ouy mesme à la quenouille seule[49].

Anne Marie de Schurman était donc en excellente compagnie lorsqu'elle fit part de ses regrets à Rivet, et lui fit voir que les femmes étaient constamment associées à « l'esguille et le fuseau ». Elle y voit une « mauvaise coustume », et, indignée, demande « par quelle loy je vous prie nous oblige-t-on à de si viles occupations ? » Il y a ici une fougue qu'on ne lui connaît pas habituellement, une absence même de modération, puisqu'elle estime que les travaux de la quenouille sont de « viles occupations ». Il n'est peut-être pas inutile de rappeler que toutes les femmes instruites avant elle ne réagissaient pas forcément avec autant d'emportement à peine contenu. Catherine des Roches, par exemple, ne rejettait pas sa quenouille et ses *pelotons*, tout en cultivant les lettres et l'étude, étant ainsi, selon Colletet, « une femme d'étude et une femme de ménage[50] ». En parlant de « viles occupations »,

---

[47] Léon Feugère, *op. cit.*, p. 54.

[48] Marie Le Gendre, *Exercice de l'ame vertueuse*, éd. Colette H. Winn, Paris, Honoré Champion, 2001, p. 76.

[49] *Égalité des hommes et des femmes*, éd. citée, p. 40.

[50] Léon Feugère, *op. cit.*, p. 54.

Anne Marie de Schurman fait terriblement sonner son élitisme de fille noble. Elle a pourtant lu l'ouvrage de Louis Vivès, traduit par Pierre de Changy en 1542, où ce promoteur modéré des droits de la femme, conçoit fort bien qu'une femme soit à la fois instruite et ménagère :

> Vouldriez vous la plus ignare estre la meilleure ? Si elles apprennent à se parer, filler, couldre et broder, pour quoy non à cognoistre chose salutaire et de vertu ?[51].

Rivet ne se privera d'ailleurs pas dans sa réponse de revenir sur la signification du livre de Vivès, indication de chapitres en sus.

Après une brève allusion au traité sur l'*Égalité des hommes et des femmes* de Marie de Gournay, qui devrait nous persuader de cette égalité des sexes, et par voie de conséquence de la nécessité de l'étude des femmes, Anne Marie de Schurman aborde la motivation ultime de l'étude.

Il s'agit, selon elle, d'accorder aux femmes, non seulement l'accès aux sciences, mais davantage encore, c'est-à-dire l'accès à la gloire et l'immortalité[52]. Ce « beau titre de noblesse » que représente la gloire, et auquel les femmes ne peuvent briguer si elles se laissent « languir dans une molle oisiveté », est le but qu'il faut poursuivre sans relâche. On remarquera tout d'abord que l'idée du repos, si nécessaire à l'épanouissement intellectuel de la femme, a été abandonnée au profit de « l'oisiveté ». La pensée d'Anne Marie de Schurman n'est cependant pas tout à fait en accord avec les structures morales, ni du passé ni du présent. En effet, l'oisiveté des femmes a surtout été traditionnellement combattue parce qu'elle risque d'affecter leur vertu. Anne Marie y voit plutôt la triste cause de l'assèchement des facultés intellectuelles des femmes, et dès lors un vice qui détourne la femme de la culture de l'esprit. Du temps de Tertullien, on voyait avant tout dans l'oisiveté des femmes une source même de péché : « leur

---

[51] Louis Vivès, *Livre de l'institution de la femme chrestienne*, Genève, Slatkine Reprints, 1970, d'après l'édition du Havre de 1891, III, IV, « De la discipline des femmes », p. 334-335.

[52] A comparer avec ce que disait Béroalde de Verville : « Une femme doit savoir, non pour en faire la glorieuse, ains pour paraître telle qu'il a plu à Dieu la constituer, pour profiter à part soi, pour régler ses affaires, désirs et plaisirs, et être une lumière, afin que les autres par une sainte envie deviennent telles » (voir Zinguer, *op. cit.*, p. 83).

curiosité les précipite toûjours dans l'impureté », disait gravement le misogyne Tertullien[53]. Au XVIIe siècle, l'oisiveté continue d'être perçue comme moralement corruptrice. Bossuet résumait assez bien cette opinion courante : à propos de la Princess Palatine dont il prononce l'oraison funèbre, il disait que la défunte avait assuré son salut, car

> Par le travail on charmoit l'ennui, on ménageoit le temps, on guérissoit la langueur de la paresse et les pernicieuses rêveries de l'oisiveté[54].

Tout autre était donc la perception de Mlle de Schurman, car l'oisiveté, selon elle, empêche les femmes d'accéder à la gloire. Il est donc moins question de vertu que de reconnaissance, ou si l'on veut, d'orgueil. Cette distinction entre vertu et gloire mérite d'être retenue, car elle reprend tout le problème de la modestie portée aux nues d'Anne Marie de Schurman.

Le passage où il est question de « gloire » et d'« immortalité » repose en effet la question peu controversée des véritables ambitions de Mlle de Schurman. Cette femme savante dont tous se plaisent à reconnaître et à vanter la modestie, visait apparemment plus haut. Il n'était surtout pas question de rester dans l'ombre, encore que ce fut finalement son sort. Pourtant, en contraste avec ce désir évident de gloire, elle écrit dans une lettre à van Beverwijck :

---

[53] Tertullien, *A son épouse*, I, VIII, 4, éd. Charles Munier, Paris, Éd. du Cerf, 1980.

[54] *Oraison funèbre d'Anne de Gonzague de Clèves*, dans *Œuvres complètes de Bossuet*, XI, p. 101. Un témoignage plus tardif qualifie ce « travail » dont parle Bossuet, et va finalement assez bien dans le sens de la pensée de Mlle de Schurman. En effet, voici ce qu'on lit dans l'*Encyclopédie ou Dictionnaire raisonné des sciences, des arts et des métiers*, Paris, Briasson, David, Le Breton, Durand, 1756, t. VI : « Marie de Schurman a posé ce problème : l'étude des lettres convient-elle à une femme chrétienne ? Elle soûtient l'affirmative ; elle veut même que les dames chrétiennes n'en exceptent aucune, et qu'elles embrassent la science universelle. Son deuxième argument est fondé sur ce que l'étude des lettres éclaire, et donne une sagesse qu'on n'achète point par les secours dangereux de l'experience. Mais on pourroit douter si cette prudence précoce ne coûte point un peu d'innocence. Ce qu'on peut dire de plus avantageux, pour porter à l'étude des Sciences et des Lettres, c'est qu'il paroît certain que cette étude cause des distractions qui affaiblissent les penchans vicieux » (article rédigé par le Chevalier de Jancourt, p. 469).

> Je n'ai jamais ni souhaité ni mérité une grande gloire, et si je l'ai obtenue malgré moi, je la quitterais sans regret[55].

On remarque toutefois, toujours dans le même contexte, qu'elle a reproduit dans ses *Opuscula* (sous l'impulsion de Spanheim, il est vrai) les nombreux éloges dont elle a fait l'objet, entre autres celui du carme Louis Jacob (1608-1670), et que Guillaume Colletet reproduira, à la fois en latin et en français, à la suite de la « Question celebre ».

Un autre témoignage intéressant nous est parvenu grâce à l'*Account of W. Penn's travails in Holland and Germany*, datant de 1694. William Penn relate sa rencontre avec Anne Marie de Schurman, et évoque son attitude *après* sa conversion à « l'Église » de Jean Labadie :

> She saw her Learning to be Vanity (...) she resolved to despise the Shame, desert her former way of Living and Acquaintance[56].

C'est dire que Mlle de Schurman a reconnu plus tard ses ambitions peut-être démesurées, mais qu'il a fallu qu'elle se tourne vers la religion pour s'en rendre pleinement compte. Au pire on pourrait donc dire que sa modestie était plus feinte que réelle.

Tout ceci n'a pas empêché tous ses commentateurs, depuis le XVIIe siècle jusqu'à nos jours, de s'extasier devant sa modestie de femme savante. Ainsi, le *Groot algemeen woordenboek* de 1733 écrit que : « Malgré toutes ses connaissances, elle était toujours très modeste et humble[57] » (nous traduisons). En 1754, dans une édition néerlandaise du *Unpartheyische Kirchen- und Ketzerhistorie* (1699/1715) de Gottfried Arnold, on lit que

> sa modestie et le peu de désir qu'elle eut de se faire remarquer l'auraient probablement reléguée à l'oubli si des hommes célèbres, Rivet, Vossius, et Spanheim (...) ne l'avaient poussée, contre son gré, sur la scène du monde[58]. (nous traduisons)[59].

---

[55] Cité par Douma, p. 18 (nous traduisons).

[56] William Penn, *Account of W. Penn's travails in Holland and Germany*, imprimé à Londres, par T. Sowle, 1694.

[57] Cité dans *A.M.V.S. (1607-1678)*, p. 19.

[58] Cité dans *A.M.V.S. (1607-1678)*, p. 15.

En 1799, l'*Almanak voor vrouwen door vrouwen* répète l'éloge de sa modestie[60] en paraphrasant les paroles d'Arnold, qui se trouvaient déjà chez Nicéron et chez Paquot, ce dernier transcrivant Nicéron. Un témoignage beaucoup plus ancien de sa modestie nous vient de Guez de Balzac, dans une lettre à Girard, Official et Chanoine d'Angoulesme, datée du 15 mai 1646 :

> Monsieur, Il faut advouër que Mademoiselle de Schurman est une merveilleuse Fille, et que ses vers ne sont pas les moindres de ses merveilles. Je ne pense pas que cette Sulpitia, que Martial[61] a si hautement loüée, en fist de plus beaux, ni de plus Latins. Mais qu'il y a de pudeur et d'honnesteté parmi les graces et les beautez de ses vers ! que la vertu de son ame se mesle agreablement dans les productions de son esprit ![62]

Retenons également la longue notice élogieuse que lui consacre Louis Moréri, dans son *Dictionnaire historique*, p. 560 et ss. : il y est question de « modestie singulière », et

> bien loin de chercher à se faire honneur de tant de rares lumières dans une personne de son sexe, et qui ne l'empêchoient pas de sçavoir s'entretenir à fonds de toutes les petites choses qui servent ordinairement de conversation aux femmes, elle ne parloit de quoi que ce soit qu'avec une extrême modestie, et seulement lors qu'on l'y contraignoit.

Elle gardera cette réputation de femme modeste à travers tout le XIXe siècle, et bien au delà, comme il ressort abondamment de la thèse de Douma :

---

[59] Voir Mirjam de Baar et Brita Rang, dans *A.M.D.S. (1607-1678)*, p. 15.

[60] *Ibidem*, p. 19.

[61] Martial loue la poétesse Sulpicia, sage et savante, pour être fidèle à son mari. « Que Sulpicia soit la lecture de toutes les jeunes femmes qui ne veulent plaire qu'à leur époux ; que Sulpicia soit la lecture de tous les maris qui ne veulent plaire qu'à leur femme (...) Si tu l'avais eu comme maîtresse d'école, tu aurais été plus savante, Sapho, tout en restant chaste » (Martial, *Épigrammes*, éd. H.J. Izaac, Paris, Les belles lettres, 1961, t. II., Livre X, XXXV, p. 88).

[62] Jean-Louis Guez de Balzac, *Œuvres*, publiées par Valentin Conrart, Genève, Slatkine Reprints, 1665, 1971, I (d'après l'édition de Paris), p. 589.

> Malgré ses connaisances exceptionnelles, Anne Marie n'était pas du tout pédante. Jamais elle ne fit étalage de son savoir et de ses connaissances ; au contraire elle les cachait, autant qu'elle pouvait[63]. (nous traduisons)

Il est tout de même étonnant que la plupart de ses commentateurs n'aient pas relevé par l'analyse interne de l'œuvre d'Anne Marie de Schurman, et plus particulièrement de ce premier « discours », quelques traits, voire quelques rêves de grandeur, qui, certes, tendraient à atténuer sa modestie légendaire[64]. N'écrit-elle pas qu'« il nous est bien plus sceant d'esclatter par les Arts de Minerve que par les armes de Pallas » ?

Ambition ou pas, Anne Marie, consciente sans doute de son emportement quelque peu orgueilleux, prétend alors ne voir dans l'étude qu'une étape glorieuse vers la « premiere perfection » de l'homme, afin

> que l'image esclatante de celuy qui est nostre vive lumiere et nostre eternelle verité reprenne en nous sa premiere place, et paroisse encore en la plus haute partie de nostre ame.

---

[63] Douma, p. 16.

[64] Parfois une faible voix de protestation s'est élevée. Nous relevons l'observation suivante d'Andrea Nye, lorsqu'elle évoque l'admiration d'Élisabeth de Bohème, âgée alors de vingt-quatre ans, pour René Descartes : « Where but in philosophy (de Descartes) could she have found a forum for such inquiries [les questions philosophiques] ? Where else could she live the life of the mind (...) ? Even the learned and celebrated Anna - with her *literary pretensions*, her mysticism, her reading of the Bible in Hebrew, and her courting of Voetius - did not offer as much as this man » (nous soulignons). Notons aussi qu'en dépit de l'amitié entre Élisabeth et Anne Marie, la princesse resta fidèle à Descartes jusqu'à sa mort. La dernière lettre du philosophe, qui meurt le 11 février 1650, à la princesse de Bohème date du 9 octobre 1649. Pour l'amitié avec Descartes, voir Andrea Nye, *The Princess and the Philosopher*, New York, Rowman and Littlefield Publishers, Inc., 1999, p. 27. Pour la correspondance avec Descartes, voir Descartes, *Œuvres et Lettres*, éd. citée. D'après Andrea Nye, la divergence d'opinion des deux femmes sur les mérites de Descartes semble avoir créé un désaccord qui durera jusqu'à la fin de leur vie (p. 177). Dans l'*Eucleria*, qui date de 1673, Anne Marie de Schurman se réjouit que l'illustre princesse, son amie, ait pu faire (enfin) la distinction entre le vrai christianisme et la fausse image qu'on en donne (Chap. VIII, VII, p. 295).

Dans cette correspondance avec Rivet, nous assistons au premier élan mystique d'Anne Marie, adoptant prudemment le langage du pasteur en sa mission spirituelle. En même temps elle exprime sa prédilection pour la théologie, une « si grand Reyne », qui exige d'être entourée « des autres sciences qui sont ses sujettes ». Élevée dans un entourage familial rigoriste et profondément religieux, attirée ensuite par le prestige des pasteurs de l'Église réformée, parmi lesquels Rivet et Voetius, Anne Marie de Schurman a été littéralement emportée par la séduction des textes sacrés, clé de voûte, selon elle, de toute connaissance et de toute sagesse. Et c'est dans ce sens que son étude des langues, l'hébreu, le grec et le latin, et tant d'autres encore, constitue le fondement de son savoir et de sa réputation.

À l'occasion de son admiration pour la théologie, qu'elle voit en harmonie avec les autres sciences, elle se lance dans une critique à peine voilée des hommes de sciences qui ignorent ce principe de symbiose. Sans qu'il y ait référence explicite, il va de soi que Mlle de Schurman évoque l'atomisme tel que révélé par Démocrite[65], et débattu dans les milieux du libertinage érudit par Gassendi et son entourage, ou par Cyrano de Bergerac dans *Les etats et empire de la lune*. Mlle de Schurman n'a évidemment pas connu leurs œuvres « atomistes », puisque le *De vita et moribus Epicuri* de Gassendi ne voit le jour qu'en 1647, et les *Etats et empires de la lune* est une œuvre posthume de 1657[66]. Mais elle a été en contact épistolaire avec Gassendi, comme il ressort d'une lettre qu'elle lui avait écrite et dont on peut déduire que Gassendi avait bien reçu son plaidoyer en faveur des femmes[67]. Quoi qu'il en soit, Anne Marie de Schurman, toute tournée vers la théologie, écarte les discussions atomistes comme étant pures chimères. Même l'astronomie, sous l'égide de Copernic, la laisse indifférente. Elle n'y voit que vaines discussions. Elle ne conçoit l'approfondissement scientifique que dans une perspective métaphysique, c'est-à-dire que la recherche scientifique peut et doit se faire en regard des « hautes merveilles » du « souverain Createur ». Ne faut-il pas, dit-elle, que nous élevions

[65] Voir Jean-François Revel, *Histoire de la philosophie occidentale*, I, Paris, Stock, 1968, p. 87 et ss.

[66] Voir Antoine Adam, *Les libertins au XVIIe siècle*, p. 20 et 159.

[67] Douma, p. 55.

> les yeux du corps et ceux de l'entendement à la contemplation de ses miracles ordinaires ? vrayment s'il arrivoit que jamais nous n'appliquassions serieusement nostre esprit à la connoissance de ses merveilles, qui sont autant d'images vivantes et visibles de l'eternelle Majesté qui les a faictes, voire mesme si après les avoir exactement considerées, nous ne nous embrasions du feu de son divin amour, que pourroit on dire de nous, sinon que nous serions des arbres et des souches, plustost que des creatures raisonnables, et que serions plustost les estrangers que les veritables habitans du monde ?

Suit une démonstration quelque peu fastidieuse, et peu rationnelle, de la grandeur du divin, qui incite les hommes à chanter ses louanges en découvrant ses merveilles. La connaissance n'est finalement qu'un témoignage de notre recherche de « la source eternelle, d'où la nature mesme s'est escoulée ». Elle prône en somme une théorie téléologique selon laquelle les êtres doivent vivre en parfaite harmonie avec Dieu, et tendre dès lors à subordonner leurs recherches et leurs études à la convergence avec le divin.

À cet effet, sans vouloir « s'esgarer dans un discours general », elle parle de la nécessité de la « cognoissance de l'histoire ». De toute évidence, elle était férue d'histoire. Van Beverwijck, le savant médecin de Dordrecht, et ami d'Anne Marie, qui publia en 1639 un ouvrage consacré aux femmes savantes de son temps, estima qu'elle « comprenait parfaitement les question d'Etat autant que les livres de politique et les histoires de tous les peuples[68] » (nous traduisons). Dans une lettre écrite à son amie, Élisabeth de Bohème (Lettre VIII), elle fait part de ses idées sur la valeur des anciens historiens, et elle nomme en connaissance de cause Xénophon, Quinte-Curse, Plutarque, Suétone, Tacite, commentant brièvement le style et le mérite de chacun. Puis elle lui dit que

> De surplus la cognoissance des choses du passé, qui s'acquiert par ce moyen [l'étude de l'histoire] est sans interest et sans danger d'aucune perte, qui est presque inevitable à ceux, qui se laissent conduire par la seule experience. Nous y pouvons voir, comme dans un clair miroir, tous les siecles passez, et faire conjecture fort probablement de ceux qui sont

---

[68] Douma, p. 32.

> à venir ; et par consequent nous parviendrons à cette perfection de n'admirer rien comme nouveau sur la terre[69].

Elle nommera même l'historien célèbre Auguste de Thou (1553-1617), auteur de l'*Historia sui temporis*, loué par ses contemporains, mais condamné par Rome en 1609 à cause de ses vues modérées sur les réformés, et sa condamnation de la Saint Barthélemy[70]. On ne s'étonne guère des sympathies de Mlle de Schurman pour de Thou, elle-même étant une fervente militante de l'Église réformée.

Les connaissances historiques, selon elle, lui sont particulièrement utiles pour parvenir à une meilleure connaissance de l'histoire sainte et ses « matieres esclattantes et relevées », où il apparaît que Dieu nous oblige à « les observer de près pour nous faire admirer ses jugemens merveilleux ». Nous retrouvons ici la prédilection de Mlle de Schurman pour l'étude de l'histoire sacrée. De là aussi l'intérêt qu'elle portait à l'étude de l'hébreu ou du grec. Elle avait appris l'hébreu sous la conduite de Voetius, le théologien d'Utrecht, que Descartes accusait d'avoir gâté l'évolution intellectuelle de Mlle de Schurman. Elle étudiait l'histoire sainte en hébreu, comme il ressort d'une lettre écrite à Marie de Gournay, datée erronément du 26 février 1647, puisque cette dernière est morte le 13 juillet 1645 :

> Quant à ce que vous avez l'opinion que je m'amuse trop à l'estude des langues, je vous puis asseurer que je n'y contribue que les heures de mon loisir, et quelquefois après d'assez longs intervalles, si seulement vous me permettez d'excepter la langue Saincte. Car outre qu'elle a pour sujet la parole de Dieu, qui doit estre le premier objet de nos pensées, et qu'il n'y a point de version, qui nous exprime si bien la naïveté et l'emphase de ces Mystères, elle a des proprietez et des ornements, qui ne peuvent estre égalez par toutes les élégances ni de la Grecque ni de la Latine. Ce que dit S. Hiérôme : Apprenons ces choses en terre, dont la science persévérera avecque nous jusques aux cieux, se peut faire bien s'appliquer à l'Hébrieu [sic], dont l'usage, selon le sentiment des plus sçavans, durera jusques dans l'autre vie[71].

---

[69] Lettre VIII, citée également dans Douma, p. 33.

[70] Voir le *Dictionnaire des Littératures de langue française*, Paris, Bordas, t. III, p. 2305-2306.

[71] Cité par Paquot, p. 662, et par Douma, p. 27. La date de cette lettre ne peut pas être 1647, mais plutôt le 26 janvier, 1640 (voir Joyce L. Irwin, *op. cit.*, p. 71). Voir

On possède d'elle trois lettres écrites en hébreu, l'une à Rivet, la deuxième à Voetius, et la troisième à une correspondante de Dublin, Dorothea Moor[72]. Bref, son étude de l'hébreu (et du grec, comme il ressort des *Opuscula*) révèle chez elle un prédisposition à la découverte de l'histoire sainte, qui la mènera plus tard, non seulement à embrasser le labadisme, mais surtout à se nourrir spirituellement de l'enseignement de la parole de Dieu, sans que la théologie traditionnelle y vienne faire obstacle.

Dans sa lettre à Rivet, mis à part le relief qu'elle donne à ses goûts personnels, le but ultime reste toutefois de le persuader de l'excellence et de la nécessité de l'étude entreprise par les femmes. L'étude de l'histoire sainte, surtout dans sa langue d'origine, s'impose pour qui ne veut point appuyer

> ceste belle économie des vertus morales sur deux si foibles fondemens tels que sont l'ignorance, et l'opinion du vulgaire.

Mais qu'on n'aille pas s'imaginer que

> tout ce discours ne va qu'à la loüange de la vie contemplative et solitaire, comme si mon dessein estoit de borner toutes les fonctions de nostre vie dans la seule meditation.

Conforme au « connais-toi toi-même », inscrit sur le fronton du temple de Delphes, Anne Marie affirme que l'on ne peut travailler pour les autres si nous n'avons pas « le courage de travailler pour soy-mesme », selon le principe que seule la connaissance de première main peut servir à l'initiation au mystère de la science. Ce n'est que lorsqu'on aura acquis la science que nous découvrirons que

> c'est elle principalement qui nous dispose, et qui nous rend propre au bien, qui esleve nostre esprit, et qui nous fait entreprendre de belles actions.

---

la Lettre XI.

[72] Douma, p. 71. Dorothy Moor, née Alice Loftus, épouse de Sir Charles Moor de Drogheda, morte en 1649.

Le savoir est donc une condition *sine qua non* pour exercer la vertu. Le tour est ingénieux, et l'argument est pour ainsi dire inattaquable dans un contexte moral et social où la femme devait avant tout briller par la vertu. Adroitement Mlle de Schurman en revient à l'objectif de sa lettre : prouver que les filles peuvent et doivent avoir accès au savoir, sous peine de rester ignorantes des obligations d'une vie vertueuse, et de risquer de tomber dans les pièges du libertinage. Voilà bien à quoi pourrait mener la privation de l'étude :

> Car il est vray de dire qu'il n'y a rien de plus utile ny de plus necessaire à une fille bien née que de pouvoir discerner ce qui est honneste d'avec ce qui est honteux, ce qui est nuisible d'avec ce qui est profitable, et ce qui sied bien d'avec ce qui choque la loy de la bien sçeance.

Seul le recours salutaire « à la lecture des anciennes histoires » peut pallier aux carences de l'expérience quotidienne, car elles sont

> comme de veritables miroirs, où contemplant les vices et les vertus des autres nous observions en mesme temps ce que nous devons fuir, ou embrasser à leur exemple, en un mot de regler la dessus tout le cours de nostre vie.

C'est à ce point qu'on ne saurait passer sous silence le discours que Thomas Artus, sieur d'Embry adressait en 1600 à Mademoiselle Élisabeth de Ligny, et ayant comme titre : *Qu'il est bienseant que les filles soient savantes*[73], dans un *Discours contre la Médisance*. Anne Marie de Schurman en a-t-elle eu connaissance ? Quoi qu'il en soit, les propos de Thomas Artus vont tout à fait dans le sens de la lettre de Mlle de Schurman, au point même que l'on croirait qu'il s'agit, soit d'une inspiration commune, soit d'un accord de pensée dû simplement au hasard.

Thomas Artus, non sans lyrisme, prend à parti ceux qui s'imaginent que la science et la sagesse sont incompatibles. Nous entendons ici comme un prélude aux propos d'Anne Marie lorsque celle-ci attache l'acquisition de la science à l'acquisition de la vertu.

---

[73] Zinguer, *op. cit.*, p. 73-80.

> C'est chose hors de tout doute, écrit Artus, que la lecture des bons livres, la science des mœurs, la connaissance des actions humaines en leurs événements, qui se reconnaissent aux histoires anciennes, rendent la nature mieux composée, les affections mieux réglées et le jugement plus solide ; que la contemplation des œuvres de la nature et la certitude de la providence divine en la conduite de l'univers rendent une âme bien plus élevée en la méditation de sa sainte majesté ; plus dévote et plus affectionnée en l'obéissance de ses saintes lois. Or est-il que la netteté de la vie en nos mœurs, et la pureté de la foi en notre âme, sont causes essentielles de notre béatitude, lesquelles comme j'ai dit, nous pouvons acquérir par la science...(...)Qui pourra dissiper les ténèbres palpables de confusion, que ce clair flambeau de l'intelligence ? (...) Qu'elles [les femmes] se nourrissent d'un fruit plein de substance et que si traversant par ce grand jardin des muses elles en rencontrent quelqu'un plus délicieux, je désire qu'elles en tâtent comme par essai et non pour s'y arrêter : une fille bien née le fera ainsi, et saura, je m'assure, fort bien trier les sauvageons d'avec les bonnes plantes[74].

Science et vertu, l'une engendrant l'autre, sont les deux pierres de touche de la féminitude. Tout comme les défenseurs de la cause féminine, qui l'ont précédée, Anne Marie de Schurman se fait le porte-parole de la vertu, tout en blâmant ceux qui sont prompts à soupçonner les femmes d'avoir des carences morales dont « nous ne pouvons nous laver que difficilement ». Le savoir des femmes devient ainsi une nécessité urgente, car seul leur épanouissement intellectuel les sauveront des embûches d'une vie dissipée.

À la suite de ces mises au point, Anne Marie fera donc l'éloge de l'étude des langues, discipline où elle a excellé. Tous en ont parlé : Jacob Cats, Adrien Baillet[75], Chaufepié, Nicéron, Paquot. Dans un ouvrage biographique néerlandais de 1825, on lit :

> Sans beaucoup de peine apprit-elle le Latin, le Grec, l'Hébreu, le Syrien, le Chaldéen, l'Arabe, l'Ethiopien, le Français, l'Anglais, l'Italien

[74] Zinguer, *op. cit.*, p. 76-77.

[75] Il la mentionne parmi les « Quelques Poëtes de l'autre Sexe » : Mademoiselle de Schurman, Anne Marie, Hollandaise d'Utrecht, dont les Poësies en plusieurs langues sont imprimées avec ses autres Œuvres » (*Jugemens des savans*, tome V, p. 457).

> et l'Espagnol ; elle écrivait et parlait fort bien la plupart de ces langues[76] ». (nous traduisons)

J.F. Michaud écrit qu'elle

> apprit alors le grec, l'hébreu et les langues dont la connaissance lui était nécessaire pour lire l'Ecriture sainte dans les textes originaux. L'éthiopien lui était même devenu assez familier pour en avoir composé une grammaire[77].

Elle écrivit de nombreuses lettres en français, à Richelieu, Anne d'Autriche[78], Élisabeth de Bohème, Marie de Gournay, Anne de Rohan, et d'autres encore. On ne trouve nulle trace d'écrits en anglais, allemand ou italien, mais le poète Cats prétend qu'elle « avait fait tellement de progrès en anglais, qu'elle pouvait lire et tirer profit des excellents livres anglais de théologie[79] » (nous traduisons). Jean le Laboureur et Guez de Balzac témoignent de ses connaissances en italien et en latin, sa langue d'écriture préférée. « Elle parla Grec avec le sieur Corrade, premier Medecin de la Royne », écrit le Laboureur dans son *Histoire de la relation du Voyage de la Reyne de Pologne, etc.*[80]. On a voulu lui attribuer la connaissance du samaritain, du persan et du turc, mais on a formulé des réserves à ce sujet[81].

Quel que soit le nombre des langues qu'elle avait apprises, on ne peut qu'admirer ses talents de polyglotte. Elle était particulièrement fascinée, comme on sait, par les langues qui lui ouvrirent les portes à la connaissance de la « sage antiquité », ou celles qui furent « les doctes interpretes de ses fameux oracles », allusion bien entendu aux langues qui lui donnèrent accès aux Livres sacrés dans leur version originelle. C'est à cette occasion qu'elle évoque la savante Jeanne Grey, bénie des « graces que Dieu luy avoit si liberalement communi-

---

[76] *Levenschetsen de beroemde en merkwaardige vrouwen* (esquisses biographiques de femmes célèbres et remarquables), Rotterdam, Mensing en de Westreenen, 1825, p. 76-90.

[77] J. F. Michaud, *Biographie universelle, ancienne et moderne* (d'après l'édition de 1854), Graz (Austria) : Akademische Druck -u. Verlagsanstalt, 1969.

[78] Douma, p. 20.

[79] Douma, p. 21.

[80] Cité par J. Voisine, *art.cit.*, p. 513.

[81] Chaufepié, IV, p. 210, et Paquot, p. 658, note b. Voir les détails dans Douma, p. 20-31.

quées », parmi lesquelles nulle ne lui fut « si chere ny si agreable que la cognoissance de ces trois belles langues qui sont le partage des sçavans, la latine, le Grecque et l'Hebraïque ».

Enfin, après quelques civilités d'usage, elle clôt son discours à André Rivet en toute humilité, le priant de lui pardonner sa « longue cajollerie », sa hardiesse et ses défauts.

Résumons donc les traits majeurs de ce plaidoyer en faveur des aspirations légitimes qui portent les femmes à vouloir devenir savantes, ainsi que les conclusions que l'on en peut tirer.

L'égalité des sexes laisse sous-entendre que ni les arts ni les sciences ne peuvent être le seul apanage des hommes. L'étude entreprise par les femmes combat leur oisiveté, leur assure une meilleure reconnaissance de la vertu, et les élève vers une spiritualité plus approfondie. Pour Anne Marie de Schurman, omettant de préciser l'éventail des sciences auxquelles les femmes devraient s'adonner, l'étude majeure devrait consister en la lecture des textes anciens, et plus particulièrement les textes des Livres sacrés. C'est à cette fin qu'elle reconnaît avant tout les énormes bienfaits de l'étude des langues, tremplin indispensable pour réaliser un rapprochement avec le divin. En filigrane du discours on découvre donc son goût des questions théologiques, et disons même son théocentrisme exacerbé qui la poussera toujours davantage vers l'attrait d'une spritualité dépouillée, jusqu'à ce qu'elle se convertisse tout à fait aux illuminations du labadisme.

Paradoxalement, l'effort scientique qu'elle prône pour toutes les femmes et pour elle-même, s'amenuisera à mesure que sa spiritualité s'affermit, comme si l'un ne pouvait plus supporter le poids de l'autre. Le discours à Rivet comporte donc déjà les symptômes de la vie de retraite et d'ascèse qu'elle embrassera vingt ans plus tard, au moment où elle se verra assiégée par la calomnie, et que le seul refuge pour sa nature fragile et blessée sera de s'abandonner à une religion marginalisée, réduite à l'angélisme de l'Église primitive, loin des assauts théologiques que l'étude du sacré continuera à provoquer sans relâche. Anne Marie de Schurman deviendra la victime de ses propres aspirations.

*

*   *

Question celebre
S'il est necessaire, ou non, que les filles soient sçavantes ?
Agitée de part et d'autre par Mademoiselle ANNE MARIE DE SCHURMAN, Hollandoise, et le Sr André Rivet, Poitevin.
Le tout mis en François par le Sr. Colletet.
À TRES-HAUTE, ET TRES-PUISSANTE PRINCESSE, ANNE MARIE LOUISE D'ORLÉANS[82],

Fille Aisnée de Monseigneur Le Duc d'Orléans, Oncle du Roy, Souveraine de Dombes, Daufine d'Auvergne, Duchesse de Montpensier, etc.

MADEMOISELLE,

Dans le dessein que j'avois de presenter l'ouvrage d'une excellente Fille au plus grand ornement de son sexe, et Anne Marie de Schurman à une Princesse qui connust et rellevast elle mesme le prix d'un si beau Nom, je n'ay pas esté en peine dès que j'ai porté mes yeux sur la splendeur de vostre Nom, et sur l'esclat de vostre vertu. J'ay descouvert en vous tant de rares qualitez, que j'ay bien-tost advoüé avec toute la Cour que Vostre Altesse ne doit pas toute sa gloire à ces Titres fameux que vous donne le sacré sang de nos Roys. En effet on peut dire que cette generosité sans pareille que vous faites esclatter dans la dispensation des biens de la Fortune, que cette fermeté de courage que vous opposez à toutes les traverses de la vie[83], que cette moderation sans exemple qui vous conduit dans les prosperitez les plus éblouissantes, et que ces vives lumieres d'esprit dont vous animez tous les jours le precieux cercle de nostre Auguste REINE[84], sont des advantages signalés qui vous eslevent au dessus de vostre naissance,

---

[82] Fille aînée de Gaston d'Orléans, dite la Grande Mademoiselle, née en 1627, morte en 1693. En 1681, elle épousa le duc de Lauzun.

[83] Colletet sait que la Grande Mademoiselle est animée d'un cœur d'amazone. Le courage qu'il lui prête en 1646 éclatera dans toute sa gloire ambitieuse en 1651 lorsque la princesse se jettera farouchement dans la Fronde des Princes. Sur l'importance de son rôle dans la Fronde, voir de Sainte-Aulaire, *Histoire de la Fronde*, Paris, Baudoin frères, 1827, t. 3, p.87-100 et 196-205.

[84] Il s'agit bien entendu d'Anne d'Autriche, Marie de Médicis étant décédée en 1642.

et qui vous font effacer tant d'autres Princesses de l'Europe. Ainsi vostre seulle presence est capable de persuader puissamment ceux que les doctes Escrits de cette Minerve Holandaise n'auroient pû convaincre. Elle prend à tâche de prouver que toutes les filles doivent estre sçavantes ; Et toute la Cour ne vous considere-t-elle pas comme un Oracle de ceste belle et heureuse science qui enseigne le secret d'accorder la terre avecque le Ciel, la grandeur et les richesses avec l'humilité, et l'art de gagner doucement les cœurs, ou de les forcer agreablement ? Ce sont aussi toutes ces excellentes qualitez qui vous font passer aujourd'hui pour un miracle de nostre siecle, et qui vous rendent encore tres-digne fille de ce grand et victorieux Prince[85] qui ne vous a mis au monde que pour en estre toute la gloire. Puisse-t-il pour la sienne propre, et pour augmenter vos ravissemens, adjouster de nouveaux Lauriers à ceux qu'il a si justement acquis dans ces campagnes dernieres, et fait voir de plus en plus que l'illustre nom de GASTON est encore heureux et fatal[86] à la France. C'est un des plus ardents souhaits de celuy qui brusle du desir de temoigner à Vostre Altesse Royalle qu'il est par raison, et par devoir.

MADEMOISELLE,

Des Fontaines de Rungis, ce 27. jour de juin 1646.

Vostre tres-humble, et tres-obeissant serviteur
GUILLAUME COLLETET.

ADVIS AU LECTEUR

Comme les pressantes solliciations d'un amy eurent assez de force sur moy pour me faire entreprendre la version Françoise de ces trois

---

[85] Rappelons que Gaston d'Orléans avait surtout la réputation d'un prince sournois, mêlé à plus d'une conspiration contre Richelieu et la maison royale.

[86] Colletet emploie le vocable « fatal » dans son acception plus ancienne : « Ce mot, qui ne se dit plus qu'en mauvaise part, se prenait en bonne part ; il est employé pour « qui doit être », « qui doit nécessairement arriver, dans Rabelais, V, 4. (...) » ; « Le jour de la Pentecoste fut deux fois *fatal* au roy Henri III : eleu roi de Pologne ce jour là en 1573, et devenu roi de France le même jour » (*Lettre* de Pasquier, I, p. 371) » (*Dictionnaire historique de l'ancien français*, par La Curne de Sainte-Palaye, dans *L'Atelier historique de la langue française*, Marsanne, Redon, 1999).

petits discours latins[87], il faut advouer que la beauté de l'ouvrage m'a puissamment sollicité de l'achever, et de vous en faire part. Si vous prenez la peine de le considerer de près, vous y verrez une agreable matiere traittée avec autant de doctrine, que de delicatesse, une ancienne contestation[88] soustenue de part et d'autre avec de nouvelles raisons, & en un mot l'un des plus beaux et des plus moderés combats de plumes que l'on ait veu depuis long-temps dans la carriere des belles lettres. Donnez le prix à qui le merite ; ou si vous croyez que la force et l'adresse des combatans rendent encor la palme douteuse, suspendez vostre jugement aussi bien que moy ; et en les loüant également tous deux, contentez vous de dire, que cette Amazone est digne de cet Alexandre.

*

* *

[87] Outre les trois lettres, l'ouvrage de Colletet comprend un éloge de Mlle de Schurman par Ludivici Jacob, écrit en latin, puis traduit en français par Paul Jacob, avocat au Parlement, une épigramme d'un dénommé Pelletier et un sonnet de François Colletet, fils de Guillaume.

[88] On peut supposer que Colletet fait allusion à l'*Égalité des hommes et des femmes* de Marie de Gournay, datant de 1622, et que l'on retrouve en 1626 dans *L'ombre de la damoiselle de Gournay, œuvre composé de meslanges*, puis en 1634 et 1641, dans *Les Advis ou les presens de la demoiselle de Gournay* (voir *Égalité des hommes et des femmes*, éd. citée). Signalons par ailleurs que Mlle de Schurman parle élogieusement de Marie de Gournay dans une pièce latine adressée à Gaspar van Baerle : « *Magni ac generosi animi Heroinae Gornacensi, causam sexus nostri fortiter defendenti gratulatur Anne Marie Schurman* » (voir Jean-Noël Paquot, *Mémoires...* , t. 3, p. 661). Paquot mentionne également la lettre de Mlle de Schurman à Marie de Gournay, dans les *Lettres Françoises de Mademoiselle de Schurman*, *ibidem*, p. 661-662. La lettre de Mlle de Schurman laisserait entendre qu'il y avait une correspondance plus ou moins suivie entre les deux femmes. Cette correspondance, si elle a existé, n'a pas été retrouvée. Voir Lettres X et XI.

Qu'il est necessaire que les Filles soient sçavantes.

DISCOURS
DE MADAMOISELLE DE SCHURMAN,

à Monsieur Rivet.
Mis en François par Monsieur Colletet.

MONSIEUR,

Je suis ravie d'apprendre que les petits devoirs que j'ay rendus à Mademoiselle vostre Niepce ne vous ont pas desplu. Je ne doute point si vous examinez la chose de près que vous ne jugiez bientost que tout ce que j'ay faict pour elle est fort peu considerable ; Mais si vous avez esgard au desir que j'ay euë de la servir ; peut-estre m'advouërez vous que mon affection supplée à mon deffault, et qu'en cela j'ay tout ce qu'une ancienne et veritable amitié pouvoit attendre de moy. J'ay receu comme je devois, c'est à dire avec une grande satisfaction d'esprit, les Livres dont vous avez enrichy ma Bibliotheque. En verité ce present m'a esté fort agreable, premierement à cause de son Autheur que j'honore, et puis à cause du suject qu'il traitte, qui sert de matiere à vostre Triomphe, et d'instrument à vostre gloire. Que vous puis-je rendre pour un thresor si precieux ? Je n'ay rien maintenant entre les mains qui soit digne des vostres. J'ay la volonté grande, et la puissance petite, si bien qu'il faut malgré moy que je demeure envers vous sans reconnoissance, si ce n'est que le ressentiment que l'on a des bienfaicts soit une monnoye qui les paye en quelque façon, et qui leur tienne lieu de récompense. Mais si le present dont vous m'avez obligée me flatte infiniement, l'offre que vous me faites de m'assister dans le cours de mes estudes, & d'éclaircir mes doutes me transporte au delà de moy-mesme. J'estime la solidité de vostre jugement autant que je la dois estimer ; je prends plaisir à vous suivre ; et quand il arrive que je perds vos traces lumineuses, je me sens bien-tost plongée dans un profond abysme de tenebres et de confusion. En cet estat je ne sçais à quoy me resoudre, et au lieu de m'advancer dans le chemin des bonnes lettres, je voy que je m'en recule, ou que mes pas y chançellent à toute heure.

Mais pour ne me point esloigner de ce que je me suis proposée de vous demander, je vous diray qu'il y a long-temps que j'attends de vous la decision d'un poinct qui n'est pas de peu d'importance. Je voudrois bien sçavoir quel est le veritable devoir et le juste employ d'une fille bien née. Et pour vous obliger d'autant plus à me respondre, d'abord je prendray la hardiesse de vous descouvrir là dessus mes petits sentimens, et me tiendray bien glorieuse s'ils se raportent aucunement aux vostres ; sinon estant ce que vous estes, je ne croiray pas qu'il me soit honteux de me desdire, de preferer vostre jugement au mien, de sonner la retraite dans ceste lice, et de vous abandonner un prix, que vostre experience, et vostre addresse vous doivent faire obtenir. Après tout il faut que je vous die que c'est vous mesme qui avez faict naistre en moy ceste doubte[89], ou plutost cette nouvelle curiosité. Car après m'avoir faict l'honneur de parler de mes estudes, et de moy avec autant d'estime que de bienveillance, vous avez adjouté ces paroles ; ma creance est, dittes vous, qu'il ne seroit ny fort à propos ny fort utile au public, que toutes les filles fissent choix de ceste forme de vivre, et qu'il suffit qu'il y en ait quelques unes qui par une grace speciale du Ciel, s'eslevent de temps en temps au dessus de leur sexe par le moyen des bonnes lettres. Certes si vous entendez parler de ces femmes qui sont necessairement engagées dans l'œconomie d'une grande famille, je demeure d'accord avecque vous de ce que vous dites ; mais si vous voulez parler generalement, et comprendre en ce nombre celles que Dieu a pourveuës d'un excellent esprit, qui ont esté noblement eslevées, et instruites avec beaucoup de soin, telles qu'il s'en rencontre plusieurs de nostre temps, pardonnez moy si je vous dis que quelque deference que je vous doive, et quelque protestation que j'aye faicte de vous suivre, je fais un grand effort sur moy-mesme, si je vous accorde ce poinct. En effect le merite des sciences et des lettres est tellement admirable, et cet advantage qui semble commun à tout le monde m'esmeut de telle sorte, que j'ay peine à souffrir qu'on soustienne qu'une chose si precieuse et si digne de toutes les belles ames, ne se doive rencontrer que rarement en nostre sexe. Puis qu'il est vray que la sagesse est l'appennage[90] et

[89] Doubte, ou doute (Furetière) était soit masculin soit féminin dans la langue du XVIe siècle (La Curne, *op. cit.*). Notons qu'il y a ici allusion à une correspondance antérieure, celle de 1632 sans doute, mais peut-être aussi à des lettres perdues.

[90] Au sens moderne de « apanage » (ce qui est le propre de quelqu'un), issu d'une tradition de « l'appanage », ou « ce que les pères et mères donnent à leurs enfants, ou les frères aînés à leurs puînés, tant pour leur nourriture que pour leur entretien » (La Curne, *op. cit.*).

l'ornement de tout le genre humain, et cela de telle sorte que selon la condition des uns et des autres, ce qui est general à tous semble devoir justement s'estendre à chaque particulier, je ne sçay pas pourquoy l'on voudroit priver les filles du plus beau de tous les ornemens du monde, veu mesme que l'on croit qu'il leur est bien seant de se parer un peu plus que les hommes, & que l'on les loüe d'autant plus qu'elles apportent de soin à cultiver par art les graces qu'elles ont euës de la nature. Il n'y a pas suject de craindre que la Republique en reçoive un changement ou du dommage, pour ce qu'il est certain que la gloire de ceux qui s'adonnent à cultiver les arts et les sciences, ne scauroit jamais obscurcir l'esclat et le lustre de ceux qui commandent. Au contraire chacun tombe d'accord qu'entre tous les estats, celuy là est tousjours le plus florissant, où il se rencontre plus d'hommes qui d'eux mesmes obeissent aux regles de la sagesse, qu'à la severité de la loy. Adjoutez à cela que la science et la vertu ne joüiroient pas de tout l'honneur et de toute l'estime qu'elles meritent, si la plus grande partie des hommes n'estoit composée de ceux qui peuvent juger de l'excellence et de la dignité des bonnes lettres, plutost par la connoissance qu'ils en ont eux mesmes, que par une aveugle admiration qui suit l'opinion d'autruy sans jugement et sans experience.

Mais pour ne me point arrester plus long-temps à l'entrée de ce discours, je viens au fond de la question qui s'offre à decider, afin que l'ayant nettement proposée, la recherche en soit d'autant plus esclattante. Il s'agit donc de sçavoir si en ce temps, et dans l'estat où sont les affaires, il est à propos qu'une fille s'applique entierement à l'estude des bonnes lettres, et à la connoissance des arts et des sciences. Quand [sic] à moy je suis pour l'affirmative ; je tiens qu'elle le peut et qu'elle le doit faire, et il me semble que pour prouver ce poinct, j'ay des raisons assez considerables[91].

Mais afin que je commence par une puissante authorité qui est celle du droit Civil, il me souvient d'avoir leu dans Ulpian le Jurisconsulte[92], que les femmes doivent estre excluses de l'administration des

---

[91] Après un long préambule, Anne Marie de Schurman met enfin les cartes sur table et annonce dans un sens le titre de sa « *Dissertatio de ingenii muliebris ad doctrinam, et meliores litteras aptitudine. Accedunt quaedam epistolae, ejusdem argumenti* » (1641), le titre dont Colletet fait en 1646 une « Question célèbre ».

[92] Domitius Ulpianus, jurisconsulte romain du 3e siècle avant J.C. Ce que Mlle de Schurman a lu dans le Livre XI des décrets d'Ulpian, c'est que « les mineurs ne

charges publiques. Quelque sens que l'on donne à ceste loy, et de quelque costé que l'on la veüille tourner, on peut tirer d'elle une preuve assez claire que le repos où nous vivons est louable en ce qu'il nous est ordonné par les loix mesmes[93]. De là vient que nous avons du temps pour caresser les Muses qui ayment la douceur du calme et du repos. Ce que nous faisons avec d'autant plus d'advantage et de facilité, quand il arrive que nous ne sommes pas attachées au soin d'un mesnage ny accablées d'affaires domestiques. Mais certes quand il advient aussi que par nostre negligence, et par nostre paresse, tous ces beaux jours de nostre vie s'escoulent inutilement et sans rien faire, il est à craindre que le vice ne se mesle insensiblement dans nostre oisiveté, qu'il ne s'empare et ne triomphe de nos affections. C'est pour cela que sainct Basile a dict fort à propos que l'oisiveté estoit la source de tous les vices[94]. Aussi quelque force que nous employions à nous en deffendre, et quelque addresse que nous ayons pour eviter ce dangereux escuëil, il est bien difficile, que l'esprit qui demeure dans cette oisiveté languissante ne se fonde et ne devienne enfin la langueur et la paresse mesme. Que pouvons nous donc faire en ceste fascheuse extremité ? Escoutons ce que dit Seneque sur ce suject, sans doute que ce sage Philosophe qui a tousjours eu soin de cultiver l'esprit, et de le conduire comme par la main dans les emplois relevez et dignes de l'exellence de son estre, nous descouvrira quelque agreable passage au travers de ces funestes rochers ; Ceux là, dit-il, qui pour s'adonner serieusement à l'estude de la sagesse, et pour rendre utile leur repos et leur loisir, embrassent courageusement la solitude, ont à mon advis,

---

doivent pas être admis dans l'administration des affaires publiques », les « mineurs » comprenant les enfants et les femmes. On lit dans *Guizot's Gibbon, History of the decline and Fall of the Roman empire*, Cincinnati, Applegate and Company, 1859, tome I, p. 88 : « In the first ages, the father of a family might sell his children, and his wife was reckoned in the number of his children ». Pour Ulpien, voir S.P. Scott, *Corpus Juris civilis (The Civil law)*, Cincinnati, Central Trust company, Publishers, vol V, Livre XI, p. 223.

93 Domitius Ulpianus avait pourtant proclamé que « sous la loi de la Nature, tous les hommes sont égaux », encore que cette assertion doit être située dans un contexte où l'homme libre est confronté à l'esclave. Mlle de Schurman estime que cette exclusion des femmes est en réalité une reconnaissance du repos dont les femmes doivent jouir afin qu'elles puissent s'adonner à l'étude.

94 Basile de Césarée, *Homélies sur l'Hexaéméron*, éd. Stanislas Giet, Paris, Editions du Cerf, 2e éd., 1968, Septième Homélie, 5 (p. 415) : « L'oisiveté est une source de perversion... » (S. Giet).

trouvé seuls le vray secret de la vie, puisque non seulement ils vivent tout le temps que la nature leur octroye ; mais encore, pour qu'ils joignent la suitte de tous les temps à l'estenduë de leur âge[95] ; car il ne faut jamais dans ce profond loisir se desister de la poursuitte des choses qui sont bonnes, et legitimes, au contraire on ne doit agir que pour les posseder avec plus de tranquillité. Et c'est ainsi qu'un profond repos, et qu'une oisiveté tranquille ne seront jamais capables de nous apporter le moindre desgout ny la moindre fâcherie, puis-que comme dit Ciceron, le repos et la solitude sont deux choses qui rendent les hommes du commun tristes et languissans, mais qui resjouissent et qui animent le Sage[96]. Je say bien que pour ne nous pas laisser inutiles, on nous donne en partage l'esguille et le fuseau, et que l'on nous dit que cet employ doit estre celuy de nostre sexe. Mais quoy que ce soit la pensée de la pluspart du monde, et que chacun nous ait condamnées à ce bas exercice ; si est ce que parmy les sages ceste commune erreur ne doit point passer pour une reigle infaillible. Nous devons escouter la voix de la raison, et non pas celle d'une mauvaise coustume ; par quelle loy je vous prie nous oblige t'on à de si viles occupations ? est-ce par la loy divine, ou par la loy humaine ? quoy que l'on face on ne nous pourra jamais prouver, que cet Arrest qui borne et qui ravalle ainsi nostre condition ait esté prononcé par les oracles du Ciel[97].

---

[95] Sénèque, *De la brièveté de la vie*, XIV, 1, dans *Les Stoïciens*, éd. Émile Bréhier, Paris, Gallimard (La Pléiade), 1962, p. 712. [« Seuls entre tous sont gens de loisir ceux qui consacrent leur temps à la sagesse : seuls ils vivent. Et non seulement ils protègent leur propre vie ; mais à leur siècle ils ajoutent tous les siècles » (E. Bréhier)].

[96] Cicéron, *Traité des devoirs*, Livre III, 1, dans *Les Stoïciens*, p. 587. [« ... et ainsi le loisir et la solitude, ces deux choses qui rendent tout le monde paresseux, ne faisaient que lui aiguiser l'esprit » (E. Bréhier)].

[97] Si par les « oracles du Ciel » Anne Marie de Schurman entend les textes sacrés, son assertion n'est pas tout à fait exacte. À parcourir l'Ancien testament, ou le Nouveau, on découvre que les filles ou les femmes abreuvent les bêtes (*Genèse*, XXIV, 14 ; *Exode*, II, 16), qu'elles préparent les repas (*Genèse*, XVIII, 6), s'occupent du bétail (*Genèse*, XXIX, 9), ou des travaux des champs (*Ruth*, II, 9 ; *Proverbes*, XXXI, 16). Elles filent la laine (*Proverbes*, XXXI, 13) et, comme il est écrit, « Elle met la main à la quenouille, et ses mains saisissent le fuseau » (*Proverbes*, XXXI, 19). Même à la femme forte il est conseillé qu'elle « ouvre la bouche avec sagesse, et (qu') un pieux enseignement (soit) sur sa langue » (*Proverbes*, XXXI, 26), ce qui est une manière de dire que les connaissances des femmes doivent se borner à un enseignement moral et à la pratique de la vertu. Dans le *Nouveau testament*, Ire *Timothée*, II,

Certainement si nous avons recours au veritable tesmoignage de l'antiquité, les exemples de tous les siecles passez, et l'authorité des plus grands personnages nous persuaderont tousjours le contraire. Aussi est-ce, ce qui a esté desjà prouvé avec autant de grâce que de suffisance par ce noble ornement de sa famille, Mademoiselle de Gournay dans le petit discours qu'elle a faict de l'egalité des hommes et des femmes[98], si bien que pour ne point me rendre ennuyeuse, en repetant des choses que l'on a desjà dittes, je n'allegueray pas une de ses raisons, ny ne toucheray pas mesme à la matiere qu'elle a traittée. Il me suffit icy de faire voir clairement qu'il ne nous est pas seulement bienseant d'estudier les sciences les plus relevées, mais aussi que le monde ne doit pas attendre de nous une occupation moins serieuse et moins magnifique. Car il est impossible que des ames genereuses, et qui se voyent capables de tout se puissent contenir dans ces bornes estroittes que l'erreur commune leur a prescrites, et que des esprits relevez[99] puissent souffrir qu'on les ravalle au dessous de leur excellente nature.

11-12, il est dit que la femme doit apprendre en silence, et qu'il lui soit interdit d'enseigner. D'une façon générale, les textes bibliques sont misogynes et la part du savoir réservée aux femmes est minime. Quoi qu'il en soit, les « viles occupations » sont traditionnellement le lot des femmes.

[98] Nous ne sommes pas sûr que la démonstration de Marie de Gournay soit tout à fait probante. Voir notre « Mademoiselle de Gournay et l'érudition classique », *Les Lettres romanes*, XLIII, 4, 1989, 283-296, ou nos *Etudes sur la littérature féminine au XVII*e *siècle*, Birmingham, Alabama, Summa Publications, 1990, ou « La cause caduque des femmes dans l'*Égalité des hommes et des femmes* de Marie de Gournay », dans *LittéRéalité*, VIII, 1, Printemps/Été 1996, 49-63.

[99] Il y eut suffisamment « d'esprits relevez » pour inspirer Mlle de Schurman dans ses aspirations, voire dans ses prétentions. Signalons le Capitaine Vigoureux avec une *Deffense des femmes* (1617), le Chevalier de l'Escale, auteur du *Champion des femmes* (1618), Louis de Bermen et *Le bouclier des dames* (1621), suivi l'année d'après par le traité de Marie de Gournay. Enfin, Du Bosc et *L'Honneste femme* de 1632, où il y a même un chapitre consacré aux « dames savantes ». Voir Marc Angenot, *Les champions des femmes*, Montréal, Les presses de l'Université du Québec, 1977, et pour Du Bosc, l'article éclairant de Jean Mesnard, « Honnête homme et honnête femme dans la culture du XVIIe siècle », dans *Présences féminines*, éd. I. Richmond et C. Venesoen, Tübingen, PFSCL, Biblio 17, 1987, p. 15-42.

En effect si les severes loix de cet ancien Legislateur Dracon[100] avoient lieu, c'est à dire si les femmes estoient privées de ce noble divertissement que fournissent les bonnes lettres, il ne faudroit pas trouver estrange si mesprisant les lasches exercices où l'on les voudroit attacher, elles se laissoient quelquefois corrompre, et surprendre aux cajolleries des hommes. Il est bien raisonnable puisqu'elles composent la plus belle moitié du monde, qu'elles participent aussi aux solides honneurs que le monde dispense. Il est bien raisonnable encore qu'elles travaillent pour celle qui est la plus douce recompense de la vertu, et le plus vif aiguillon des ames genereuses, je veux dire pour la gloire, et qu'elles ayent non seulement droict de l'esperer, mais le bon heur de la posseder encore. Ce seroit bien en vain que nous nous vanterions de ce beau tiltre de noblesse que nous recevons de nos ancestres, si nous le laissions ensevelir dans l'ombre, et languir dans une molle oisiveté. De là vient que dans la lecture des histoires anciennes nous rencontrons quelquesfois de longues suittes d'années, où l'on ne void non plus de marques de la splendeur de nostre sexe et de nostre nom que l'on void de traces sur la Mer après le passage d'un navire. Mais nous dira-t-on d'où pourriez-vous esperer de la gloire, et d'où pourriez-vous attendre l'immortalité ? seroit ce de ceste profonde oisiveté où vous estes ensevelies ? ouy c'est de ceste tenebreuse oisiveté que vous dittes, pourveu qu'elle soit esclairée de la lumiere des sciences ; car il nous est bien plus sceant d'esclatter par les arts de Minerve que par les armes de Pallas[101] . Et puis il est certain que dès que la connoissance de la vray Philosophie a occupé toutes les advenuës de nostre esprit, et qu'elle s'est emparée de ce throne sensible, il n'y a plus d'entrée chez luy pour les vaines passions. Aussi cet illustre ornement des bonnes lettres, ce docte Erasme, dans le beau

---

[100] Législateur grec (fin du VIIe siècle avant J.C.), dont le nom est devenu synonyme de « intraitable », prédécesseur de Solon qui « révoqua et annula toutes les lois de Dracon, exceptées seulement celles des meurtres et morts d'homme » (Plutarque, *Les vies des hommes illustres*, Paris, Gallimard (La Pléiade), 1951, t. 1, p. 191).

[101] Minerve, ou son pendant grec, Athèna. Sa fête était célébrée le 19 mars, et elle présidait à l'activité intellectuelle, surtout scolaire (voir Pierre Grimal, *Dictionnaire de la mythologie grecque et romaine*, Paris, P.U.F., 1969, p. 297). Quant à Pallas, il s'agit de l'épithète habituelle de la déesse Athèna, connue d'une part pour son allure guerrière, portant cuirasse et lance, mêlée aux combats dans l'*Iliade*, protégeant Ulysse ou Héraclès, mais connue d'autre part comme la déesse de la Raison qui préside aux arts, à la littérature et à la philosophie (P. Grimal, p. 57).

traitté qu'il a faict de la nourriture et de l'institution des Filles de ce fameux Chancelier d'Angleterre Thomas Morus, dit à ce propos qu'il n'y a que l'estude seule qui soit capable d'embrasser & d'occuper tout l'esprit des Filles[102], car estant une fois parvenuës au comble de la sagesse, ainsi qu'en un lieu de seureté, comment est-ce que nous ne mepriserions pas confidemment[103] la folle comedie de ce monde, l'authorité de tant d'exemples specieux, et les hautes vanités de ce siecle[104] ? Après cela n'est il pas de nostre devoir, voire mesme n'est il pas necessaire pour nostre felicité de faire tous nos efforts pour nous approcher de cette originelle et premiere perfection, dont nous sommes descheuës depuis si longtemps, afin que l'image esclatante de celuy qui est nostre vive lumiere et nostre eternelle verité reprenne en nous sa

[102] Il est vrai qu'Érasme admirait l'éducation que Thomas More, son ami, donnait à son épouse : « Il la prit toute jeune et encore inculte, n'ayant vécu ailleurs qu'à la campagne entre ses parents et ses sœurs, afin qu'il lui fût loisible de la façonner à son idée. Il lui procura une formation littéraire, et l'initia a toutes les formes de la musique. Ainsi façonnée, la jeune femme avait tout pour être une compagne idéale aux côtés de Thomas More, tant qu'il vivrait » (dans une lettre au chevalier Hutten, du 23 juillet 1519). N'empêche que ce programme ressemble étrangement à celui d'Arnolphe dans *l'École des femmes* de Molière. Citation dans J.C. Margolin, *Érasme par lui-même*, Paris, éd. du Seuil, 1965, p. 123-124. On se réfère également à « l'école de Thomas More », la charmante esquisse de Holbein, représentant More âgé de 50 ans, entouré de sa famille (Margolin, *ib.*, p. 123). Sur l'éducation des femmes, le moins que l'on puisse dire, c'est que la position d'Érasme est ambiguë ; on lit dans le *De Pueris instituendis* : « Voici qui est encore plus stupide : envoyer ses enfants, comme le font certains chez une femme qui boit pour leur apprendre à lire et à écrire. Il est contraire à la nature qu'une femme exerce une souverainteté sur des hommes ; en outre, rien n'est plus cruel que ce sexe, pour peu que la colère ait animé son esprit ; il s'échauffe très facilement » (dans J.C. Margolin, *Érasme, Declamation de pueris statim ac liberaliter instituendis*, Genève, Droz, 1966, p. 426).

[103] « confidemment », avec confiance (Furetière).

[104] Anne Marie de Schurman songe vraisemblablement à l'*Institution du Mariage chrétien*, où Érasme traite de l'éducation des femmes. Margolin écrit à ce sujet : « Il reproche justement aux jeunes gens de ne considérer que le physique de la femme, sans se soucier de son âme, dont la beauté croîtra avec les années. (...) il demande que la jeune fille apprenne un métier, comme le tissage de la soie (nous voilà revenus à la quenouille !) (...), il pense qu'une jeune fille ou une femme désœuvrée, s'égare fatalement dans de mauvaises pensées. Aussi faut-il sérieusement s'occuper de son esprit » (*Érasme par lui-même*, p. 122-123). Cette opinion sur l'influence néfaste de l'oisiveté des femmes remonte au Pères de l'Église, traverse tout le XVIe siècle et s'incruste encore au XVIIe siècle, comme le démontre Madame de Pringy, dans *Les caractères des femmes du siècle* (édition citée), qui date de 1694.

premiere place, et paroisse encore en la plus haute partie de nostre ame ? Or quoy que j'advouë que la Theologie de qui les hautes speculations sont propres à eslever l'entendement, et à le remettre dans sa premiere pureté, ait de signalez advantages et puisse fournir à tout ce que je desire, si est-ce qu'il me semble que ceux là ne connoissent pas assez la Majesté d'une si grande Reyne, qui la laissent aller toute seule et sans l'accompagner des autres sciences qui sont ses sujettes. Car quand il arrive que l'on jette les yeux sur les beaux secrets de la nature, qui est celuy qui ne recognoisse incontinent, combien il y a de rapport et d'harmonie entre les parties de ces nobles sciences, et combien elles se soustiennent et s'esclairent l'une l'autre ? Et quoy qu'il y en ait quelques uns qui donnent fort peu d'estendue à ceste cognoissance naturelle, si est-ce que cela ne doit arrester nostre course ny changer nostre dessein. Qu'ils croient tant qu'il leur plaira qu'il nous importe fort peu de sçavoir si le monde a esté formé par la rencontre fortuite de ces petits corps qu'ils appellent des atomes[105],

[105] Elle prend parti contre l'atomisme combattu par Descartes dans ses *Méditations* qui datent de 1641, avec une parution à Amsterdam en 1642 (voir *Méditations métaphysiques*, éd. Florence Khodoss, Paris, P.U.F., 1968). Cette accord de pensée entre Mlle de Schurman et Descartes est néanmoins purement fortuit, car ils ne sont jamais arrivés à s'entendre. La preuve d'une correspondance entre Mlle de Schurman et Descartes n'a pas été fournie, encore que l'hypothèse ait été avancée par Schotel, p. 76-77, et note, p.15. Quant à la prétendue rencontre à Utrecht, d'après « La vie de Labadie », elle aurait été responsable de l'antipathie de Mlle de Schurman pour le philosophe. Ce dernier aurait minimisé l'étude que cette fille savante consacra aux textes sacrés, et elle en aurait conçu « une telle antipathie contre ce philosophe qu'elle évita, depuis ce jour, de jamais se trouver en relations avec lui » (*Ibidem*). Légende sans doute. La seule chose qui soit certaine, c'est que Descartes a écrit une lettre à Mersenne, datée du 11 novembre 1640, où il dit à propos de Mlle de Schurman : « au lieu qu'elle avait l'esprit excellent pour la poésie, la peinture et autres telles gentillesses (!), il y a déjà cinq ou six ans qu'il [Voetius] la possède entièrement, qu'elle ne s'occupe plus qu'aux controverses de la théologie » (Descartes, *Œuvres et Lettres*, p. 1091). Même Rivet se plaignit de l'influence de Voetius sur Mlle de Schurman : « Mais Mons. Voetius luy charge tellement l'esprit, et lui taille tant d'affaires » (voir Brita Rang, *art.cit.*, p. 166, note 85). Il reste que Mlle de Schurman est au courant des débats philosophiques, et parfois métaphysiques, qui occupaient les milieux libertins. Ici, sans se lancer dans le débat atomiste, elle se prononce malgré tout contre les théories atomistes à la mode.

ou s'il a esté tiré des profonds abismes du chaos[106] ; Si parmy les corps qui embellissent l'univers il y en a quelques uns qui tiennent de la nature du Ciel, et d'autres de la nature de la terre ; si la plus haute partie du monde qui est la voute celeste a un mouvement circulaire, ou si ceux là sont remplis de vaines illusions qui croient que ce n'est pas la plus haute partie du monde qui se meuve, mais la plus basse ; en un mot si le Ciel est immobile, ou si la terre est agitée d'un eternel mouvement ; si le Soleil qui se couche tous les jours, se couche dans l'Ocean ; Si descendant de nostre horizon il va monter sur celuy des Antipodes pour leur dispenser sa lumiere[107]. Si la figure de la terre est une figure ronde ou quarrée, enfin si tout ce que nous voyons de l'estenduë de l'univers est borné par le seul horizon, ou par la foiblesse de nos yeux qui ne sçauroient penetrer plus avant. Certes s'il nous falloit arrester au mespris que l'ignorance faict à sa honte de toutes ces belles et curieuses recherches, nous pourrions bien dire justement que le souverain Createur de toutes choses, qui nous a mis sur ce fameux Theatre du monde pour nous faire considerer, et publier ses hautes merveilles, seroit privé de la fin qu'il s'est proposé, et nous du singulier contentement que nous donne la cognoissance. La nature ne nous a point esté si marastre qu'elle nous ait osté la liberté d'approfondir ses plus beaux secrets. A quel propos auroit elle mis en nous cet ardent desir de sçavoir que le plus grand des Philosophes Aristote dit

---

[106] Cf. Cyrano de Bergerac : « Il faudra donc pour eschapper à ce labirinthe inexplicable que vous admettiés une Matière Eternelle avec Dieu, et alors il ne sera plus besoin d'admettre un Dieu, puisque le Monde aura peu estre sans luy ; mais, me dirés-vous, quand je vous accorderois la Matière éternelle, comment ce chaos s'est-il arrangé de soy-mesme ? » (*Les libertins au XVIIe siècle*, p. 175).

[107] Il y a dans ce passage consacré à l'éloge de l'étude de la science de subtiles références à Copernic ou Galilée, son disciple, qui avaient soutenu la rotation de la terre autour du soleil, contrairement aux théories géocentriques de Ptolémée. On sait que Mlle de Schurman s'intéressait, entre autres choses, à l'astronomie qu'elle appela « une science noble et tres digne de nostre contemplation » (dans la Lettre VIII, à Élisabeth de Bohème, datant du 7 septembre 1639. Cf. Douma, p. 32 et 34). Par contre, elle ne croyait nullement en l'astrologie. Furetière nous apprend que la théorie des antipodes avait été tournée en dérision par st. Augustin, et que le Pape Boniface VIII (1235-1303) avait déclaré hérétique l'évêque de Salzbourg, Virgilius, parce qu'il enseignait qu'il y avait des Antipodes (voir *Dictionnaire*, « Antipode »).

estre si naturel à la creature raisonnable[108], si la recherche de la sçience nous estoit deffenduë ? et pourquoy nous auroit elle faict cet advantage par dessus tous les animaux de nous avoir donné une assiette droitte, et relevée, si ce n'estoit pour nous obliger d'eslever les yeux du corps et ceux de l'entendement à la contemplation de ses miracles ordinaires ? vrayment s'il arrivoit que jamais nous n'appliquassions serieusement nostre esprit à la connoissance de ses merveilles, qui sont autant d'images vivantes et visibles de l'eternelle Majesté qui les a faictes, voire mesme si après les avoir exactement considerées, nous ne nous embrasions du feu de son divin amour, que pourroit on dire de nous, sinon que nous serions des arbres et des souches, plustost que des creatures raisonnables, et que serions plustost les estrangers que les veritables habitans du monde ? Encore ne faut il pas que nous ayons la vanité de croire que nous nous acquittions dignement de nostre devoir quand nous ne considererons ces choses en passant, et comme par maniere d'acquit ; car quand il arrive que nous les voyons ainsi, ce n'est pas pour les cognoistre, au contraire nous temoignons par là que nous ne les voyons pas mesme, puisque nous ne souhaitons pas de les cognoistre plus avant. De tous les objects que la nature nous presente il est certain qu'il n'y en a point de plus merveilleux que l'homme, ny qu'elle n'a rien fait de plus beau que son corps qui est le riche domicile de l'ame. Mais de combien de peu de prix et de peu de valeur est ce que nous en considerons par dehors ? Certes les Payens mesmes nous doivent faire rougir de honte toutes les fois que nous venons à lire les beaux Hymnes qu'ils ont chantez en l'honneur de celuy qui est la premiere, et la souveraine cause de tous les estres. Car comme ils alloient de degré en degré dans la contemplation des plus profonds secrets de la nature, ils faisoient si bien que peu à peu ils s'approchoient de celuy qui est la source eternelle, d'où la nature mesme s'est escoulée ; et c'est de là qu'ont pris naissance ces beaux Cantiques de louanges que nous voyons semés dans leurs doctes escrits. Avec tout cela s'il advient que nostre esprit s'arreste à considerer la lumiere eternelle des saintes lettres qui est-ce qui pourra

---

[108] Remarque liminaire du Livre A, 1 : « Tous les hommes ont un désir naturel de savoir » (*Aristotle's Metaphysics*, trad. Hippocrates G. Apostle, Bloomington, London, Indiana University Press, 1966, p. 12).

nier avec raison[109], qu'après le temoignage et l'exemple de tant de saincts personnages, qui ont de là pris occasion de loüer Dieu, il ne soit obligé de recognoistre aussi ses bien faits, et d'en avoir un juste ressentiment ; et mesme qu'il ne les doive après publier de toutes ses forces ?

Mais pour ne me point esgarer dans un discours general qui me seroit aussi peu glorieux qu'il vous seroit peu agreable, je me contenteray, Monsieur, de dire seulement un mot de la cognoissance de l'histoire qui est devenuë l'entretien ordinaire des bonnes compagnies, et des cours des Princes. Et de ceste consideration je tireray quelques raisons pour fortifier d'autant plus les maximes que j'advance. On peut icy demander s'il est utile et necessaire à tous les hommes d'estre sçavans dans les affaires publiques ; A quoy je repondray d'abord que cela n'est pas absolument necessaire, si l'on vient à considerer que tous les particuliers ne sçauroient mettre en pratique pour l'utilité du public toutes ces belles cognoissances. Il est bien vray que les fruicts que tous les hommes en peuvent recueillir pour soy mesme ne les doit pas faire negliger de telle sorte que l'on ne laisse la Politique que pour les Princes souverains, et pour leurs principaux Ministres. L'Histoire Saincte ne semble-t-elle pas non seulement favoriser mon opinion, et nous persuader ceste belle verité, mais aussi ne nous y conduit elle pas comme par la main ? N'est-ce pas là que nous voyons la suitte infaillible des temps par la constitution des estats, et le changement des Monarchies ? N'est-ce pas là que nous voyons ou par Prophetie, ou par le recit veritable des choses advenuës, la naissance et le declin des plus fameux peuples de la terre ? Et d'autant plus que ces matieres sont esclattantes et relevées, ne semble-t-il pas que Dieu nous oblige à les observer de près pour nous faire admirer ses jugemens merveilleux ? Et voyant que toutes ces choses ne pouvoient arriver dans l'espace de la vie d'un homme, ne faict-il pas recognoistre, en nous les laissant par escrit, qu'il veut que nous scachions ce qui est arrivé plusieurs siecles devant le nostre, et que

---

[109] À la lumière de la mésentente entre Mlle de Schurman et Descartes (voir plus haut, p. 40), et l'opinion que le philosophe entretint à son sujet (voir la lettre à Mersenne du 11 novembre 1640), on conçoit aisément que ce passage de sa lettre à Rivet, qui date de mars 1638, jette une pierre discrète dans le jardin de l'auteur du *Discours de la méthode*, datant de 1637. Sur les « relations » entre Descartes et Mlle de Schurman, voir l'article cité de Brita Rang, p. 36-41.

nous croyons par consequent que l'estude est universellement necessaire ? O conduite admirable de Dieu dans le cours des affaires du monde ! si nous vous considerions attentivement, ceste saincte meditation ne recueilleroit elle pas souvent nos voix et nos lyres ? En effect je ne fais point de doute que nous ne nous escriassions souvent avec le Prophete Royal ? O Seigneur que tes sentiers sont admirables, et que tes secrets sont incomprehensibles aux hommes[110] ! Il se pourra faire que quelqu'un croira d'avoir droict de m'objecter icy que tout ce discours ne va qu'à la loüange de la vie contemplative et solitaire, comme si mon dessein estoit de borner toutes les fonctions de nostre vie dans la seule meditation. A cela je ne responds autre chose, sinon que ce que la raison semble exiger de nous. N'est-il pas vray qu'elle nous ordonne de penser premierement à nous mesme, autant qu'il est necessaire que nous le façions pour nostre repos et pour nostre felicité ? et puis d'avoir soin de nostre prochain ? Car c'est bien en vain que celuy là travaille pour les autres qui n'a pas le courage de travailler pour soy-mesme. En vain le croira-t-on capable de donner aux autres des conseils profitables, ou de les servir effectivement, s'il s'abandonne luy mesme dans ses plus pressantes necessitez. Et l'on ne se pourra jamais persuader que celuy là puisse jamais réüssir dans la conversation civile, ny s'introduire bien avant dans la société Chrestienne, s'il est estranger & comme Pelerin dans sa propre maison. Ne seroit ce donc pas une merveilleuse impudence, et une temerité insupportable de vouloir establir et appuyer toute ceste belle œconomie des vertus morales sur deux si foibles fondemens tels que sont l'ignorance, et l'opinion du vulgaire ? Tant s'en faut, il est certain que hors quelques saincts et devots Hermites esclairez de Dieu, personne n'a sçeu jamais encore réüssir dans le culte de ces belles Divinités qu'il n'ait esté premierement initié, voire mesme parfaictement consummé dans le mistere de la science. En effect c'est elle principalement qui nous dispose, et qui nous rend propre au bien, qui esleve nostre esprit, et qui nous fait entreprendre de belles actions. Car il est vray de dire qu'il n'y a rien de plus utile ny de plus necessaire à une fille bien née que de pouvoir discerner ce qui est honneste d'avec ce qui est honteux, ce qui est nuisible d'avec ce qui est profitable, et ce qui sied bien d'avec ce qui choque la loy de la

---

[110] S. Paul, *Aux Romains*, XI, 33 ; voir aussi le *Psaume* XCII, 6 : « Qu'elles sont grandes tes œuvres, Iavhé, / combien profondes tes pensées ! ».

biensçeance. Mais pour reussir dignement dans la cognoissance de toutes ces choses, quelle clarté de jugement, et quelle addresse d'esprit ne faut-il point avoir ? Certes puis qu'il est vray que nostre age, pour long qu'il soit, ne nous sçauroit fournir toutes les experiences necessaires à la conduite de la vie, et qu'il est bien difficile d'establir un solide fondement sur l'inconstance de la nostre, il est bien raisonnable que pour suppléer à ces deffauts nous ayons recours à la lecture des anciennes histoires, afin qu'elles nous soient comme de veritables miroirs, où contemplant les vices et les vertus des autres nous observions en mesme temps ce que nous devons fuir, ou embrasser à leur exemple, en un mot de regler la dessus tout le cours de nostre vie[111]. Car si le moindre soupçon que l'on conçoit contre nostre honneur, est pour nous bien souvent un crime, duquel nous ne pouvons nous laver que difficilement, quels soins ne devons nous pas employer, non seulement pour nous empescher de tomber dans le mal, mais encore pour détromper et prevenir ceux qui croiroient que nous y serions tombées[112] ? Et pour passer de la science à l'usage des langues, que l'on appelle les sciences instrumentales, d'autant qu'elles nous servent d'instrument pour parvenir à la cognoissance de la vray science, et qu'elles sont les premieres et les plus honorables suivantes de ceste grande Reyne, j'en veux toucher un mot en passant.

Je ne sçaurois dissimuler icy que leur diversité ne soit une des choses du monde la plus delectable, voire mesme la plus utile, pourveu que nous l'implorions à quelque bon usage, et non point pour en tirer vanité et en faire ostentation. Car on peut dire avec verité que les

---

[111] Contrairement à Marie de Gournay qui fit l'éloge des femmes souvent plus vertueuses ou courageuses que savantes, Anne Marie de Schurman a voulu porter le débat de la vertu féminine à un niveau plus élevé. Au lieu de rattacher la vertu féminine à l'ignorance ou aux tâches domestiques, où les femmes devraient briller en principe (voir Montaigne, *Essais*, III, XI, p. 975), elle voit dans l'étude, tout comme dans l'acquisition du savoir, une condition *sine qua non* pour l'épanouissement de la vraie vertu, entretenu par la lecture des « anciennes histoires ».

[112] Il va de soi que Mlle de Schurman parle ici strictement au nom des femmes, promptement accusées de manquer à la vertu, là où les hommes jouissent d'une certaine impunité, comme dans le cas, par exemple, de l'adultère. Jean-Pierre Camus résume assez bien cette vue discriminatoire qui régnera longtemps sur l'histoire des mentalités : « Il est vray, écrit-il, qu'en matiere d'intemperance, les hommes se donnent une certaine liberté que les femmes ne peuvent prattiquer sans infamie » (*Divertissement historique (1632)*, éd. Constant Venesoen, Tübingen, Gunter Narr Verlag, 2002, p. 166 et 167).

langues sont les fidelles gardiennes des thresors que la sage antiquité nous a laissez, et les doctes interpretes de ses fameux oracles. Aussi quand elle nous parle en sa langue propre et naturelle, elle grave insensiblement dans nos esprits une vive image de ce qu'elle fut autrefois, et nous voyons encore en elle toute la grace qu'elle avoit à bien dire et à bien faire. Riches ornemens que nous trouvons tousjours à dire dans toutes les versions des bons Autheurs pour justes et excellentes qu'elles soient. Je prendrois plaisir à montrer icy combien il est agreable et utile tout ensemble, d'aller puiser la vraye doctrine dans sa veritable source, si mon discours s'adressoit à un autre qu'à vous, qui sçavez particulierement toutes les choses que je sçais, voire-mesme toutes celles que j'ignore et que je voudrois bien sçavoir. Mais puis que ce seroit, comme dit le Proverbe, vouloir esclairer le Soleil, je couronneray la fin de ce discours d'un exemple celebre, dont sans mentir je conserveray tousjours precieusement la memoire. C'est l'incomparable Princesse Jeanne de Gray[113]. Je l'appelle incomparable puisqu'avec la permission de toutes les Dames illustres, j'ose dire que ny l'antiquité ny les siecles modernes, en un mot que pas une

---

[113] Plus exactement Jeanne Grey (1537-1554), connue comme Lady Jane Grey, reine d'Angleterre durant neuf jours (10 juillet-19 juillet 1553), arrière-petite-fille d'Henri VII. Jolie, pieuse et savante malgré son jeune âge, elle fut mêlée contre son gré à des machinations politiques et religieuses. Elle parlait et écrivait le latin, le grec, le français et l'italien. Politiquement évincée par Marie Tudor, dite « la catholique » ou « Marie la sanglante », elle passa six mois en prison avant d'être décapitée. Voir L. Mazedod et G. Schoeller, *Dictionnaire des femmes célèbres*, Paris, Robert Lafont, 1992, p. 370 ; voir aussi *Encyclopaedia Britannica*, article Jane Grey. Elle devint une sorte de légende pour tous ceux et toutes celles qui déploraient son triste sort. Un poème de William Hone (1780-1842) résume l'admiration qu'elle suscita :

> Young, beautiful and learned Jane, intent
> On knowledge, fount its peace ; her vast acquirement
> Of goodness was her fall ; she was content
> With dulcet pleasures, such as calm retirement
> Yields to the wise one alone ; her only vice
> Was virtue : in obedience to her sire
> And lord she died, with them a sacrifice
> To their ambition : her own mild desire
> Was rather to be happy than be great ;
> For though at their request, she claimed the crown,
> That they through her might rise to rule the state,
> Yet the bright diadem and gorgeous throne
> She viewed as cares, dimming the dignity
> Of her unsullied mind and pur benignity.

nation du monde n'en a jamais produite une qui luy puisse estre esgalée. Michel Agnolo Florentin qui a escrit la vie et la mort de ceste vertueuse Dame, dans un dialogue qu'il eut avec un certain personnage nommé Fechnaïmo[114] qui lui apporta les nouvelles de la mort prochaine de ceste personne Heroïque, raconte d'elle des choses aussi merveilleuses que le recit en est veritable. Et à propos du suject que je viens de traitter, qui est de l'excellence des langues, il dit que ceste vertueuse Princesse peu de jours avant que de mourir, venant à considerer et examiner de près les graces que Dieu luy avoit si liberalement communiquées, comme de l'avoir faict naistre d'une illustre race, de l'avoir pourveuë d'une extreme beauté, d'avoir rendu sa jeunesse si fleurissante, et de luy avoir donné tant d'autres advantages capables de gaigner les cœurs, et d'acquerir de la gloire, elle confessa et prononça d'un grand courage, et d'une voix masle, et eloquente que de toutes ses graces, pas une ne luy avoit esté si chere ny si agreable que la cognoissance de ces trois belles langues qui sont le partage des sçavans, la latine, le Grecque et l'Hebraïque. Adjoustant si pendant que l'on est au monde, le monde est capable de nous faire gouster les douceurs d'une felicité parfaicte, qu'elle devoit ce solide bon-heur à l'estude des bonnes lettres, et particulierement à la lecture de l'Escriture S^te^. Et quoy que plusieurs blasmassent en elle cet exercice, comme peu convenable à son sexe, si est ce, disoit elle, que le contentement d'esprit, et la secrette satisfaction qu'elle en avoit tousjours receüe en elle mesme, luy faisoit bien connoistre par experience que leurs opinions estoient vaines, et leurs sentimens contraires à la verité et à la raison.

Qui est-ce je vous prie, qui ne respectera pas comme un veritable oracle ceste voix de Cygne[115] ; ces dernieres paroles qui n'ont esté

---

[114] Ou John Fecknam (1515-1585). Nous n'avons pas pu retracer cette « vie de Lady Jane » sous la plume de Michel-Ange. A notre connaissance, il n'existe même pas de correspondance entre les deux hommes. Voir *Michelangelo Buonarroti, 1475-1564, Letters/ translated from the original Tuscan*, 2 vol., by E.H. Ramsden, Stanford, Stanford University Press, 1963. Les œuvres complètes de Michel-Ange ne révèlent pas plus. Voir *The complete works of Michelangelo*, New York, Reynal, 1965.

[115] Allusion à la croyance commune, héritée de l'antiquité, que le Cygne ne chante que lorsqu'il va mourir. On lit chez Malherbe : « Ce sera là que ma lyre, / Faisant son dernier effort, / Entreprendra de mieux dire / Qu'un cygne près de la mort » (« Ode au feu roi sur l'heureux succès du voyage de Sedan », v. 191-194, dans Malherbe, *Œuvres*, éd. Antoine Adam, Paris, Gallimard (La Pléiade), 1971, p. 60).

prononcées à l'ombre d'une escholle ou d'un Lycée[116], mais dans le dernier et le plus glorieux acte de la vie et du martyre ? voilà, Monsieur, quels sont mes petits sentimens sur une question si serieuse et si importante. Si je ne vous les ay declarez qu'en begayant, et si je vous ay importuné d'une longue cajollerie[117], c'est que j'ay creu que l'amitié de pere dont vous m'honorez pourroit excuser ma hardiesse, et supporteroit en quelque façon mes défauts. Mais je brise là ce discours, de peur qu'il ne semble que je m'esgare, et que j'aye perdu le souvenir des grandes occupations que vos illustres employs vous donnent. Adieu donc mon tres cher pere, à qui je suis obligée pour mille considerations, je me recommande à vos bonnes graces, et à celles de Mademoiselle vostre chere espouse.

D'Utrecht ce 6. jour de Mars 1638[118].

Anne Marie de Schurman.

---

[116] Allusion à la fameuse école où Aristote expliquait sa philosophie à Athènes (voir Furetière).

[117] Cajollerie, ou « cageollerie, flatterie pour gagner l'amitié de quelqu'un, et en obtenir ce qu'on desire. Il se dit à l'égard des hommes, et le plus souvent à l'égard des femmes » (Furetière).

[118] En fait, le 6 novembre 1637.

LETTRE VI

Lettre d'André Rivet à Anne Marie de Schurman
[le 18 mars 1638] (traduction Guillaume Colletet)

Comme il fallait s'y attendre, la réponse de Rivet est tout d'abord truffée de compliments et d'acquiescements. Il est question de « discours elegant », qui l'a « tenu beaucoup en suspens ». De prime abord on a l'impression qu'il est parfaitement entré dans les vues de Mlle de Schurman. Il fait allusion à un échange épistolaire antérieur, où, dit-il, il avait laissé entendre que l'étude ne devrait être entreprise que par quelques rares femmes qui sont naturellement douées pour le faire. S'il s'agit de rappeler sa correspondance avec Anne Marie en 1632, on peut dire, en effet, qu'il s'y trouve un court passage où Rivet propose des restrictions à la culture générale des femmes, car il estime que la plupart d'entre elles n'y sont pas prédisposées. Il lui disait qu'« il suffit sans doute que quelques-unes qu'un instinct naturel stimule, se détachent », réservant ainsi l'étude des arts et des sciences à des femmes exceptionnelles, en somme des femmes du calibre rare de Mlle de Schurman. Il attribue dès lors à la modestie de la jeune femme le fait qu'elle ne veut pas qu'il « mette au rang des miracles du monde les graces signalées, (qu'elle a) du Ciel et de la Nature ».

Il lui reproche en somme gentiment de s'être confondue avec toutes les autres femmes, mais qu'à cet égard toutes ses persuasions seront inutiles, et qu'en cela personne ne sera jamais d'accord avec elle, même pas les femmes elles-mêmes. Il concède que cette inégalité intellectuelle est également présente parmi les hommes, mais il souligne néanmoins que

> le souverain Autheur de la Nature n'a formé deux sexes differens, qu'afin de mettre une différence entre leurs fonctions, et qu'il a destiné les hommes à une chose, et les femmes à une autre.

C'est ainsi que d'emblée nous entrons dans le débat séculaire sur les fonctions « naturelles » selon le sexe. À la suite de cette assertion, on pourrait citer Montaigne à pleines pages, où ce clivage des sexes est omniprésent, tout comme il l'est chez tous ceux qui, avant ou après lui, ont œuvré contre ou pour les femmes. Qu'il suffise de transcrire ici une page de Jules Michelet, qui croit sincèrement exalter le rôle social des femmes, tout en répétant les vieilles croyances dans toute leur générosité paternaliste :

> Insistons sur la différence. Elle est profonde. La voici : L'éducation du garçon, dans l'idée moderne, *c'est d'organiser une force*, force efficace et productive, de créer un créateur. L'homme moderne n'est pas autre chose. L'éducation d'une fille est de faire une harmonie, d'*harmoniser une religion*. La femme est une religion. Sa destinée est telle que, plus elle restera haut comme poésie religieuse, plus elle sera efficace dans la vie commune et pratique. Dans l'homme, l'utilité peut se trouver séparée de l'idéal ; l'art qui donne de nobles produits, peut avoir parfois cet effet que l'artiste se vulgarise et ne garde que fort peu du beau qu'il met dans ses œuvres. Jamais rien de tel pour la femme. La femme au cœur prosaïque, celle qui n'est pas une poésie vivante, une harmonie pour relever l'homme, élever l'enfant, sanctifier constamment et ennoblir la famille, a manqué sa mission, et n'aura aucune action, même en ce qui semble vulgaire[119].

Moins « poétiques » avaient été les remarques de Fénelon :

> Venons maintenant au détail des choses dont une femme doit être instruite : quels sont ses emplois ? Elle est chargée de l'éducation de ses enfans ; des garçons, jusqu'à un certain âge ; des filles, jusqu'à ce qu'elles se marient ou se fassent religieuses ; de la conduite des domestiques, de leurs mœurs, de leur service ; du détail de la dépense, des moyens de faire tout avec économie et honorablement, d'ordinaire même de faire les fermes et de recevoir les revenus[120].

A la suite de sa suave discrimination sexuelle, Rivet précise le fond de sa pensée, en reprenant une des observations de Mlle de Schurman : l'accès à l'étude offert à toutes les femmes ne serait ni « necessaire ni utile à la Republique », dit-il. Quelques-unes seulement devraient y être autorisées, ce qui est un hommage rendu en sous-main à Anne Marie de Schurman. Quand il s'agit néanmoins de définir les sciences qui ne conviendraient qu'à des femmes exceptionnellement douées, la plupart des autres étant occupées à des tâches domestiques, Rivet a des réticences sérieuses fondées sur les us et coutumes de son temps.

---

[119] Jules Michelet, *La Femme*, Paris, Hachette, s.d., p. 116-117.
[120] Fénelon, *Éducation des filles*, p. 143.

Avant d'introduire les rares femmes prédisposées à l'étude « dans le temple des Muses », il faut que l'on établisse

> certaines bornes pour ne poinct passer au delà, et en un mot que l'on reglast le commencement, le progrès, et la fin de leurs estudes, et que l'on leur objectat souvent cet ancien Proverbe qui dit, Rien de trop[121] ; afin qu'elles n'embrassassent que les choses qui leur sont propres, bien seantes, et necessaires.

Selon lui, des bornes s'imposent puisque les femmes ne sont de toute façon pas acceptées dans « les Charges politiques, ny dans les dignitez de l'Eglise, et encore moins dans les Chaires publiques ». À quoi donc servirait l'étude qui mène à ces charges défendues aux femmes ? On remarque que Rivet affiche à ce moment-là une phallocratie tenace, sans même qu'il en soit tout à fait conscient. La femme, dit-il en substance, peut avoir accès au savoir, mais non au pouvoir, ni dans les affaires de l'État -- ce qui nous renvoie à la loi salique --, même s'il nuancera sa pensée en disant qu'il

> excepte pourtant de ceste reigle generalle celles que les loix d'un Royaume, et de la Coustume des Peuples appellent à la Couronne et eslevent sur le Throne de leurs ancestres, ou par un legitime droict de succession, ou par le deffaut des masles.

Rivet n'est d'ailleurs pas moins discriminatoire dans cette reconnaissance des prérogatives royales, plus vraie en Angleterre qu'en France, où seule la Régence sous l'autorité d'une femme est prévue, comme ce fut le cas de Marie de Médicis. De l'élitisme sexuel il passe donc à l'élitisme de classe.

Lorsqu'il exclut les femmes des affaires du culte, il nous renvoie à s. Paul ; pour le droit de parole en public, on songe encore à s. Paul ; enfin, quand il s'agit d'exprimer leur éthique, voire leur idéologie, les femmes sont soumises au paternalisme que prônera quelques années plus tard l'accommodant Clitandre dans *Les femmes savantes* de Molière, ce Clitandre qui voulait bien qu'une « femme ait des clartés de tout ; / (...) [et qu'] aux questions qu'on fait, / Elle sache ignorer les choses qu'elle sait » (I, III, 218-222). Il est curieux qu'un hélléniste

---

[121] Proverbe d'après une maxime antique inscrite au fronton du temple de Delphes.

comme Rivet ne se soit pas souvenu de *La République* de Platon, où on lit qu'

> il n'existe, chez les administrateurs de l'État, aucun objet d'occupation qui soit spécialement celui d'une femme, en tant que femme ; pas un non plus qui soit spécialement celui d'un homme, en tant qu'homme. Bien plutôt, les aptitudes naturelles ont été semblablement distribuées dans les vivants des deux sexes, la femme ayant ainsi naturellement part à tous les objets d'occupations (...) Ainsi donc, chez la femme et chez l'homme, identité de nature pour la garde de l'État ; sauf sur ce point que cette nature est plus faible ou plus forte[122].

Il faut d'ailleurs se souvenir que tout le chapitre V de *La République* va dans ce sens. En fait, on voit que Rivet est plus en accord avec les anciennes lois discriminatoires de Dracon, voire de Solon (640-558) qu'avec les propos réactionnaires de Platon. Rivet pour sa part insiste même sur le silence que les femmes doivent observer en toute circonstance, car « l'honneste honte leur doit imposer silence devant la pluspart des hommes » ! Il s'effraie à l'idée que les filles puissent s'intéresser à la Rhétorique, voire à la Logique, la Dialectique ou au Sophisme. Pour ce qui est de la Rhétorique et la Dialectique, on sait que Mlle de Schurman « était très versée dans la Rhétorique (ou *Oratoria*) et la Dialectique (ou *Dialectica*). Elle estima que la dialectique était nécessaire pour résoudre toutes les questions qui se présentaient dans l'Écriture sainte[123] ».

Pour imposer ses vues, Rivet va même jusqu'à exagérer, voire tronquer, les intentions d'Anne Marie de Schurman. Même avec quelque nuance, il prétend qu'elle a inféré que la femme « est plus propre aux disciplines, ou du moins qu'elle a plus de commodité d'y vacquer que les hommes ». Rien d'une telle comparaison entre hommes et femmes ne transpirait dans la lettre de Mlle de Schurman. Elle avait seulement dit à propos de l'étude :

---

[122] Platon, *La République*, éd. L. Robin et M.J. Moreau, Paris, Gallimard (La Pléiade), 1950, I, p. 1027.

[123] Douma, p. 33, (nous traduisons). Douma ne donne malheureusement pas de référence qui soutiendrait son affirmation, mais on peut croire, surtout dans le cas de la Dialectique, qu'il en était ainsi, car Mlle de Schurman avait la passion des Livres saints.

> Ce que nous faisons avec d'autant plus d'advantage et de facilité, quand il arrive que nous ne sommes pas attachées au soin d'un mesnage ny accablées d'affaires domestiques.

S'il y a donc la moindre inférence, c'est de croire tout simplement que les femmes disposent de plus de temps que la majorité des hommes pour se consacrer à l'étude. Mais il y a plus. Rivet ne comprend pas comment les filles auraient plus de temps pour l'étude puisqu'elles sont appelées à soulager leurs parents, entendez leur mère, « dans le soin du mesnage ». Il affirme qu'il n'a cependant nulle intention de leur imposer la quenouille et le fuseau. Ceci étant dit, il lui rappelle quand même que la fameuse quenouille ne fut pas « autresfois dedaignée par les grandes Princesses tant Romaines que Grecques, tant Payennes que Chrestiennes », en quoi il n'a sans doute pas tout à fait tort. En effet, la quenouille et le fuseau ont toujours été associés à l'activité féminine, de la modeste ménagère jusqu'à la princesse. Rivet se fonde ici, sans les nommer, sur des exemples « nobles » de l'usage de la quenouille. Il songe vraisemblablement à Clotho, la parque qui file, et à Lachésis, celle qui dévide. Ou à Pénélope, tissant le jour, et défaisant son ouvrage la nuit. Ou encore à ce passage de l'*Odyssée*, où Nauticaa, fille de la reine Arété, invite Ulysse à se présenter à sa mère qui est « le dos à la colonne, tournant sa quenouillée teinte en pourpre de mer[124] ». Du côté de l'Ancien testament, il y a *Les Proverbes*, XXXI, 10-19, qui évoquent la femme vaillante qui « met la main à la quenouille, / Et ses mains saisissent le fuseau ». Enfin, rappelons que Ève, après la chute, est représentée dans la mythologie chrétienne avec le fuseau et une quenouille, symbolisant les travaux d'hiver ; et que la virginité de la Vierge Marie, écoutant l'ange Gabriel, est souvent représentée par la quenouille et le fuseau (ou par une fleur de lys). En fait, Rivet s'inspire fortement ici du Livre I, chapitre III, du *Livre de l'institution de la femme chrestienne*, de Louis Vivès, traduit par les soins de Pierre de Changy, où on lit :

> La fille apprendra plus tost à lyre ses heures qu'à danser, et les dix commandemens plus tost que des chansons : et avec ce de besogner à

[124] *Odyssée*, traduction de Victor Bérard, Paris, Gallimard (La Pléiade), 1955, VI, « L'Arrivée chez les Phéaciens », p. 636.

> l'eguille, en chanvre, lin et laynne utiles au ménage et conservation de frugalité, dont est expedient à femme de estre curieuse.
>
> Quant aux « Princesses tant Romaines que Grecques, tant Payennes que Chrestiennes », Changy (ou Vivès) mentionne une « princesse des Scipions », « Caya (Africana), réputée pour son éloquence) », puis Rebecca, Rachel et Sarah ; ensuite Isabelle de Castille qui « voulut que ses quatre filles sçavoir filer, couldre[125] ».

Rivet se fonde plus particulièrement sur le chapitre intitulé « De la doctrines des pucelles » de *L'Institution*, où il trouve de quoi alimenter son argumentation sexiste, ou, dans le contexte du temps, paternaliste. Et comme il fallait s'y attendre, il s'en prend à l'*Égalité des hommes et des femmes* de Marie de Gournay, mentionnée et louangée dans la lettre de Mlle de Schurman. Il se prononce, dit-il, contre la maxime de la Demoiselle de Gournay, et ose dire « avec l'Apostre, que la femme est un vaisseau plus fragile que l'homme ». Quoi qu'il en soit, Marie de Gournay n'avait pas posé le problème en ces termes. Elle était néanmoins convaincue que les sexes n'étaient pas différenciés par la force de l'un et la faiblesse de l'autre.

> Voyez tels esprits comparer ces deux sexes, écrit-elle, la plus haute suffisance à leur advis où les femmes puissent arriver, c'est de ressembler le commun des hommes ; autant esloignez d'imaginer qu'une grande femme se peust dire grand homme, le sexe changé, que de consentir qu'un homme se peust eslever à l'estage d'un Dieu[126].

Et sur un ton plus enjoué elle écrit encore :

> Et s'il est permis de rire en passant, le quolibet ne sera pas hors de saison, nous apprenant qu'il n'est rien plus semblable au chat sur une fenestre que la chatte. L'homme et la femme sont tellement uns, que si l'homme est plus que la femme, la femme est plus que l'homme[127].

Rivet concède qu'il y a eu des femmes remarquables, et à cet effet passe en revue plusieurs grandes figures féminines du passé, parmi lesquelles Jeanne Grey et Jeanne d'Arc, encore qu'il émet quelque

---

[125] Vivès (ou Changy), *op. cit.*, p. 28-30.

[126] *Égalité des hommes et des femmes*, éd. citée, p. 41.

[127] *Ibidem*, p. 49

réserve au sujet de cette dernière[128], car, selon lui, les femmes ne devraient pas être appelées à porter les armes, à de rares exceptions près. L'attitude de Jeanne d'Arc fut évidemment suspecte, et il se plaît à faire remarquer à sa correspondante qu'elle ne l'avait pas mentionnée. Disons que l'attitude de Rivet vis-à-vis du port d'armes par les femmes est courante en son temps. Il estime que les femmes, le « sexe imbécile (faible) », ne sont pas faites pour guerroyer. Moins de vingt ans plus tard, Chapelain serait confronté à cette même discrimination traditionnelle, au moment même où il publia sa *Pucelle, ou la France délivrée*. Il se lance dans une défense passionnée de son héroïne, et des femmes en général, dans une Préface qui n'a pas été retenue par les meilleurs ouvrages ayant abordé la question féminine au XVIIe siècle. Les deux extraits qui suivent donnent le ton de la Préface de Chapelain :

> Ceux-cy, jurant sur le Texte d'Aristote, maintiennent que la Femme est une erreur de la nature, qui ayant tousjours intention de faire un homme, s'arreste souvent en chemin et se voit contrainte, par la resistance de la matiere, de laisser son dessein imparfait. Ils tiennent la force corporelle tellement necessaire, dans la composition d'un Heros, que quand il n'y auroit autre defaut à reprocher à la Femme, ils luy en refuseroient le nom, pour cela seulement, qu'elle n'a pas la vigueur d'un Athlete, et que la mollesse de sa complexion l'empesche de pouvoir durer au travail (p. a iii). (...) Pour prevenus qu'ils soient, en faveur des Hommes, je ne pense pas qu'ils voulussent attribüer à leur ame un seul avantage, auquel l'ame de la Femme ne pust aspirer, ni faire deux especes des deux Sexes, desquels la Raison de tous les Sages n'a fait qu'une jusqu'icy. Je ne croy pas non plus qu'ils s'imaginent que les Vertus Morales ayent leur siege ailleurs, que dans la Volonté, ou dans l'entendement. Mais si elles y ont leur siege, et si l'on ne peut dire que ces deux facultés soient autres, dans l'ame de la Femme que dans l'ame de l'Homme, ils ne peuvent, sans absurdité, accorder une de ces Vertus à l'Homme, et ne l'accorder pas à la Femme[129] (p. a, vi).

Quant on sait que Chapelain travaillait à son épopée depuis plus de vingt ans, donc bien avant 1640, on se rend mieux compte de

---

[128] C'est la question qui avait hérissé Madeleine de Scudéry.

[129] *La Pucelle ou la France delivrée, poëme héroïque*, par M. Chapelain, Paris, Augustin Courbé, 1656.

l'étroitesse d'esprit et du conservatisme de Rivet lorsqu'il s'agit de reconnaître la vaillance des femmes, même dans le combat. Il aurait pourtant pu se pencher sur les *Moralia* de Plutarque, au chapitre sur les « Vertueux faicts des femmes » : « c'est une mesme vertu celle de l'homme, et celle de la femme, par la preuve de plusieurs exemples tirez des anciennes histoires[130] ».

En dépit de ses objections à l'étude généralisée des femmes, Rivet rend hommage aux talents exceptionnels de sa correspondante. La manœuvre est habile : louer Anne Marie de Schurman, mais en insistant sur son unicité, quitte ensuite à maintenir l'ensemble des femmes dans leur ignorance traditionnelle. C'est à cette occasion qu'il rend aussi hommage au père d'Anne Marie, qui, selon lui, a tellement contribué à la formation de la jeune femme. En somme, la croissance intellectuelle d'Anne Marie dépendait du bon vouloir d'un homme ! En réalité, on pourrait émettre quelque doute sur le véritable rôle pédagogique de Fréderic de Schurman, qui, à toutes fins utiles, nous paraît fort secondaire. Il a surtout enseigné à sa fille la crainte du péché et du mariage, les deux étant curieusement confondus. Pour ce qui est de l'étude proprement dite, on peut rappeler que la jeune Anne Marie devait se cacher pour étudier la grammaire, et que son père ne se mit à encourager sa fille qu'au moment où il se rendit compte de ses extraordinaires dons. Nicéron (ou Paquot qui le transcrit) a d'ailleurs été fort nuancé à ce sujet :

> Les talens de son esprit n'estoient point inferieurs à ceux de sa main [dessin, broder, écriture, peinture] ; car à l'age de onze ans, lorsque ses freres estoient interrogés sur la Latinité, elle leur souffloit souvent ce qu'il falloit répondre, quoi qu'elle n'eût écouté que comme en passant les leçons qu'on leur avoit faites. Son père jugeant par là qu'elle estoit propre aux Sciences, s'appliqua depuis à cultiver ces heureuses dispositions : et luy facilita les moyens d'acquérir ces connoissances, qui l'ont rendue si célèbre[131].

---

[130] Plutarque, *Les Œuvres morales*, trad. par Jacques Amyot, Lyon, Étienne Michel, 1588, p. 827.

[131] Paquot, p. 657.

On notera une même réserve dans les *Levenschetsen*[132] que nous avons eu l'occasion de mentionner :

> Sa capacité intellectuelle et son jugement aiguisé, sa tendance à la recherche et son désir de dépasser les activités féminines courantes ne tardèrent pas, lorsqu'elle avait onze ans, à attirer l'attention de son père, qui se mit alors à l'encourager dans l'étude des lettres (nous traduisons).

Rappelons aussi que son père mourut lorsqu'elle avait seize ans, et que son frère préféré, Johan Godschalk, également intéressé dans la littérature, car il a été auteur de vers français, était souvent absent[133]. En fait, Anne Marie de Schurman était naturellement douée et, mis à part l'encouragement assez tardif de son père, elle devait tout à elle-même[134].

Survient alors un passage dans la réponse de Rivet, qui jette une ombre sur les louanges qu'il avait si généreusement distribuées. En effet, tout en connaissant l'intérêt d'Anne Marie dans l'étude des langues qui donnent accès aux textes sacrés, il affirme que

> la cognoissance de la langue saincte qui nous revele les sacrez mysteres de nostre religion, et les oracles eternels de Dieu, ne doit estre que le partage de ceux qui sont obligez par leur ministere de rechercher le veritable sens des parolles du sainct Esprit, et qu'il n'est pas permis à chacun de l'aller immédiatement chercher dans sa premiere source.

C'était carrément viser le plus grand plaisir intellectuel qu'Anne Marie retirait de ses études. Rivet se range évidemment du côté des théologiens traditionnels, tous soucieux de la même question : faut-il

---

[132] *Levenschetsen de beroemde en merkwaardige vrouwen*, p. 78-79.

[133] Voir Douma, p. 9.

[134] On s'étonne quelque peu de l'insistance sur le rôle du père d'Anne Marie dans l'étude de Joyce Irwin : « She was sent to the French school [in Utrecht], but after two months her parents decided to have her tutored at home, a decision that enabled her to profit from her brother's lessons and, after demonstrating her promise, to be included in their studies, which were being directed by her father. Little is known about her father's vocation, but he was clearly deeply interested in learning and was probably the strongest influence behind her academic achievements, aside from her own determination » (*op. cit.*, p. 4).

donner la liberté à tous (et à toutes !) de lire les textes sacrés dans une langue vulgaire, et *a fortiori* dans la langue hébraïque ?

A la fin du siècle, Richard Simon écrit :

> Les anciens Peres de l'Eglise ont eu raison d'exhorter les fideles de leur temps à la lecture des Livres Sacrés, parce qu'en effet L'Ecriture Sainte a esté donnée pour l'instruction de tout le monde. (...) Mais depuis que quelques esprits seditieux ont abusé de cette lecture pour introduire des nouveautés dans la Religion, il a esté necessaire d'user en cela de precaution, et de ne le permettre pas indifferemment à toutes sortes de personnes.(...) Cette defense étoit alors necessaire, parce que ces Bibles [en langue vulgaire] nuisoient plus aux particuliers, qu'elles ne servoient à leur instruction. (...) C'est assez qu'on sache que les Theologiens qui ont composé cette Regle [Regle de l'Indice], assûrent qu'ils n'ont fait leur defense qu'après avoir reconnu par experience, que les Bibles en langue vulgaire étant mises entre les mains de tout le monde, apportent ordinairement plus de dommage que d'utilité aux affaires de la Religion. (...) Grotius qui étoit persuadé que les Livres Sacrés avoient esté écrits pour tout le monde, assûre neanmoins que les Versions qu'on en fait sont plus dangereuses ; et que Rivet même son adversaire qui étoit un Calviniste outré, ne le pouvoit nier[135].

C'est le même Grotius, aux vues trop libérales, qui fut vivement attaqué par Bossuet dans sa *Dissertation préliminaire sur la doctrine et la critique de Grotius*[136]. En 1690, Bossuet écrit à M. de Rancé :

> Après tout, je conviens qu'il ne faut pas permettre indifféremment l'ancien Testament ; mais en éprouvant les esprits. J'en use ainsi ; et j'ai

---

[135] Richard Simon, *Histoire critique du nouveau testament*, Rotterdam, Reinier Leers, 1690, ch. XLIV. Il est vrai qu'il est surtout question de la Bible traduite en langue vulgaire. On s'imagine aisément les objections à une lecture en langue hébraïque ! Sur la querelle entre Rivet et Grotius, voir Schotel, p. 111. Schotel cite une lettre d'Anne Marie de Schurman, où elle fustige Grotius pour avoir contredit les principaux auteurs de la Réforme. Schotel mentionne 67 lettres entre Anne Marie de Schurman et Rivet, entre 1631 et 1652 (petite erreur puisque Rivet est mort en 1651). Pour ce qui est de la lettre concernant Grotius, et citée en français (?), elle se trouve dans les *Opuscula*, écrite en latin, p. 198-199, datée de février 1643. Voir Douma, Appendices B.

[136] *Œuvres de Bossuet*, t. III, 1851, p. 177-207.

> dit à M. Nicole que l'expérience m'avoit appris que l'ancien Testament permis sans restriction, faisoit plus de mal que de bien aux religieuses[137].

En fait, les réticences de Rivet étaient courantes et elles le resteront pour un certain temps. Il est dommage toutefois qu'il ait senti la nécessité de rappeler ses réserves à Anne Marie de Schurman, d'autant plus qu'il devait être au courant des goûts linguistiques de la jeune femme. Il se ressaisit quelque peu en accordant le privilège d'étudier l'Écriture sainte aux (très) rares femmes qui, comme Mlle de Schurman,

> ont faict un tel progrès dans l'estude, qu'elles peuvent d'elles-mesmes entendre l'écriture Saincte en sa propre langue.

Quant aux autres études féminines, que sert de savoir

> les divers mouvemens des Cieux, les differens aspects des Planettes, les bonnes ou mauvaises influences des Estoilles, et autres choses semblables.

Il suffit « aux foibles, aux sçavans comme à ceux qui ne le sont pas » de reconnaître l'auteur tout puissant de ces merveilles. L'étude de l'astronomie, mais plus particulièrement de l'astrologie, ne convient donc nullement aux femmes. Nous disons bien « astrologie » puisque Rivet parle expressément des « bonnes ou mauvaises influences des Estoilles », et associe même de tels phénomènes aux « œuvres miraculeuses de Dieu ».

Du coup nous sommes revenus aux extravagances de l'astrologie, peu prisées dans les milieux savants. En 1530, Rabelais publia ses *Pronostications*, « c'est-à-dire un almanach, pour saper la croyance au déterminisme astral[138] ». En 1549, Jean Calvin, « père » de l'Église réformée, publia un vigoureux *Advertissement contre l'Astrologie qu'on appelle judiciaire...*, dirigé contre les pronostiqueurs qui avaient

---

[137] *Œuvres de Bossuet*, t. XXVI, p. 258.

[138] Legoff et Rémond, *Histoire de la France religieuse*, t. II, Paris, Seuil, 1988, p. 315. Nous reprenons ici les éléments de notre notice sur les horoscopes dans notre édition citée du *Divertissement historique* de Jean-Pierre Camus, p. 63-65.

obtenu belle presse en Italie et en France grâce, entre autres, aux travaux de Bellantius ou à l'influence qu'exerçait l'astrologue Luca Gaurico sur le pape Paul III. En France l'arrivée de Catherine de Médicis, favorable aux vertus prémonitoires de l'astrologie, avait sans doute donné quelque crédibilité à la science des horoscopes[139]. Du côté de l'Église catholique, le Concile de Trente s'était pourtant nettement déclaré contre les pronostiques de l'astrologie, décisions confirmées du reste par une bulle de Sixte-Quint en 1586 :

> Cette bulle enregistre encore, comme le fait Calvin, la différence entre une astrologie savante, licite et chrétienne, qui conjecture des faits probables, notamment en agriculture et en médecine, et une astrologie divinatrice fataliste, ou astromancie, qu'elle condamne[140].

Rappelons encore l'intervention en 1631 du Pape Urbain VIII qui proclamait « l'interdiction explicite visant les horoscopes concernant la vie du Pape et de ses proches[141] ». Et en octobre 1631, Duval et Senelle, deux médecins de Louis XIII, jouant aux astrologues, avaient été condamnés aux galères pour avoir osé prédire que le roi mourrait en 1630. C'est dire que l'astrologie avait quand même une piètre réputation, comme le démontre également, entre autres, un petit ouvrage qui remonte à 1618, par un dénommé Barthélemy Heurtevyn, *L'incertitude et tromperie des astrologues judiciaires*. C'est dire que les « lettres patentes » de l'astrologie étaient loin d'avoir été accordées, en dépit des travaux de Kepler (1571-1630), et de l'agitation de Jean-Baptiste Morin[142] dont l'*Astrologia Gallica* ne sera publié qu'en 1661, cinq ans après sa mort, grâce à la reconnaissance de Marie-

---

[139] Voir Olivier Millet, Introduction à l'*Avertissement contre l'Astrologie judiciaire*, Genève, Droz, 1985.

[140] Olivier Millet, *op. cit.*, p. 41.

[141] Elisabeth Labrousse, *L'entrée de Saturne au Lion*, La Haye, Martinus Nijhoff, 1974, p. 42.

[142] Jean-Baptiste Morin (1583-1656) apparaît sous les traits de l'astrologue Anaxarque dans *Les Amants magnifiques* de Molière. Dans son édition des *Œuvres complètes* de Molière, Paris, Gallimard (La Pléiade), 1971, t. II, p. 643-644, Georges Couton lui consacre une belle page inspirée par les renseignements fournis par Moréri et Bayle.

Louise de Gonzague, reine de Pologne[143]. En fin de siècle, Furetière écrira dans son *Dictionnaire* que

> L'Astrologie [est une] science conjecturale qui enseigne à juger des effets & des influences des astres, & qui se vante de predire toutes sortes d'évenements. On l'appelle autrefois Judiciaire. L'Astrologie est une science vaine & incertaine.

Compte tenu de toutes ces réserves, voire condamnations, le jugement de Rivet, favorable aux excentricités de l'astrologie, surprend encore davantage.

Si Rivet parle ensuite des « œuvres miraculeuses de Dieu » que des esprits égarés attribuent « au cours ordinaire de la Nature », c'est qu'il prend parti pour des phénomènes inexpliqués dont seul Dieu, selon lui, est responsable. Cette prise de position s'inscrit dans un contexte historique où la croyance aux miracles n'était pas toujours un fait accompli. De diverses discussions à ce sujet remontent au XVIe siècle. Rabelais, Montaigne, Calvin, Postel, Bodin, Charron, pour ne nommer qu'eux, ont été mêlés aux débats, d'aucuns se gaussant surtout des croyances populaires, comme Rabelais :

> Ainsi preschoit à Sinays un caphart, que saint Antoine mettoit le feu es jambes ; saint Eutrope faisoit les hydropiques ; saint Gildas les fous ; saint Genou les gouttes[144],

tandis que d'autres firent la distinction entre les miracles des légendes et ceux de Jésus-Christ, comme Calvin :

> En ce qu'ilz (les catholiques) nous demandent miracles, ilz sont desraisonnables. Car nous ne forgeons point quelque nouveau Evangile : mais nous retenons celuy, pour la verité duquel confirmer, servent tous les miracles que jamais et Jesus-Christ et ses apostres ont faicts[145].

---

143 Voir le livre de S.J. Tester, *A History of Western Astrology*, New Hampshire, The Bodell press, 1987, p.233- 238, et la Notice citée de Georges Couton.

144 *Œuvres de Rabelais*, éd. Burgaud des Marets et Rathery, Paris, Firmin Didot, 1858, t. I, *Gargantua*, I, XLV, p. 173-174.

145 Dans la *Lettre à François Ier*, en tête de l'*Institution chrétienne*, citée par Henri Busson, *Le rationalisme dans la littérature française de la Renaissance*, Vrin, 1957, p. 158.

Attitude nettement calviniste que l'on retrouve chez Guillaume Postel qui « prend soin, en traitant des miracles, d'établir la supériorité des miracles faits par Jésus et ses disciples sur ceux que racontent les auteurs profanes[146] » . Montaigne, très prudemment, parlait seulement « de la force de l'imagination[147] », pour évoquer la croyance aux miracles, et écrira dans les éditions publiées de son vivant : « La nouvelleté des choses nous incite plus que leur grandeur à en rechercher les causes », mais il ajoutait cette fois : « Il faut juger avec plus de reverence de cette infinie puissance de Dieu », alors que dans le manuscrit il a substitué « nature » à « Dieu »[148] .

Au XVIIe siècle, on peut retenir l'incrédulité d'un Naudé (et toute l'école de pensée à laquelle il appartenait), dans ses *Considérations* (1639), où il dénonce « inventions et supercheries[149] », ou celle, plus spectaculaire, de Cyrano de Bergerac, dans *États et empires de la lune* :

> *Cyrano, au cours d'une nouvelle discussion avec son philosophe, prononce le mot de miracle. Le philosophe s'indigne* : Mais, escria-t-il avec une cholère passionnée d'amour, ne déférez-vous jamais vostre bouche aussy bien que vostre raison de ces termes fabuleux de miracles ? Sçachés que ces noms-là diffament le nom de philosophe. Comme le sage qui ne veoit rien au monde qu'il ne conçoive ou qu'il ne juge pouvoir estre conceu, il doibt abominer touttes ces expressions de miracles, de prodiges, d'événemens contre Nature, qu'ont inventés les stupides pour excuser les faiblesses de leur entendement[150].

Ni Rivet ni Anne Marie de Schurman n'ont connu les *Considérations* de Naudé, ni les œuvres posthumes de Cyrano. Ce qui importe toutefois de remarquer, c'est que Rivet se raccroche vivement à un mode de pensée traditionnel, voire rétrograde. Il est impossible qu'il n'ait pas eu connaissance des controverses. On peut d'ailleurs supposer que sa condamnation de ceux qui substituent la nature à Dieu, vise plus précisément les sceptiques du XVIe et du XVIIe siècles. Il préfère, dit-il, « laisser ces curieux dans leur curiosité », et termine sa lettre à

[146] H. Busson, *op. cit.*, p. 279.
[147] *Les Essais*, éd. Pierre Villey, I, XXI, p. 99.
[148] *Essais*, I, XXVII, p. 180.
[149] Voir Antoine, Adam, *Les libertins au XVIIe siècle*, p. 143 et ss.
[150] A. Adam, *Les libertins...*, p. 179.

Mlle de Schurman en rappelant que la « vraye et solide sagesse (...) consiste principalement en la crainte de Dieu, et en l'observation de ses commandemens ».

Il salue en Anne Marie de Schurman « une fille vertueuse », ce qui, selon lui sans doute, vaut mieux en fin de compte que de se perdre dans les méandres trompeuses de la science et, surtout, dans celles de la théologie.

*

* *

Qu'il n'est pas necessaire que toutes les Filles soient sçavantes.

RESPONSE DU Sr RIVET.
A tres-noble et tres-vertueuse Fille
Damoiselle Anne Marie de Schurman.

Traduitte de Latin en François par le sieur Colletet[151].

Le discours élegant que vous avez faict en faveur de vostre sexe pour monstrer que l'esprit des femmes est capable des arts et des sciences, aussi bien que l'esprit des hommes, voire-mesme qu'elles les surpassent en ce point, ne vous a pas acquis peu de gloire, et m'a tenu beaucoup en suspens. Comme d'un costé j'avois honte d'abandonner la justice de nostre cause, et de laisser nostre party sans deffence ; d'autre-part j'apprehendois qu'en combattant la force de vos rasions, on ne m'accusast ou d'ingratitude ou de temerité. L'honneur que vous me faictes de deferer quelque chose à mes sentimens qui devroient plustost suivre les vostres, et la gloire qu'il y a d'estre vaincu par

---

[151] La lettre de Mlle de Schurman à Rivet, rappelons-le, date du 6 novembre 1637. C'est entre cette date et la réponse de Rivet, datée du 18 mars 1638, qu'elle a écrit la *Dissertatio*. Toute la correspondance éditée entre Mlle de Schurman et Rivet est écrite en latin. Il en est de même de la correspondance avec Gassendi, en janvier 1644. La correspondance en latin comprend également des lettres à van Beverwijk, en 1638, 1639, 1643 ; au poète et homme d'État, Jacob Cats, en 1622 ; au philologue Heinsius, en 1640 ; au physicien et botaniste Vorstius, en 1633, 1635, 1639, 1644, 1645, 1648 ; à son ami, Constantin Huyghens, en 1636, 1647, 1661 ; à Crucius, le pasteur réformé de Delft, en 1638.

vous, sembloient m'obliger à vous donner le prix, plustost qu'à vous disputer la victoire. Et ce d'autant plus volontiers que n'oubliant rien qui puisse fortifier vostre cause, et persuader vos adversaires, vous triomphez d'eux avec une grande retenuë et une souveraine modestie. Certes je suis bien aise d'avoir fourny d'occasion à ce discours ; Car comme en un certain endroit de mes lettres j'eusse loué vostre noble dessein, et admiré le merveilleux progrez de vos estudes, et qu'en me descouvrant familierement à vous, je vous eusse dit que j'aurois peine à souffrir que cet advantage qui vous etoit particulier, et à quelques autres de vostre sexe, devint commun à toutes les femmes, vous avez examiné et interpreté mes parolles ; et vous me tesmoignez assez par les vostres que vostre intention n'est pas de permettre que je mette au rang des miracles du monde les graces signalées, que vous avez du Ciel et de la Nature[152]. Vous avez mieux aymé soutenir que la pluspart des femmes sont capables de ces grands advantages que de permettre qu'on vous les attribuë à vous seule ; Et pouvant esclatter sur les autres, et faire bande à part, vous aymez mieux marcher à l'ombre et ne vous montrer que dans la foule. Mais quoy que vous fassiez et quelque grace que vous ayez à nous persuader, je vous supplie de croire qu'en cela vos persuasions seront inutiles. De tant d'honnestes gens qui cognoissent vostre merite, il n'y en aura jamais pas un de vostre advis. Que vostre addresse, ou vostre modestie facent tout ce qu'il leur plaira pour destourner nos yeux de dessus vous, et pour les porter à la contemplation des vertus de plusieurs autres Dames, pardonnez moi si je vous dis que l'effect ne respondra point à vos desirs. Et quand mesme les hommes vous accorderoient ce que vous desirez, je suis bien assuré que les femmes vous resisteroient en cela ; qu'il n'y en a pas une qui osast pour sa gloire se declarer vostre rivale, ny pretendre à la réputation que vos merites vous acquierent. C'est pourquoy vous pouvez bien asseurement entrer dans ceste lice glorieuse ; car ou vous estes en danger d'y courir toute seule, ou vous en trouverez bien peu qui se presentent pour y courir avec vous. Je sçay bien que vous me direz qu'il en est en cela des femmes comme des hommes, dont la pluspart manque plustost de volonté que de puissance. Je ne nie point que ce deffaut ne se rencontre en quelques unes d'entre vous. Mais après tout s'il est vray, comme je n'en doute

[152] On remarquera que les dons d'Anne Marie de Schurman sont à la fois des dons de la Nature et du Ciel, l'une ne se substituant pas à l'autre comme c'est le cas, d'après Rivet, de ceux qui refusent de reconnaître les miracles.

pas, que les mœurs et les inclinations suivent d'ordinaire le temperament du corps, il est bien croyable que le souverain Autheur de la Nature n'a formé deux sexes differens, qu'afin de mettre une difference entre leurs fonctions, et qu'il a destiné les hommes à une chose, et les femmes à une autre. Vous savez aussi bien que moy, par quelle marque le sage Ulysse recognut le vaillant Achille quoy que pour se desguiser il eust emprunté l'habit d'une femme, et qu'il se fut introduit dans la troupe des filles du Roy Lycomede[153]. Je ne r'apporteray poinct à ce propos ce qu'a dit un Ancien Poëte que la prudence estoit le naturel partage des hommes, et non pas des femmes. Je ne suis pas si ennemy de vostre sexe que de suivre ce sentiment, et j'estimerois mesme que ce seroit faire une injure à Dieu que de ravaler si fort une de ses plus nobles creatures. Mais vous me permettrez seulement de vous dire que je tiens pour indubitable que la prudence civile qui doit estre celle des hommes, est bien differente de celle dont les femmes font profession ; Et que le sainct Esprit lui mesme faisant par l'organe du roi Salomon la peinture et la description de la femme forte et genereuse[154], nous la represente de telle sorte qu'il paroist bien que la pluspart des choses qu'il loüe en elle ne seroient pas louables en la personne des hommes, et que ces deux sexes se rendent ainsi diversement recommandables. Voicy donc la proposition que je fis autresfois, et que depuis peu vous avez doctement exagerée. Il ne seroit pas necessaire ni utile à la Republique que la pluspart des femmes quittant les exercices qui leur sont bien seans, voulussent faire choix de ceste forme de vie qui les attache à l'estude. Il suffit à mon advis qu'il y en

[153] Cet épisode de la légende d'Achille n'est pas rapporté dans *L'Iliade*, mais rapporté, entre autres, par Philostrate le Jeune, Stace (Achille, II), les scoliastes d'Homère (IX, XVI et XIX), Apollodore (III), Apollonius de Rhodes (Argonautes, IV) ; le sujet fut même peint par Polygnote à l'entrée de l'Acropole, une œuvre signalée par Pausanias. Une source des plus évidentes pour Mlle de Schurman serait les *Métamorphoses* d'Ovide, Livre XIII, v. 162 et ss. : témoignage d'Ulysse : « Thétis, mère d'Achille, prévoyant la mort prématurée de son fils, cacha son sexe sous l'habit d'une vierge, et ce déguisement trompa les Grecs, et Ajax avec eux. C'est moi qui, parmi de frivoles atours, mêlai des armes, dont la vue devait émouvoir le courage d'un héros. Ses vêtements étaient encore ceux d'une compagne de Déidamie, quand il saisit le bouclier et l'épée : « Fils d'une déesse, m'écriai-je alors, les destins réservent à ton bras la chute de Pergame » (Traduction de G.T. Villenave, Paris, 1806). On raconte aussi qu'Achille s'unit à Déidamie, fille de Lycomède, et eut d'elle un fils, le futur Pyrrhus. Voir Pierre Grimal, *op. cit.*, p. 5.

[154] *Les Proverbes*, XXXI, 10 et ss.

ait parfois quelques unes qui se sentant poussées d'une inclination particuliere et animées du noble desir de cognoistre les belles choses s'eslevent au dessus de toutes celles de leur sexe, et se rendent capables des plus hautes sciences. De quelles sciences, me dira-t-on ? Je respons qu'elles peuvent s'adonner à la cognoissance des lettres humaines et de toutes les parties de la Philosophie, et ainsi des autres, où il est necessaire d'avoir l'intelligence des langues[155]. Et finalement qu'elles peuvent raisonnablement embrasser ce grand amas de doctrine et de science que l'on appelle encyclopedie. C'estoit là mon premier advis, et si vous voulez que je vous parle franchement j'y persiste encore, et ce qui m'y confirme d'avantage, c'est que je voy que vous ne vous en esloignez pas. En effect ne demeurez vous pas en quelque sorte d'accord de ma proposition, si lorsque j'exclus les femmes de la recherche des sciences, j'entends seulement parler de celles que le soin d'un mesnage et des affaires domestiques embarasse et occupe necessairement ? Or vous sçavez que la plus grande partie de vostre sexe, n'a point d'autre exercice que celuy là, et qu'il y a fort peu de femmes de qui l'esprit se porte à d'autres occupations. Outre cela je ne crois pas que vostre opinion soit que toutes les autres femmes et filles, qui ne sont pas attachées à ceste œconomie domestique ayent l'Esprit capable des bonnes lettres. C'est pourquoy si vous prenez la peine de pezer mes paroles et de les considerer de près, il y aura fort peu de different entre nous, voire-mesme quand il s'agiroit du fonds de la question que vous establissez, sçavoir si particulierement en ce temps il est à propos qu'une fille s'applique tout à faict à l'estude des sciences, si ce n'est que vous vouliez estendre ce nom de fille, et generalement comprendre soubs ce mot toutes celles qui sont de vostre sexe. Car je vous l'ay desjà accordé pour celles qui par un instinct particulier et par une grace speciale du Ciel sont appellées à ceste noble fonction. J'adjouteray mesme en vostre faveur, qu'il seroit à desirer qu'il y en eust un plus grand nombre que ce que nous voyons. Mais aussi je souhaitterois qu'auparavant de les introduire

[155] Rivet est sélectif, mais apparaît raisonnable. Tout comme tous les hommes ne sauraient avoir accès aux sciences en général, compte tenu de l'inégalité des dons, il va de soi que toutes les femmes ne réussiraient pas dans le domaine des lettres ou des sciences pour les mêmes raisons. La seule discrimination qu'on pourrait lui reprocher, c'est qu'il assigne les femmes à des tâches dites traditionnelles, et *de facto* les exclut de tâches dites strictement masculines (voir la Lettre VI), à l'instar de Montaigne ou de Fénelon.

dans le temple des Muses, on leur establit certaines bornes pour ne poinct passer au delà, que l'on leur prescrivit les arts et les sciences qu'elles doivent apprendre, et en un mot que l'on reglast le commencement, le progrès, et la fin de leurs estudes, et que l'on leur objectast souvent cet ancien Proverbe qui dit, Rien de trop ; afin qu'elles n'embrassassent que les choses qui leur sont propres, bien seantes, et necessaires. Car puis qu'il est hors de doute, et que chacun aussi en demeure d'accord, que les femmes ne doivent point estre admises dans les charges Politiques, ny dans les dignitez de l'Eglise, et encore moins dans les Chaires publiques, à quel propos s'efforceroient elles d'acquerir avec un grand travail des sciences qui sont inutiles pour elles, et qui n'ont pour but que de certaines fins qui leur sont deffendues ? j'excepte pourtant de ceste reigle generalle celles que les loix d'un Royaume, et de la Coustume des Peuples appellent à la Couronne et eslevent sur le Throne de leurs ancestres, ou par un legitime droict de succession, ou par le deffaut des masles[156]. Je deffens aux femmes de la part de Dieu, dit le grand Apostre, d'enseigner publiquement , ny d'exercer aucune authorité dessus leurs maris, mais de garder tousjours le respect et le silence[157]. Si ce commandement s'adresse aux femmes, je croy que vous ne doutez point qu'à plus forte raison il s'adresse aux filles, qui doivent encore avoir plus de retenuë. Et par consequent vous m'advouerez qu'elles n'ont pas grand besoin de cet art qui apprend à parler en public, puis que l'usage leur en est deffendu, si ce n'est comme vous dittes que la connoissance de cet art leur serve à juger de l'industrie et de l'Eloquence de ceux que le devoir de leurs charges oblige de les mettre en pratique. Mais encore que font ceux devant lesquels elles peuvent s'ouvrir et prononcer ce jugement ? Certes il y en a peu ; car l'honneste honte leur doit

---

[156] Rivet pense peut-être à Isabelle de Castille, proclamée reine en 1474 ; ou Élisabeth d'Angleterre, devenue reine en 1558, après la mort de Marie Tudor ; ou certainement à la régence de Catherine de Médicis, reine de France.

[157] Il est vrai que l'enseignement de s. Paul à cet égard est assez limpide : « Car l'homme ne vient pas de la femme mais la femme, de l'homme » (*Ire aux Corinthiens*, XI, 8) ; « que les femmes se taisent dans les églises. Il ne leur est pas permis de parler ; mais qu'elles soient soumises, comme dit la Loi » (*Ibidem*, XIV, 34) ; « mais comme l'église est soumise au Christ, qu'ainsi les femmes soient aussi en tout à leurs maris » (*Aux Ephésiens*, V, 24) ; « que la femme apprenne le silence, en toute soumission ; et je ne permets pas à la femme d'enseigner ni de prendre autorité sur l'homme, mais de garder le silence » (*Ire à Timothée*, II, 11-12). Voir *La Bible*, tome III, p. 552, 560, 637, 712.

imposer silence devant la pluspart des hommes. Et ce que je viens de dire de la Rhetorique à l'esgard de vostre sexe, je le puis soustenir aussi legitimement de la Logique. Dittes moy je vous prie trouvez vous qu'il soit convenable à la modestie d'une fille, et à la douceur de ses mœurs, d'employer ordinairement toutes les finesses des Dialecticiens ou des Sophistes, et de se trouver dans les Escoles, et parmy les disputes des sçavans ? Il suffit veritablement qu'elle puisse quelquesfois mettre en pratique ceste adresse, et ceste subtilité d'esprit dont la Nature l'a pourveuë, et qu'elle serve adroitement de ceste noble experience qu'elle se peut acquerir dans la conversation des honnestes gens, et dans les exhortations que l'on faict publiquement à l'Eglise, où l'usage des oreilles ne luy est pas deffendu.

Quand à ce que vous inferez qu'elle est plus propre aux disciplines, ou du moins qu'elle a plus de commodité d'y vacquer que les hommes, sur ce dittes vous qu'estant esloignée des affaires elle a plus de repos et plus de loisir qu'ils n'en ont ; A vous dire franchement ce qu'il m'en semble, je ne croy pas ny que vostre preuve soit convainquante, ny que vostre conclusion soit indubitable. Premierement si vous prenez la peine de faire reflexion sur l'âge, où l'on a de coustume d'apprendre les sciences, je croy que vous m'advoüerez bien-tost que vous n'avez pas en cela plus de privilege que les hommes, en ce qu'ils ne sont pas alors, aussi bien que vous, travaillez du soin des affaires publiques. En second lieu pendant cet honneste repos les filles ne sont pas nourries ny eslevées dans une telle oysiveté qu'il leur soit permis de ne songer qu'à cultiver leur esprit, et à s'adonner entierement à l'estude ; Tant qu'elles sont sous la puissance de leurs parens, il est certain que la nature et le devoir mesme les obligent à les soulager dans le soin du mesnage, si bien que l'on peut dire d'elles qu'elles n'ont jamais cet agreable tranquilité dont parle Seneque, quand il dit que le repos dans l'estude est une veritable mort, ou du moins le tombeau d'un homme vivant[158]. Ce n'est pas pourtant que je sois ennemy de vostre sexe que je le voulusse tellement arrester à la quenouille et au fuseau que je ne luy laissasse la liberté de s'employer à de plus nobles exercices, quoy qu'après tout celuy cy n'ait pas esté

[158] Sénèque, *The Epistles of Lucius Anneeus Seneca*, translated by Thomas Morel, London, W. Woodfall, 1786, t. 2, LXXXII, p. 42. [« For the mind is rendered effeminate by degrees, and soften'd down, as it were, into the likeness of that indolence and idleness wherein it lies buried (...) Retirement without study is death, and the sepulchre of a living man »].

autresfois dedaigné par les grandes Princesses tant Romaines que Grecques, tant Payennes que Chrestiennes. Je ne doute point que vostre curiosité ne vous ait portée quelquesfois à lire cet excellent ouvrage latin que Louis Vivès a intitulé l'institution de la femme Chrestienne. Si vous avez encore ce beau traitté, prenez la peine je vous supplie de repasser sur le chapitre troisième du premier livre. C'est là que vous verrez une vive peinture des premiers exercices qui sont convenables aux filles. C'est là que vous verrez non seulement comme les femmes particulieres, mais aussi comme les Princesses et les Reynes, ont tousjours tenües à beaucoup de gloire de travailler de leurs propres mains, les unes suivant en cela les loix de la raison, et les autres la voix de l'esprit de Dieu mesme. Ce n'est pas dis-je que je les voulusse arrester dans cette autre extremité, et que je pretende borner leur employ dans la laine et dans la foye ; non non, ce n'est ny mon intention ny celle de Louis Vivès ; puis que dans le quatrieme chapitre du mesme livre, il permet aux filles l'estude des bonnes lettres, et traitte doctement ceste belle question, sçavoir quelle science est convenable aux personnes du second sexe[159]. Je ne croy pas devoir encourir vostre haine si contre la maxime de la Demoiselle de Gournay, je dis avec l'Apostre, que la femme est un vaisseau plus fragile que l'homme[160]. Car si vous deferez au sentiment de Vivès,

---

[159] Il s'agit du chapitre intitulé « De la doctrine des pucelles » où l'on retrouve plusieurs exemples de femmes instruites, démarqués par Marie de Gournay dans l'*Égalité des hommes et des femmes*.

[160] L'évocation du « vaisseau (plus) fragile » est tiré de la *1re de Pierre*, II, 7 : « Vous pareillement les maris, menez la vie commune avec compréhension, comme auprès d'un *être plus fragile*, la femme ; accordez-lui sa part d'honneur, comme cohéritière de la grâce de Vie. Ainsi vos prières ne seront pas entravées » (*La Bible de Jérusalem*, Paris, Editions du Cerf, 1997). Le « vaisseau fragile » se retrouve dans le *King James Bible* (1611). Par contre, les traductions françaises (celle par exemple de Le Maistre de Sacy, de 1670) parlent généralement du « sexe le plus foible », comme c'est encore le cas dans des versions plus modernes (*Le Nouveau Testament*, par la Société biblique de France, ou la version dans l'édition de la Pléiade, où il est question d'« un être plus faible »). Rappelons aussi que « vaisseau fragile », dans un sens évangélique, réfère à la faiblesse de l'être humain, comme il ressort de quelques vers de Marguerite de Navarre, dans la *Complainte pour un détenu prisonnier* : « C'estoit à fin qu'avecques maintz travaux, / Passant à pied les montz, plaines et vaux, / A ses Esluz portasses le thresor, / Le Diamant, la riche perle et l'or, / Le don heureux de la Sainte Evangile, / Que tu avois en ton vaisseau fragile » (*Les Marguerites de la Marguerite*, éd. Félix Frank, Paris, Librairie des Bibliophiles, 1873, t. III, p. 73-74).

il ne sera pas mal-aisé de nous mettre d'accord ensemble. Et ce sera lors que nous n'envierons plus, mais que nous loüerons avecque vous ces grands ornemens de vostre sexe, les Sempronies et les Cornelies, les Lelies, et les Muties, les Cleobulines, les Cassandres, et les Hortenses. Et que parmy les Chrestiennes nous aurons tousjours en grande veneration, les Enonies et les Paules, les Albines et les Pelles, les Zenobies et les Valeries, les Probes et les Eudoxes, les Jannes et les Olympies, et toutes ces autres femmes illustres qui ont vecu et fleuri de nostre temps ou du temps de nos peres, pourveu que vous m'advouriez aussi, et que chacun sçache qu'il y en a eu peu de semblables, et que ces thresors ont esté rares[161]. Ce n'est pas que le monde n'en ait pû avoir davantage, mais pource qu'il n'est pas necessaire ny pour le particulier ny pour le public que le nombre en soit plus grand et plus considerable. Quand vous m'aurez accordé ce poinct, je m'asseure que vous ne ferez pas grande difficulté de m'accorder aussi, que l'employ qui doit estre particulier aux hommes en ce qui regarde le service de l'Estat et de l'Eglise n'a pas esté ordinaire aux femmes, voire mesmes que chez elles il a tousjours passé pour un prodige. Je mets en ce mesme rang ces femmes armées qui ont autresfois paru dans le champ des combats, qui en sont venües aux mains avecque les hommes, et qui

---

[161] Cornelia, épouse de Scipion l'Africain, et sa fille Sempronia ; Laelia, fille de Caïus, et sa fille, Mutia, connues pour leur éloquence ; Cleobulina, la fille du philosophe Cleobulus, promouvant l'éducation des filles ; Cassandra, ayant le don de la prophétie, fille de Priam et d'Hécube ; Hortensia, fille de l'orateur Hortensius, jouant un rôle politique du temps des triumvirs ; Ennonia, fille de Nazarius ; Paula, mère d'Eustochium, la célèbre correspondante de s. Jérôme ; Albina, vierge et martyre sous l'empereur Trajan Marcus Ulpius, en dépit des mansuétudes de ce dernier envers les chrétiens ; Pella [introuvable, encore qu'elle apparaît dans une liste de femmes illustres, fournie par Bathsua Makin, *An essay to revive the antient education of Gentlewomen*, 1673, publié par Augustan Reprint society, 1980] ; Zénobie, reine de Palmyre, véritable mécène des arts et des lettres ; Valérie (?), soit la veuve de Galère, refusant d'épouser en secondes noces le cruel Maximin, et exécutée ; soit sainte Valérie (I^e^ siècle), martyre chrétienne ; Proba Faltonia, veuve pieuse du préfet Petronius, liée à l'histoire de s. Augustin, et auteur de l'histoire sacrée empruntée à Virgile, et de la vie du Christ selon les Évangiles ; Eudocia (Ve siècle), convertie au christianisme, auteur de poèmes religieux, entre autres une paraphrase d'une grande partie de la Bible ; « Jannes » réfère vraisemblablement à Jeanne Grey et/ou Jeanne d'Arc ; enfin Olympia, soit du IVe siècle, fondatrice de communautés religieuses, soit plus vraisemblablement, compte tenu du contexte, Olympia Fulvia Morata (XVIe siècle), élevée à la cour, savante, auteur de lettres révélant les conditions politiques et sociales de son temps. Voir Joyce Irwin, *op. cit.*, p. 52, et la *Catholic Encyclopedia*.

se sont puissamment opposées aux progrès de leurs armes. Il ne s'est rencontré que Joël [Jaël] et Debora parmy le peuple d'Israël[162]. Et si cette fameuse Jeanne de Vaucouleur[163] portée d'un courage invincible a voulu descendre après elles dans ceste lice guerriere, on peut dire que ceste valeur extraordinaire eût un assez miserable succès, puis qu'elle servit de honteux spectacle aux Anglois, et de funeste matiere à leurs flames. Je sçais bien que nostre ville d'Orleans la respecte encore comme sa liberatrice, et que tout son peuple l'estime une seconde Pallas. Mais aussi sçay-je bien que les plus grands adorateurs de sa vaillance, et ceux qui sont les plus jaloux de sa gloire ne parlent de son honneur et de sa chasteté qu'avec beaucoup d'incertitude[164]. Je m'asseure que vous n'approuverez pas non plus que moy ceste forme de vie, aussi n'en avez vous rien dit dans la suitte de vostre discours. Les exercices que vous donnez à vostre sexe sont bien plus doux et plus convenables à son humeur, aussi bien qu'à sa delicatesse. Mais pourtant auparavant que vous m'ayez persuadé d'estre en cela de vostre avis, je voudrois bien que vous m'eussiez monstré l'establissement et l'institution d'un College de femmes sçavantes et capables d'instruire les filles que l'on auroit envie de consacrer à l'estude. Car je croy que vous m'accorderez facilement que les femmes ne sont pas de leur nature toutes propres à enseigner ; non plus qu'elles n'ont pas

---

[162] Déborah qui incite Baraq au combat contre Sisera et son armée. Jaël, femme de Héber, qui accueillit Sisera en déroute, mais lui plongea un piquet de tente dans la tempe. Voir *Les Juges*, IV, 14-16 et 18-21.

[163] Vaucouleurs, le lieu où Jeanne se rendit en mai 1428 pour demander à Robert de Baudricourt, capitaine de la place, de la conduire auprès de Charles VII, à Chinon.

[164] Le plus grand reproche que l'on fit à Jeanne d'Arc, c'est qu'elle s'habillait avec des vêtements d'homme. Sa virginité, par ailleurs, et à laquelle Rivet fait allusion, était moins en doute. Elle avait même été examinée, semble-t-il, par la duchesse de Bedford. Restaient les sceptiques qui avaient de la difficulté à imaginer Jeanne parmi la soldatesque sans courir le risque d'être aimée, voire violée. Une version aussi curieuse que fantaisiste de la virginité douteuse de Jeanne d'Arc se trouve chez Shakespeare, dans *Henry VI*, Ie Partie, où une liaison avec le Dauphin Charles VII est nettement suggérée (Acte II, sc. 2, 28-33), tout comme le fait que Jeanne, la Pucelle, de son propre aveu, était enceinte : « I am with child, ye bloody homicides / Murder not the fruit within my womb » (V, sc. 4, 62-63), soit du Dauphin, soit du duc d'Alanson, soit du roi de Naples ! Selon Shakespeare, elle était une sorcière dont les victoires avaient été assurées par des démons et des monstres, une femme vicieuse pleine de duplicité ! La pièce de Shakespeare fut jouée en mars 1592, et publiée en 1623. Rivet l'avait-il lue ? Quoi qu'il en soit, nous touchons ici le point litigieux qui incita Madeleine de Scudéry à réclamer les rétractations de Rivet.

toutes cet advantage que vous avez, et qui vous a si bien reussy ; je veux dire d'avoir eû chez vous un pere qui a si dignement cultivé la beauté de vostre esprit ; Que la bienseance ne leur permet pas de se trouver avec les jeunes garçons pesle-mesle dans les escholes des hommes. Qu'entre toutes les sciences et les langues, la cognoissance de la langue saincte qui nous revele les sacrez mysteres de nostre religion, et les oracles eternels de Dieu, ne doit estre que le partage de ceux qui sont obligez par leur ministere de rechercher le veritable sens des parolles du sainct Esprit, et qu'il n'est pas permis à chacun de l'aller immédiatement chercher dans sa premiere source, pource que chacun n'a pas l'esprit assez fort ny assez puissant pour distinguer les phrases et les locutions ambiguës, ny faire choix de ce qui est plus propre et plus conforme à la raison, et qu'il est bien plus utile et plus salutaire à plusieurs de ne puiser que dans les claires ruisseaux, pour que souvent il arrive qu'après avoir humblement invoqué le nom de Dieu ils tirent des choses qui leur sont presentées en langue vulgaire, de certains sens moraux, voire mesme des explications mysterieuses qui n'auront jamais esté cognuës par ceux qui se sont acquis une grande et parfaicte intelligence des langues.

Mais en disant cela mon intention n'est pas pourtant de diminuer la loüange et la reputation de ces vertueuses filles, qui dans vostre docte conversation ont faict un tel progrès dans l'estude, qu'elles peuvent d'elles mesmes entendre L'Escriture Saincte en sa propre langue. Je le dis seulement de peur qu'il n'arrive que la force de vos raisons qui obligent necessairement toutes les femmes à l'estude des sciences ne mette dans quelque sorte de desespoir, celles qui vous perdant de veuë n'ont pas l'esprit capable d'une si haute speculation. Qu'elles se souviennent seulement de considerer les œuvres merveilleuses du tout puissant, que le Prophete Royal a si souvent exaltées dans ses sacrez cantiques ; d'autant que ce noble et pieux exercice convient aux foibles, aux sçavans comme à ceux qui ne le sont pas, et que pour s'en acquitter comme il faut, il n'est pas necessaire de sçavoir exactement les divers mouvemens des Cieux, les differens aspects des Planettes, les bonnes ou mauvaises influences des Estoilles, et autres choses semblables. Au contraire il n'arrive que trop souvent, que ceux qui semblent avoir une parfaicte cognoissance de ces œuvres miraculeuses de Dieu, s'esloignent de Dieu mesme, et au lieu de l'en recognoistre pour celuy qui en est la souveraine cause, ils attribuent toutes ces merveilles au cours ordinaire de la Nature ; Cependant que ceux qui n'ont pas un sçavoir si profond, et qui se contentent de les voir sans les penetrer d'avantage, saisis d'un saint ravissement les publient selon la portée de leur esprit ; Et loüant la conduitte eternelle de celuy qui en est le seul et veritable Autheur, se reposent asseurement en luy. Ainsi ceux cy se sauvent, pendant que ceux là se perdent. O doctes de qui le cœur s'enfle à cause de vostre doctrine, et qui voulez tout regler par elle, que c'est bien en vain que vostre esprit se travaille, puis qu'après toutes vos longues et vaines recherches vostre esprit ne se repaist bien souvent que d'ombre et de vaine fumée ! Aussi est-ce de vostre fraisle sagesse dont à mon advis le plus sage des Rois a dit, *Dans l'abondance de sagesse il a beaucoup d'indignation. Et qui dit science dit travail, et douleur mesme*[165].

Mais pour laisser ces curieux dans leur curiosité, je suis bien asseuré que ces vaines sciences ne sont point vos objects. Dans la science dont vous faictes profession, vous cherchez ceste vraye et solide sagesse qui consiste principalement en la crainte de Dieu, et en l'observation de ses commandemens. Aussi tant s'en faut que je vous destourne, vous et toutes celles qui vous imitent, d'un si noble, si pieux et si raisonnable exercice, que je ne souhaitte rien de plus sinon de voir entierement accomply de nos jours ce qui ne le fut qu'en partie au commencement de la publication de l'Evangile, je veux dire de voir verifier ces paroles du Prophete *vos fils et vos filles prophetiseront*[166]. Je conçois une extreme joye de ce que vous estes de ce nombre, et que j'ay rencontré en vous une fille vertueuse, et qui respond si parfaictement à mes vœux. Aussi n'ay-je plus rien à vous dire, sinon qu'après vous avoir prié de salüer de ma part vostre frere, je vous supplie de croire que je vous aime d'une affection tendre et vrayment paternelle, et que j'honore vos vertus autant qu'elles le meritent.

André Rivet.
De la Haye ce 18. Mars 1638.

*
* *

[165] *Ecclésiaste*, I, 18 [« Dans l'abondance de sagesse est abondance de chagrin et ajoute-t-on à la science, on ajoute à la douleur » (trad. A. Guillaumont)].

[166] *Joël*, III, 1-5 ; *Actes des Apôtres*, II, 17.

LETTRE VII

Lettre d'Anne Marie de Schurman à André Rivet

[14 mars 1640] (traduction Guillaume Colletet)

La réponse d'Anne Marie de Schurman à André Rivet est symptomatique de l'esprit de soumission qui la caractérise, et qui est, tout compte fait, peut-être une des sources des frustrations intellectuelles et spirituelles qui l'ont finalement fait chuter dans le labadisme. En dépit de l'opposition évidente de Rivet à ses propositions touchant l'accès de toutes les femmes à l'étude, elle feint de n'avoir eu que des « resveries », d'avoir été « extremement surprise », mais en fin de compte d'avoir cru comprendre qu'il lui avait fait « l'honneur d'approuver en quelque sorte (ses) petites propositions ». En somme, au lieu de reconnaître leurs divergences de vúes, criantes par moments, elle contourne la difficulté de leur désaccord en se rangeant à l'avis de son correspondant. Ne disons pas qu'elle n'a pas le courage de ses opinions, mais plutôt qu'elle est trop soucieuse de sa modestie pour oser se mesurer avec l'argumentation de Rivet. Sa réplique est truffée d'expressions qui reflètent son obsession avec l'humilité obligée de son sexe, comme si elle craignait même d'être soupçonnée du contraire. Elle n'est pas « si presomptueuse que de vouloir donner à (son) sexe la préemminence au dessus » de celui de Rivet. Plus loin elle ne voudrait pas qu'on l'accuse « d'estre extremement vaine », car ce serait « directement contraire à la modestie d'une fille, et à cette pudeur que la Nature a mise sur (son) front ». Elle se défend d'avoir voulu contredire les paroles de Rivet, et elle le remercie de lui avoir « ordonné de lire » Vivès, comme si cette lecture l'avait replongée dans la réalité de sa retenue naturelle. Nous assistons donc à un exercice de sujétion que Marie de Gournay, par exemple, n'aurait jamais toléré.

Derrière ce grand voile de pudeur se dessine néanmoins une discrète protestation contre les mœurs du temps, qui précisément sont responsables de son assujettissement. Lorsqu'elle prétend qu'elle n'a jamais voulu prôner la supériorité des femmes sur les hommes, c'est au nom de l'intégrité des mœurs qu'elle n'a certes pas voulu choquer « les coustumes des peuples, et la pratique des mœurs de nostre temps ». Cette observation, presque aigre-douce, nous renvoie directement à des coutumes qui sont seules responsables de l'infériorité sociale dans laquelle la femme a été maintenue, et qui l'empêchent d'être reconnue comme étant apte à l'étude. Le sous-entendu de Mlle de Schurman nous paraît évident, encore qu'elle refuse de se prononcer clairement. C'est pourtant exactement ce que fera quarante ans plus tard Poullain de la Barre qui écrit dans son « Avertissement » de l'*Education des dames*, qu'il n'y a rien de plus pernicieux « que d'assujettir les hommes à la coutume sociale, et à l'opinion générale[167] ». À propos de la coutume il dira encore que « c'est assez de la trouver établie pour croire qu'elle est bien fondée ». Mlle de Schurman prétend, bien entendu, ne pas vouloir bouleverser les habitudes, ou les « préjugés » du temps, même si toute son activité intellectuelle va dans le sens contraire et que l'on peut parier qu'elle n'en pensait pas moins. On a vu dans les écrits de Bossuet, de Fénelon, de Fleury et de Madame de Maintenon que les convictions de Rivet avait la vie dure. Madame de Pringy ne disait-elle pas : « une femme effleure les sciences et ne les approfondit jamais[168] » ? Nous étions en 1694.

Alors qu'Anne Marie de Schurman avait toutes les raisons du monde d'affirmer sa forte personnalité intellectuelle, elle a préféré s'effacer devant l'autorité d'André Rivet. Pour ce faire, elle va même jusqu'à se désolidariser de Lucrece Marinelle et, dans une moindre mesure, de Marie de Gournay. Pierre Bayle a fait à ce sujet quelques pertinentes observations :

> Marinella, ou Marinelli (Lucrèce) Dame Venitienne qui avoit beaucoup d'esprit... (...) Elle portoit les pretensions de son sexe, non seulement à l'égalité, comme quelques auteurs ont fait (B), mais aussi à la supériorité. Mademoiselle de Schurman n'aprouvoit point le dessein de cet Ouvrage : elle eût donc blâmé la Demoiselle Jaquette Guillaume (C).

Sous (B), Bayle mentionne Marie de Gournay :

> Je n'en nommerai que deux : l'un est Mademoiselle de Gournai, qui a fait un petit livre De l'Egalité des Hommes et des Femmes. Sa prétension fut désapprouvée par Mademoiselle de Schurman : [suit le texte latin : *Nobilissimae Gornacentis ... brevitatis causa provocarim*].

---

[167] *Histoire du féminisme français*, I, p. 227.

[168] *Les differens caracteres des femmes du siecle*, éd. citée, p. 88.

A propos de Jaquette Guillaume (sous C), il écrit :

> Qui publia à Paris en 1665 un Livre intitulé *Les Dames illustres où par bonne et fortes raisons il se prouve que le sexe féminin surpasse en toutes sortes de genres le sexe masculin*[169].

On remarque donc qu'Anne Marie de Schurman évite soigneusement d'être accusée d'émettre une quelconque protestation féminine. Elle s'empresse donc d'écrire à propos de Marie de Gournay, auteur de l'*Égalité des hommes et des femmes*, que « est-ce qu'il y a bien à dire que je suive en tout ses sentimens ». Le seul moment où elle montre quelque signe d'impatience, et qui en dit long, c'est lorsqu'elle évoque « ces fausses maximes, et ces lois tyranniques que l'ignorance establit, et que les mauvais usage nous impose ». On s'étonne même de cette soudaine « hardiesse », mais il faut reconnaître qu'elle n'était pas la seule à voir dans le traitement que l'on réservait aux femmes une véritable « tyrannie ». Elle s'inscrit ainsi dans le mouvement précieux du XVIIe siècle français. Les précieuses ont parlé de « cruauté », de « chaînes » et même de « tombeau », en évoquant le triste sort que leur réservait le mariage[170]. On retiendra aussi ce mot de Madeleine de Scudéry :

> ... je suis rebutée de la sottise du monde et de la persécution qui est inséparablement attachée à celles qui, comme moi [Sapho ou Madeleine de Scudéry], ont le malheur d'avoir la réputation de savoir quelque autre chose que faire des boucles et choisir des rubans[171].

On retrouvera encore le mot « tyrannie », dans le même contexte, chez Montesquieu, dans les *Lettres persanes* (Lettre XXXVIII) :

---

169 Pierre Bayle, *Dictionnaire historique et critique*, Rotterdam, chez Michel Bohm, 1720. « Jaquette Guillaume, écrit Marc Angenot, dresse une liste de femmes qui ont brillé par leur chasteté, leur constance, leur éloquence, leur savoir. Parmi les savantes elle fera surtout l'éloge d'Anne-Marie de Schurman et de Christine de Suède à laquelle elle a consacré un autre ouvrage » (*Les champions des femmes*, p. 58 et note 9).

170 Voir *La Prétieuse* de l'abbé de Pure, dans l'édition d'Émile Magne, I, p. 281, et citée par Carolyn C. Lougee, dans *Le Paradis des Femmes*, Princeton, Princeton University Press, 1976, p. 22.

171 *Le Grand Cyrus*, Genève, Slatkine, 1972, d'après l'édition de 1656, t. X, p. 363.

> C'est une autre question de savoir si la Loi naturelle soumet les femmes aux hommes. Non, me disait l'autre jour un philosophe très galant : la Nature n'a jamais dicté une telle loi. L'empire que nous avons sur elles est une véritable *tyrannie* ; elles ne nous l'ont laissé prendre que parce qu'elles ont plus de douceur que nous, et par conséquent, plus d'humanité et de raison[172].

Ce n'est donc pas comme si Anne Marie de Schurman n'avait pas pris conscience des restrictions sociales auxquelles toutes les femmes étaient soumises, et, il faut le dire, bien avant que n'éclate en France la « révolte » précieuse qui, elle, n'aura d'emprise qu'après les années cinquante[173]. Ce qui lui manque toutefois, c'est l'esprit de combativité qui aurait pu lancer, haut et clair, le défi aux vues conformistes d'André Rivet. Elle avait une trop grande timidité intellectuelle, inculquée sans doute par ses parents, et un sacro-saint respect pour l'autorité inviolable des hommes, surtout lorsque ceux-ci se drapaient dans la dignité surfaite des théologiens.

---

[172] Montesquieu, *Lettres persanes*, Paris, éd. Garnier frères, 1956, p. 67-68 (nous soulignons).

[173] Sans rouvrir le débat sur la naissance de la préciosité (voire sur son existence), nous nous rangeons du côté de l'avis d'Antoine Adam : « La préciosité est une mode qui apparaît en 1654 » (*Histoire*..., t. 2, p. 20, note 1).

Replique

De Demoiselle Anne Marie de Schurman

AU SIEUR RIVET.

Traduitte de Latin en François par le sieur Colletet.

MONSIEUR,

La peine que vous avez prise de respondre si amplement à mes resveries, vous qui estes chargé du pesant faix de tant d'affaires serieuses, me faict bien cognoistre que je vous suis en quelque sorte de consideration, et que vous avez pour moy plus de bonté que je n'ay de merite. Mais comme je vous suis infiniment obligée de vostre lettre, il faut aussi que je vous confesse que d'abord sa lecture m'a extremement surprise. J'ay creu que vos sentimens estoient directement contraires aux miens, et que par consequent il me seroit impossible d'establir des maximes que vous auriez entrepris de destruire. Mais après l'avoir releüe une seconde fois, et d'avoir de plus près consideré le poids et la solidité de vos raisons, je me suis consolée sur ce que j'ay recognu que dans le fonds de la dispute vous me faisiez l'honneur d'approuver en quelque sorte mes petites propositions. Avec tout cela j'ay un extreme desplaisir de voir, ou que l'obscurité de mon style m'ait trahie, ou plustost que le peu d'experience que j'ay à distinguer les matieres m'ayt faict dire ce que je ne voulois pas, et ait imprimé dans vostre esprit un sens tout contraire au mien[174]. Non non, quelque creance que malgré moy je vous aye donnée, je ne suis pas si presomptueuse que de vouloir donner à mon sexe la préeminence au dessus du vostre, ny si mal advisée de vouloir perdre du temps, et particulièrement auprès de vous qui l'estimez si precieux, à soustenir une proposition aussi odieuse que remplie de vanité, comme si je voulois choquer toutes les coustumes des peuples, et la pratique des mœurs de nostre temps. La question dont il s'agit est seulement de sçavoir si dans le siecle où nous vivons, il est principallement convenable à une fille de s'appliquer à l'estude des bonnes lettres et à la cognoissance des arts. Je voy bien que vous prenez ce mot,

---

[174] Elle a tout à fait raison. Rivet lui a prêté des intentions qu'elle n'a jamais eues (voir plus haut, p. 130).

principallement, en un autre sens que je ne le veux employer ; et c'est ce qui change tout à faict l'estat de nostre question. Vous sçaurez donc que je ne m'en sers icy que par comparaison, comme si je disois, il faut sçavoir si entre les exercices convenables à une fille, l'exercice de l'estude luy est principallement convenable. Ainsi vous voyez que j'oppose l'estude aux occupations ordinaires et aux petits soins du mesnage, où la coûtume receuë destine ordinairement celles de nostre sexe, et par consequent vous voyez que mon intention n'est pas de soustenir que les femmes sont plus propres à l'estude que les hommes. Certes si vous faictes ceste supposition, il faut que je m'imagine que toutes les raisons et tous les argumens que j'ay alleguez pour appuier mon opinion, ne vous ayent pas deu seulement sembler impertinens et ridicules, mais encore vous aurez eû suject de m'accuser de vouloir establir de nouvelles maximes, et d'estre extremement vaine. Mais tant s'en faut que je sois capable de cette haute vanité, qui est directement contraire à la modestie d'une fille, et à cette pudeur que la Nature a mise sur mon front, que pour vous parler franchement je ne puis lire qu'avec une certaine honte, et avec un desplaisir secret l'honneur que vos lettres rendent à nostre sexe, non plus que je ne sçaurois lire qu'à regret cet excellent discours italien, que Lucrece Marinelle a composé, et qu'elle a intitulé l'excellence des femmes et l'imperfection des hommes : voire-mesme quoy que le petit traitté de la Demoiselle de Gournay qu'elle appelle de l'esgalité des hommes et des femmes ne soit pas sans grace et sans elegance, et que les tesmoignages des sages qu'elle allegue soient des authoritez fort considerables, si est-ce qu'il y a bien à dire que je suive en tout ses sentimens ; et si je vous en ay faict mention ç'a esté plustost pour ne point repeter des exemples de nos loüanges que pour en tirer quelque advantage dessus vous. De moy je tiens pour veritable, que si dans nostre sexe, il y a quelques vertus loüables et dignes d'estre publiées, les hommes en doivent estre les Herauts et les Trompettes[175]. Il nous suffit que nous ayons le temoignage secret de nostre propre conscience, et que chacune de nous s'examine soy-mesme, et face enfin tout ce qu'elle doit faire. Aussy lors que j'ay pris la plume en main pour vous escrire, le seul but que je me suis proposée, n'a esté que de vouloir précisement apprendre de

---

[175] Passage typique de la soumission de la femme à l'autorité des hommes. Voir aussi la phrase qui suit, où elle maintient le mythe obligé de l'extrême discrétion des femmes en matière de savoir. Exactement la position de Clitandre dans *Les femmes savantes*.

vous ce que je dois faire, et à quoy je dois principallement m'employer dans ce grand loisir et ce profond repos que mon sexe et ma condition me donnent. Et pour obtenir plus facilement ce que je desirois, j'ay pris le suject de mon discours, et pour ma these les mesmes parolles que vous aviez douteusement et problematiquement prononcées. Il ne seroit pas besoin pour vostre repos que vous fissiez souvent de pareilles rencontres, et que chacun vous obligeast tousjours à rendre compte de toutes les bonnes choses que vous dittes. Après tout si j'ai relevé vos parolles, mon intention n'a pas esté de les contredire ; Je les ay seulement examinées pour mieux penetrer dans vostre sens, afin d'y sousmettre le mien, tant pour vous tesmoigner que je les crois conformes à la saine raison que pour faire paroistre que j'embrasse ses interests par affection et par devoir. Et si pour vous descouvrir ma pensée, et appuyer en quelque sorte mon opinion, je me suis enfin servie de quelques preuves et de quelques argumens, je n'ay point eûe en cela d'autre dessein, sinon d'appeller d'une vaine coustume à vostre solide jugement, et en un mot de sçavoir de vous si mes raisons avoient assez de poids, et estoient assez capables de destruire ces fausses maximes, et ces loix tyranniques que l'ignorance establit, et que le mauvais usage nous impose. Enfin si je me suis un peu plus estenduë sur ce discours qu'il sembloit que je ne devois faire pour vostre repos et pour vostre contentement, ce n'a esté que pour vous descouvrir plus clairement ma pensée, qui passe auprès de vous pour une bonne et valable raison. Au reste j'ay non seulement leu les deux chapitres du Livre de Louis Vives que vous m'avez ordonné de lire, j'ay releu encore tous les precedens, et j'ose vous dire que cette lecture m'a esté infiniment agreable. C'est là que l'on void le plus riche Tableau qui puisse estre faict de la femme Chrestienne[176], et si j'en suis creüe cette docte institution doit estre l'estude ordinaire de nostre sexe, voire mesme la reigle et le modele des filles bien nées. C'est pourquoy j'ay une secrette satisfaction en moy-mesme de voir que cet excellent Livre m'a esté comme le fidelle interprete de vos sentimens et de vos pensées. Aussi comme leur authorité m'est une loy inviolable, j'en fais toute l'estime que je dois. Je m'y soumets de tout mon cœur, et les embrasse pour ne m'en separer jamais. Adieu mon cher

[176] Pour les femmes chrétiennes, la liste de Vivès comprend Paule et Eustocie, Fabiole, Marcelle, Furie, Démétriade, Salvine, Eudocie, et une allusion aux filles de Thomas More, que Mlle de Schurman évoque également. Voir *Le Livre de l'Institution de la femme chrestienne*, éd. citée, p. 36-37.

Pere, je supplie le tout puissant que vous jouyssiez long temps de ceste plaine et vigoureuse santé que vous avez depuis peu recouvrée, et que vous croyiez qu'entre toutes les choses que j'aime et que j'honnore le plus, vostre vertu m'est infiniment chere et pretieuse.

Anne Marie de Schurman
d'Utrecht ce 14. jour de Mars (1638 ?) 1640.

*
* *

LETTRE VIII

Lettre à Madame la Princesse de Bohème[177]
[le 7 septembre 1639]

Élisabeth de Bohème, connue également comme la Princesse Palatine, était au même titre qu'Anne Marie de Schurman, une femme savante. Elle avait été élevée sous l'œil bienveillant de plusieurs précepteurs qui l'initièrent, non seulement à l'étude de la religion ou de questions morales, mais aussi au grec, au latin et aux mathématiques. Elle n'était pas sans dons artistiques, et on la retrouve à l'atelier du peintre Honthorst, à La Haye, en compagnie d'Anne Marie, de neuf ans son aînée. C'est probablement à l'atelier de Honthorst que les deux femmes se sont rencontrées et se sont liées d'une amitié qui durerait de longues années. On se souviendra qu'après l'inconfort de la ville d'Amsterdam, où la petite Église des labadistes n'était plus la bienvenue, Anne Marie de Schurman avait entrepris le voyage à Herford où la Princesse Palatine lui avait offert le gîte dans une maison de campagne[178]. Sur un seul point elles ne pouvaient pas s'entendre : l'opinon de l'une et de l'autre au sujet de Descartes.

---

[177] Élisabeth de Bohème est née à Heidelberg en 1618, décédée à Herford en 1680. Fille de Frédéric V, roi de Bohème, et d'Élisabeth Stuart, la fille de Jacques Ier, roi d'Angleterre. Par crainte de devoir abandonner ses études, elle refusa la main de Vladislas IV, roi de Pologne. Elle admirait Descartes et l'incita à se fixer à Leyde, puis à Eyndegast, afin de pouvoir suivre ses leçons. Voir *Dictionnaire des femmes célèbres*, p. 283.

[178] Ce voyage et ce séjour sont relatés dans l'*Eucleria*, chap. VIII, 1, p. 286 et ss.

Contrairement à Anne Marie qui se méfiait du discours philosophique de Descartes, Élisabeth, bien que calviniste invétérée, n'avait aucune peine à concevoir un lien entre une pensée critique et la théologie[179]. Ce désaccord fondamental compromit pour un temps leur amitié, mais n'empêcherait pas plus tard, au moment de l'exil d'Anne Marie à Herford, que la Princesse lui assurerait, ainsi qu'à Labadie et à sa communauté de femmes, toute sa bienveillante protection. Rappelons que cette quasi-allégeance de la Princesse Palatine au mouvement labadiste provoqua l'ire des pasteurs locaux, voire de la population. La Princesse leur tint tête toutefois. Il est possible qu'elle ait vu alors un parallélisme favorable entre la pensée cartésienne et l'idéologie labadiste, fondée, elle aussi, sur la confiance de l'homme en ses propres lumières, et non en ses impressions extérieures ou en son imagination[180]. Enfin, la communauté féminine labadiste, où Anne Marie de Schurman occupait la première place, témoignait de l'égalité entre les sexes, et de la possibilité offerte aux femmes de s'épanouir sans contraintes sociales, morales et religieuses. Une telle image a dû plaire à l'esprit d'indépendance d'Élisabeth de Bohème.

La présente lettre d'Anne Marie de Schurman à la Princesse Palatine date évidemment d'une époque où la jeune Anne Marie n'était guère sous l'influence labadiste. En 1639, Anne Marie a trente-deux ans, Élisabeth en a vingt-trois. Cette lettre est un des plus précieux témoignages que nous ayons des connaissances historiques d'Anne Marie de Schurman. Il y a même, oserait-on dire, un certain étalage de savoir, destiné peut-être à impressionner la Princesse Palatine. Comme nous l'avons déjà fait remarquer, les grands historiens grecs et romains sont passés en revue, chacun étant gratifié d'un bref commentaire critique. Xénophon a plus de forme que de fond. Quinte-Curce affiche quelque brutalité. Plutarque, Suétone et Tacite sont admirables. Suit alors son adhésion inconditionnelle à l'utilité de l'histoire qui permet, « comme dans un clair miroir (de voir) tous les siecles passez, et faire conjecture fort probablement de ceux qui sont à venir », et qui nous fait souvenir de cette maxime de l'*Ecclésiaste*, qu'il n'y a rien de

---

[179] Pour les relations et la correspondance entre la Princesse Palatine et René Descartes, voir Andrea Nye, *The Princess and the Philosopher.*

[180] Labadie s'était également distingué dans son opposition à Voetius, l'ennemi juré de Descartes ! Autre rapprochement qui sans doute plut à la Princesse.

nouveau sous le soleil. En passant elle glisse un mot que l'on pourrait à la rigueur interpréter comme une critique en sous-main de la pensée expérimentale, fondée sur le principe de la *tabula rasa* de Descartes. En effet, elle laisse entendre que la méconnaissance de l'histoire, c'est-à-dire de l'argument d'autorité, risque de perdre ceux « qui se laissent conduire par la seule experience ». Rappelons que le *Discours de la méthode* date de 1637, que l'antagonisme entre Descartes et Voetius allait bon train depuis quelques années, et que Mlle de Schurman était déjà une fidèle disciple de Voetius au moment où elle écrit cette lettre à Élisabeth de Bohème.

Dans la dernière partie de la lettre, la question de la valeur de l'astrologie revient sur le tapis. La lettre latine, réponse à la sienne, que Rivet lui adressa, et qui fait partie de la « Question célèbre », date de mars 1638. Étonnamment, Rivet y avait accordé quelque crédit à l'astrologie. Il semble donc que c'est dans sa correspondance avec Élisabeth de Bohème qu'Anne Marie exprime des réserves que sa réplique à Rivet n'avait pas eues. Or, dit-elle,

> l'astrologie (...) degenere ordinairement en superstition. (...) Car de dire que la volonté humaine, et les contingences dependent de la constitution du ciel, et de l'aspect, ou conjonction des Planetes, c'est introduire au monde une necessité plus que Stoïcienne.

Régle-t-elle discrètement des comptes avec Rivet, ou exprime-t-elle simplement une opinion conforme aux décrets de l'Église et à la sagesse expérimentale de son temps ? Quoi qu'il en soit, Anne Marie termine sa lettre avec une profession de foi à laquelle elle restera fidèle toute sa vie, à savoir que la prédiction des choses futures « appartient proprement à la seule Divinité » !

*

* *

A Madame la Princesse de Boheme

Madame,

Je ne puis exprimer l'excez de joye et de contentement que j'ay reçeu en lisant la lettre que Vostre Altesse m'a fait la grace de m'escrire : Car outre l'invention, les pointes, et les periodes, qui pourroyent remplir l'oreille des plus sçavans, ce m'a esté un plaisir merveilleux d'y considerer les amusemens de vostre genereux esprit. Pour moy, je desire extremement de me rendre capable de tout ce qui agrée à Vostre Altesse ; et bien que je ne sçaurois esperer modestement de satisfaire pleinement à ses commandemens, au moins je tascheray de montrer la devotion et l'amour que je porte à son service. Quant à ces auteurs qui nous ont dechiffré plus particulierement le genie et les characteres des grands personnages, on tient pour un commun consentement que Xenophon a fort bien descrit la vie de Cyrus, le premier Monarque des Perses ; encore qu'il semble que quelquefois il ait donné plus à l'elegance et à la beauté de son ouvrage, qu'à la verité de son sujet. Alexandre qui commença depuis la Monarchie des Grecs, est parfaitement depeint par Q. Curtius : mais il entrelace communement dans son discours du feu, du fer, et des victoires sanglantes. Pour s'estudier à la brieveté, je ne trouve rien de si commode que Plutarque, qui nous propose comme dans un parfait tableau les hommes illustres : y faisant une grave et tres-belle comparaison entre les Grecs, et les Romains. Suetonius nous a representé au vif les 12 Empereurs Romains, dont la vie (je parle de la plus grande partie) est si prodigieuse, que nostre esprit n'y peut faire aucune reflexion, que sur le party des vertus contraires. Il ne faut oublier, que Tacite s'amuse pareillement à nous descrire quelques uns des premiers ; et pour se rendre cest auteur plus familier, on se peut servir du discours de Scipion Admiratus, qu'il a fait sur son Histoire en Italien. Si nous voudrions passer à l'utilité, qui nous en resulte et l'esplucher par le menu, nous trouverions qu'elle est quasi infinie, et notamment en ce que les exemples frappent plus vivement les sens et l'imagination, que les Preceptes de la Philosophie. De surplus la cognoissance des choses passées, qui s'acquiert par ce moyen, est sans interest, et sans danger d'aucune perte, qui est presque inevitable à ceux, qui se laissent conduire par la seule experience. Nous y pouvons voir, comme dans un clair miroir, tous les siecles passez, et faire conjecture fort probablement de ceux qui sont à venir ; et par consequent nous parviendrons à ceste perfection de n'admirer rien comme nouveau sur la terre, et dirons avec le plus sage des Rois : *Ce qui a esté, c'est ce qui sera ; et ce qui a esté fait, c'est ce qui se fera, et il n'y a rien de nouveau sous le soleil*[181]. Il est bien vray qu'il y a de la difficulté à descendre à une application particuliere ; principalement d'autant que l'antiquité a communement plus de rigueur et

[181] *Ecclésiaste*, I, 9.

d'austerité : mais l'essence des choses demeure tousjours ; non obstant que quelques formalitez et circonstances ayent accoustumé de changer souvent. Nous y pouvons facilement apporter la moderation requise, si nous cognoissons de plus près le genie et l'humeur de leur siecle, et du nostre. J. Lipsius a tracé de plus près ceste methode dans son livre intitulé les Admonitions[182] et exemples politiques, monstrant aux personnes publiques, et aux particuliers, quel usage on peut tirer des exemples antiques et modernes. Et de fait il me semble que ceux-cy ne cedent en rien à ceux là, si nous ne regardons pas tant à la force et l'eloquence des Historiens, qu'à la matiere. J'oserois opposer une seule Elisabeth en sa vie de Reyne d'Angleterre, et une Jeanne Graye à toutes les illustres femmes de la Grece et de la Rome ancienne. On trouve des choses admirables en quelques siecles par de ça ; à sçavoir devant et après ce changement fatal de la reformation du Christianisme : et la grandeur du sujet est fort naivement et fidelement exprimée par Guicciardin Italien[183], et depuis la troisieme periode par Sleidan[184], et par Auguste de Thou[185]. La Physique est un peu serieuse, quand nous demeurons dans ses nues speculations : mais il y en a une partie (dont S. Augustin a escrit dans son 21 livre chap. 4. de la Cité de Dieu, Cardan[186], Wecker[187], et plusieurs autres) qu'on appelle Magie naturelle, qui est plus plaisante, puis qu'elle est conjointe avec la practique des œuvres admirables à l'œil, et neantmoins elle se contient parmy les bornes d'une loüable curiosité. Or l'Astrologie (je ne prends pas ce mot, comme on a accoustumé anciennement, pour

---

[182] Il s'agit du *Justi Lipsi monita et exempla politica. Libri duo virtutes et vitia principum spectant*, publié à Anvers en 1605 et 1606.

[183] Guicciardini, Lodovico (1521-1589), auteur d'une « description des Pays-Bas ».

[184] Sleidanis, Johannes (1506-1556), auteur d'une *Histoire générale de la Réforme de l'Église, à partir des erreurs et corruptions de l'Église de Rome*, etc.(en latin), publiée en un volume collectif en 1574.

[185] Jacques-Auguste de Thou (1553-1601), auteur d'une *Histoire universelle*, dont il existe une édition de 1620.

[186] Cardano Girolano (1501-1576), auteur d'une *Anima Astrologia*, et personnage quelque peu farfelu. Pierre Bayle lui consacre une assez longue notice. Voir aussi l'importance que lui accorde Henri Busson dans son *Le rationalisme dans la littérature française de la Renaissance*.

[187] Johann Jacob Wecker (1528-1586), médecin et auteur de *Les secrets et merveilles de nature, recueillis de divers autheurs et divisez en XVII livres*. Cet ouvrage « astrologique » avait été traduit en français par Gabriel Chapuis et autres, publié à Lyon en 1586 et à Rouen en 1633.

l'Astronomie, qui est une science noble et tres-digne de nostre contemplation) va plus avant, et degenere ordinairement en superstition, pource qu'elle attribuë plus aux causes secondaires que l'ordre et la proprieté de la nature ne leur ont permis. Car de dire que la volonté humaine, et les contingences dependent de la constitution du ciel, et de l'aspect, ou conjonction des Planetes, c'est introduire au monde une necessité plus que Stoïcienne. Les causes qui agissent librement et casuellement, ne se laissent point determiner par des causes naturelles, c'est à dire, par l'influence des corps celestes : Mais à cause de leur excellence elles sont immediatement subordonnées à la premiere et souveraine. D'ailleurs c'est chose non moins dangereuse que vaine de vouloir predire les choses futures contingentes, ce qui appartient proprement à la seule Divinité, comme nous voyons Esaie chap. 46. v. 9. et 10. et n'est communicable aux creatures, si non par une revelation extraordinaire. Je n'eusse pas osé amuser Vostre Altesse si long temps, si Madamoiselle de N.N.[188] ne m'eust asseuré, qu'elle auroit ceste importunité pour agreable. Quoy qu'il en soit, je desire parfaitement de tesmoigner que je suis, et seray à jamais,

Madame,
Vostre tres-humble et tres-devote Servante
A.M. de Schurman
D'Utrecht, ce 7. de Septembre l'An 1639.

*
* *

LETTRE IX

Lettre à Madame Coutel
[le 25 décembre 1639]

Cette lettre à Madame Coutel est plutôt un court billet de remerciement, tout à fait dans le style de l'époque.

Les recherches les plus assidues ne sont pas parvenues à identifier Madame Coutel. Katlÿne van der Stighelen, remarquée pour ses études sur l'œuvre artistique de Mlle de Schurman, concède que Madame

[188] Il s'agit de la fille d'Anne de Merveil. Voir la Lettre XIII.

Coutel reste une inconnue[189]. On sait qu'Anne Marie gratifiait ses amis et amies d'auto-portraits, au point que l'on en répertorierait une cinquantaine, tous appartenant au style miniature[190]. C'est d'un tel présent à Madame Coutel qu'il s'agit dans ce mot au ton amical mais guindé.

Pour la remercier d'un « tres-precieux present », Anne Marie lui envoie donc son portrait. Il est difficile d'établir le degré d'intimité qui exista entre les deux femmes, mais l'échange de cadeaux suggérerait néanmoins qu'elles entretinrent quelque lien d'amitié. Le petit portrait d'Anne Marie a été conservé, mais ne se trouve pas dans la collection de Franeker, mais dans une collection privée, à l'époque de Schotel (1853), appartenant à Messieurs Bodel Nyenhuis et Kram[191]. Il semblerait aussi que Madame Coutel partageait les dons artistiques d'Anne Marie, puisque celle-ci lui assure qu'elle s'en remet « en la bonne grace de ces arts et gentiles curiositez » dans le seul désir d'imiter le talent de sa correspondante. Un trait caractéristique dans cette missive d'Anne Marie de Schurman à Madame Coutel, est l'expression de sa modestie. Il est rare qu'Anne Marie ne fasse pas état de son extrême pudeur sociale, traversant son œuvre comme un leitmotiv, au point que l'on y verrait volontiers le reflet de ce mot de La Rochefoucauld, que « le refus des louanges est un désir d'être loué deux fois » ! Quoi qu'il en soit, on peut parfois s'interroger sur l'authenticité de la modestie de Mlle de Schurman, quand on remarque avec quelle fréquence elle offrit son portrait, donc l'image qu'elle voulait projeter, à ses nombreux correspondants. Le geste est joli, certes, mais ne trahit-il point une préocupation excessive avec le « moi », en une sorte de narcissisme refoulé[192] ? Sans compter les nombreux auto-portraits conservés à Franeker, on dénombre tous ceux qui furent envoyés à Madame Coutel, Job Ludolf, Constantin Huyg-

---

[189] Voir « Et ses artistes mains », dans *A.M.V.S. (1607-1678)*, p. 74 et 207.

[190] *Ibidem*, p. 171, n. 37. On a prétendu que ces petits portraits offerts à amis et connaissances, avaient pour but d'établir sa présence esthético-intellectuelle parmi le monde des savants. Voir Brita Rang, *art.cit.* dans *A.M.V.S. (1607-1678)*, p. 45. Nous ne voyons pas comme Madame Coutel entrait dans cette sorte de sphère intellectuelle.

[191] Voir Schotel, Appendices, p. 66.

[192] Mirjam de Baar, dans son article cité sur les éléments biographiques dans l'*Eucleria*, fait à ce sujet une fine observation : « Celui qui connaît les auto-portraits d'Anne Marie de Schurman (...) se rend compte qu'elle a voulu montrer plus de son aspect extérieur que de son aspect intérieur » (nous traduisons), p. 105.

hens, Vorstius, van Beverwÿck, Marie de Médicis, J.F. Mayerus[193], Mlle du Moulin, Madame Saumaise et, dit-on, à plusieurs amies intimes[194]. Il y a là une véritable obsession avec sa propre image qui cadre mal avec sa modestie légendaire.

*
* *

A Madame

Madame Coutel.

Madame,

Vous verrez dans ce petit tableaux [*sic*] que je vous envoye en reconnoissance de vostre tres-precieux present, que mon amitié, (laquelle il vous a pleu rechercher d'une bonté purement gratuite) vous est entierement acquise. Car je ne sçaurois trouver, à mon advis, un gage plus signalé pour vous en asseurer, qu'en vous faisant offre de moy mesme. Il est vray que ce n'est qu'en peinture : mais je sçay tres-bien que vostre esprit ne s'amusera pas tellement à considerer ce pourtrait [sic], qu'il ne face plutost reflexion sur l'original mesme, qui le vous presente. Certes il me faut advoüer, qu'il n'y a rien qui m'incite tant à me remettre en la bonne grace de ces arts, et gentiles curioisitez, que le desir de vous imiter ; tant s'en faut que je veüille m'attribüer ces louanges hyperboliques, dont il vous a pleu m'honorer par une courtoisie trop excessive. Or si vous estes trompée en vostre opinion en ce point, vous ne le serez pas au regard de la bonne affection, que j'ay de vous tesmoigner que je suis,

Madame, Vostre tres-humble et tres-fidele servante
A. M. de Schurman
D'Utrecht ce 25. Decemb., 1639.

*
* *

---

[193] Johan Frederik Mayer (1650-1712), théologien luthérien.
[194] Voir Schotel, Appendice C, p. 67.

LETTRES X et XI

X. Lettre (inédite) de Mlle de Gournay à Mlle de Schurman
[le 20 octobre 1639]

Il semblerait de prime abord qu'une correspondance plus suivie existât entre Marie de Gournay et Anne Marie de Schurman, le ton de la lettre ayant à la fois une solennité quelque peu guindée, empreinte du temps, et une familiarité amicale, assombrie toutefois par un reproche presque impertinent de Marie de Gournay à sa correspondante. Il est vrai que la différence d'âge[195] entre les deux femmes pourrait expliquer l'abrupte sincérité de l'auteur de l'*Égalité des hommes et des femmes*. Quoi qu'il en soit, la seule correspondance entre les deux femmes que nous ayons n'est constituée que des deux lettres ci-jointes, l'une étant la réponse à l'autre.

On remarquera tout d'abord l'extrême (et feinte) modestie de Marie de Gournay, peu conforme à son véritable caractère, comme en témoignent la majorité de ses écrits, voire sa *Peinture de mœurs*, où elle parle avec candeur d'elle-même, énumérant ses défauts et ses qualités[196].

Après les compliments d'usage, Marie de Gournay embrasse sans détours les vues courantes de ceux qui estiment que les textes anciens ne doivent pas être lus dans leur langue d'origine. Ceci vise particulièrement les textes sacrés puisque c'est dans ce domaine qu'Anne Marie de Schurman excellait. On sait que Marie de Gournay elle-même ne boudait point les textes originaux, surtout écrits en latin. Elle ne possédait évidemment pas les aptitudes polyglottes d'Anne Marie de Schurman.

Vers la fin de sa lettre, délaissant les minauderies et les semonces, elle n'a pas pu s'empêcher d'évoquer le souvenir déjà lointain de Montaigne et de ses *Essais*, si « necessaire(s) à l'univers » ! Souvenir toujours cuisant qui lui avait fait dire dans une lettre adressée à Juste Lipse : « J'étais sa fille, je suis son sépulcre ; j'étais son second être ; je suis ses cendres[197] ». Et même plus significatif dans le contexte

[195] En 1639, Marie de Gournay avait soixante-quatorze ans, tandis que Mlle de Schurman n'en avait que trente-deux.

[196] Pour la *Peinture des mœurs* voir Elyane Dezon-Jones, *Fragments d'un discours féminin*, Paris, José Corti, 1988, p. 141-145.

[197] Cité par Mario Schiff, *op. cit.*, p. 16.

de la présente lettre était ce mot que l'on relève dans le *Proumenoir de Monsieur de Montaigne*, emprunté sans doute à Stace[198], mais qu'elle fait pleinement sien :

> La philosophie nous apprend icy que le commencement d'amour, c'est de sa plaire encore au souvenir après la présence : l'accomplissement ou perfection, c'est souffrir pour l'absence[199].

Pour conclure, elle annonce la nouvelle édition de ses *Advis ou les presens de la demoiselle de Gournay*, qui paraîtra en 1641 et où figurera, dit-elle, le nom d'Anne Marie de Schurman, ensemble du reste avec toute une panoplie de femmes célèbres du passé.

*
* *

Mademoyselle,

Je ferois injustice au legitime desseign de ma lettre, si j'y mestois d'autres matieres avec mon tres-humble remerciement, que vos genereuses faveurs ont si dignement merité ; sans cela quel champ ne me seroit ouvert à vos louanges ! Certes je consentirois volontiers que la faculté de les representer comme elles meritent, fussent la juste borne de ma capacité, et les loyers[200] de si peu de services que j'ay rendu(s) aux Muses. Recevez donc mon action de grace, laquelle je n'estime digne d'estre receü de vous en ces lignes, que par le vœu religieux que je fay que mon cœur la celebrera incessamment. Oseray je en passant vous dire Philosophiquement un mot de petit advis : Les langues employent trop, et longtemps un esprit capable des choses, et des meilleures que le vostre, ni ne vous sert de dire, comme vous faictes, que vous voulez lire les Originaux par tout, pour ce que les versions ne les valent pas ; car tout ce que les lettres peuvent contenir vrayment, digne de l'employ d'une ame comme la vostre, se trouve

---

[198] Stace, *Les Silves*, éd. H. Frère et H.J. Isaac, tome II, Paris, Les belles lettres, 1961, Livre V, I, 4-5.

[199] *Le Proumenoir de Monsieur de Montaigne*, dans éd. citée, p. 109.

[200] Marie de Gournay reste tributaire de la langue du XVIe siècle. « Loyer » dans le sens ancien de « récompense » (La Curne), repris comme sens secondaire par Furetière.

dans le Latin, et au plus loing dans le Grec encore, à quoy vous pouvez adjouster l'Italien, l'Espagnol et sur tout le François que les essais entre-autres ont rendu necessaires à l'univers. Si je vis encore un [sic] couple d'années je vous enverray mes advis de nouvelle impression, où vostre nom se lira, demeurant cependant de tout mon cœur,

Mademoyselle

Vostre servante tres-humble, et tres-fidelle. Gournay
le 20e Octob. 1639.

*
* *

XI. Réponse probable de Mlle de Schurman à Marie de Gournay
[26 janvier 1640]

Comme nous l'avons déjà mentionné, cette réponse d'Anne Marie de Schurman a été fautivement datée du 26 février 1647, Marie de Gournay étant décédée le 13 juillet 1645. On a peine à imaginer que Mlle de Schurman n'avait pas été mise au courant du décès de Marie de Gournay. Par ailleurs, sa lettre réfère nettement aux remarques de Marie de Gournay dans celle du 20 octobre 1639. C'est donc vraisemblablement le 26 janvier 1640 qu'il faut lire.

Il va de soi que Mlle de Schurman a été impressionnée par la combativité incessante de sa correspondante dont elle reconnaît volontiers les « heroiques vertus » mises au service de la cause féminine. De toute évidence aussi, elle a été sensible à l'hommage public que lui a promis Marie de Gournay dans la réédition de son œuvre. En 1640, nous sommes encore à l'époque où Anne Marie nourrissait des rêves de gloire, comme en témoignait la première lettre à Rivet, traduite par Guillaume Colletet. Rappelons que le rejet presque brutal de son passé de femme savante, n'a eu lieu qu'en 1653, au moment où elle accompagnait ses vieilles tantes[201] à Cologne, et que la rumeur de sa conversion catholique l'avait atterrée.

---

[201] Pour la petite histoire notons que les tantes d'Anne Marie ont vécu jusqu'à un âge respectable, l'une étant morte à 90 ans, l'autre à 89 ans. Voir *Eucleria*, Ch. VI, II, p. 220.

Contre l'avis de Marie de Gournay, elle se défend de passer trop de temps à l'étude des langues, son étude favorite. Nonobstant son ton conciliant, elle reste intransigeante sur le temps qu'elle consacre à « la langue Saincte ». Alors que Marie de Gournay lui avait laissé entendre que la connaissance du latin et du grec était suffisante, avec l'italien, l'espagnol et et le français, Mlle de Schurman insiste sur la nécessité de connaître l'hébreu (sans le nommer), car cette langue

> outre qu'elle a pour sujet la parole de Dieu, qui doit estre le premier objet de nos pensées, et qu'il n'y a point de version qui nous exprime si bien la naïveté et l'emphase de ces S. Mystères, elle a des proprietez et des ornemens, qui ne peuvent estre égalez par toutes les élégances ni de la Grecque ni de la Latine.

Elle s'inscrit donc en faux contre l'opinion de son amie (?) en s'appuyant sur la séduction qu'exerce une langue qui lui donne un meilleur accès à la parole divine. Toute la célèbre dévotion religieuse d'Anne Marie de Schurman se découvre donc en filigrane de cette lettre, dévotion qui, avec les années, se transformera en bigotterie, sinon en une religiosité obsessionnelle.

Enfin, on pourrait se demander si l'absence de toute autre correspondance subséquente[202] entre elle et Marie de Gournay n'est pas due au différend, masqué par les éloges mutuels, qui les séparent lorsqu'il s'agit de se prononcer sur l'utilité de la langue hébraïque. N'oublions pas que Marie de Gournay vivrait encore cinq ans, jusqu'en 1645, et que l'occasion d'un échange de lettres n'était donc nullement exclu. Quand on sait combien les *Opuscula* recense minutieusement son abondante correspondance - pas moins de soixante-dix lettres ! -, on est en droit de s'interroger sur la relation (amicale ?) entre les deux femmes savantes. Que les cajolleries et les sourires de part et d'autre ne fassent surtout pas illusion !

*

* *

[202] Il y a un soupçon de correspondance antérieure à celle que nous possédons. En effet, l'entrée en matière de la lettre de Marie de Gournay à Mlle de Schurman comprend un « tres-humble remerciement », sans précision sur l'objet de cette reconnaissance. De là à dire que Marie de Gournay était « l'amie » (Douma, p. 27) d'Anne Marie de Schurman, il y a, croyons-nous, de la marge.

A Mademoiselle de Gournay.

Madamoiselle,

Si j'ay tesmoigné le ressentiment que j'ay des advantages, que vos heroiques vertus ont procuré à nostre sexe, ce n'a esté que pour me decharger d'un devoir que la justice m'avoit rendu necessaire. Or la lettre que vous m'avez fait l'honneur de m'escrire, nous monstre assez, que vostre civilité ne se mesure point à ses objets ; et qu'elle ne reçoit pas des bornes d'ailleurs que d'elle mesme. De là vient qu'il vous a semblé peu de chose de me remercier de ce qui vous est legitimement deu, si vous ne m'eussiez donné esperance que mon nom se verra un jour consacré à l'immortalité par la faveur de vostre Muse. Certes je voudrois estre aussi digne de cette felicité, que vous estes prompte et liberale à me la promettre ; et que vous puissiez trouver de la consonance et symmetrie entre le haut charactere de vostre style, et entre la bassesse de la matiere. Mais, quoy qu'il en arrive, je m'imagine par une douce reverie, que les marques de vostre affection qui s'y liront sans doute, ne me seront pas moins glorieuses que l'honneur d'une loüange que j'aurois meritée. Quant à ce que vous avez opinion, que je m'amuse trop à l'estude des langues, je vous puis asseurer que je n'y contribue que les heures de mon loisir, et quelquefois après d'assez longs intervalles ; si seulement vous me permettez d'excepter la langue Saincte. Car outre qu'elle a pour sujet la parole de Dieu, qui doit estre le premier objet de nos pensées, et qu'il n'y a point de version qui nous exprime si bien la naïveté et l'emphase de ces S. Mystères, elle a des proprietez et des ornemens, qui ne peuvent estre égalez par toutes les élégances ni de la Grecque ni de la Latine. Ce que dit S. Hierome, Apprenons ces choses en terre, dont la science perseverera avecque nous jusques aux cieux, se peut fort bien appliquer à l'Hebreu, dont l'usage (selon le sentiment des plus sçavans) durera jusques dans l'autre vie. Or ce m'est une preuve infaillible de vos bonnes graces, que vous croyez que mon esprit soit né pour des meilleures choses[203] : Pour moy, si je ne puis satisfaire aux grands projets que vous avez fait(s) de ma capacité, au moins je tascheray de me conformer à vos bons advis, comme celle qui est,

[203] Il y a ici un discret rappel, désavoué sans doute, des rêves de gloire d'Anne Marie de Schurman.

Madamoiselle,

Vostre tres-humble, tres-obeissante et tres-fidele servante

A.M. de Schurman
A Utrecht ce 26. de Jan. 1647 [en fait, 1640]

*
* *

LETTRE XII

Lettre à André Duchesne[204] (inédite)
(18 février 1640)

Cette lettre témoigne de la renommée d'Anne Marie de Schurman en 1640, alors qu'elle n'avait que trente-trois ans. On ne sait trop ce que Duchesne lui a écrit, mais il ressort amplement de la lettre d'Anne Marie qu'il lui avait rendu hommage en faisant l'éloge de ses talents. Belle occasion pour Anne Marie de s'élever au nom de sa modestie innée, comme elle se plaisait à le rappeler, contre tant de reconnaissance. L'identité d'André Duschene est ici établie grâce à une référence à « Monseigneur le Cardinal » qui, de toute évidence, ne pouvait être autre que Richelieu. Elle évoque aussi un ouvrage de Duchesne, où il serait question des « Paradoxes des Elemens ». Nous n'avons pas pu identifier cet ouvrage, encore qu'il est possible qu'il ne s'agisse que d'un passage précis de la lettre que Duchesne lui avait fait parvenir.

*
* *

---

[204] Seul le contexte permet de reconnaître ici André Duschene (1584-1640), géographe et historien français, protégé de Richelieu qui le fit nommer historiographe et géographe du roi Louis XIII. Il mourut en 1640, victime d'un accident de la route, alors qu'il se rendait à sa maison de campagne à Verrière.

Monsieur,

Combien qu'il n'y ait rien qui me tente moins que la grandeur et la gloire de ce monde, et que j'ay tous-jours tasché d'arrester le cours de ma renommée, si est-ce que le soing et le zele qui vous porte(nt) à la faire esclatter davantage, m'oblige à vous en remercier tres-humblement, et à vous dire que je suis aussi peu capable de meriter cest honneur, que je suis prompte à le mescognoistre. Je rapporte à la mesme source de vos faveurs que vous avez jugé digne de la lumiere publique une lettre qui en effect n'avoit pas de grace que sous l'ombre d'une amitié privée. Si Monseigneur le Cardinal est d'un autre advis, cela est un pur effect de sa genereuse bonté, pour inciter ma petite Muse à de plus hautes conceptions, et non point de son incomparable esprit, qui ne peust estre susceptible d'une opinion si peu soutenable. Les Paradoxes que vous proposez des Elemens, sont assez plausibles dans le siecle où nous sommes : Quant à moy, je n'ay ni la portée[205], ni l'authorité pour donner la dessus une sentence definitive, et cela mesme ne m'empeschera pas de vous asseurer que je suis

Monsieur

Vostre tres-humble servante
Anne Marie de Schurman

Ce 18e Febv. 1640.

*
* *

[205] « Portée, se dit figurément en choses spirituelles et morales. Ce Docteur est tres-sçavant, il y en a peu de sa *portée*, qui ayent autant de capacité que luy » (Furetière).

LETTRE XIII

Lettre à Madame Anne de Merveil
[13 août 1642]

La lettre qu'Anne Marie de Schurman envoie à Anne de Merveil est dans le plus pur style sénéquien. Il s'agit bien d'une consolation classique où le nom du disparu est tu[206], et où ne sont rappelés que le malheur et la tristesse qui frappent la veuve, dignes de compassion et de réconfort. Le veuvage de Madame de Merveil est sans doute récent, car on la devine encore très affligée de ses peines. Anne Marie s'adresse à elle par son nouveau titre de « douairière », et lui offre ses vives condoléances.

Tel n'est toutefois pas le seul but de cette lettre, car un simple mot de sympathie et de solidarité aurait suffi. Pour Anne Marie, c'est ici une occasion de philosopher sur les vicissitudes de l'existence et sur les desseins insondables de la Providence. Elle fait appel à l'humilité qui est le lot de l'humanité, car la « félicité plus pure et plus parfaite » qu'elle souhaite à sa correspondante ne saurait exister que « si nostre condition en pourroit estre susceptible dans ce monde ». Accent d'ascèse qui rappelle un peu la vague janséniste du moment, encore qu'Anne Marie ne semble pas avoir été touchée par la nouvelle spiritualité française. Ce sont plutôt les souvenirs de la Bible qui l'inspirent, d'abord en citant un Proverbe de Salomon, « l'esprit abbatu qui le relevera ?[207] », puis en évoquant les grandes figures bibliques, comme David, Job, Jérémie, qui tous « ont eu quelque-fois des grandes eclypses ; et que la violence de leurs tentations leur a fait jetter des plaintes approchantes de peu près de celles des gens desesperez ». Quel que soit donc notre sort, nous devons nous soumettre au mystère divin, et combattre l'emprise de nos peines, car « les couronnes du Paradis celeste ne sont données qu'à ceux qui auront combattu vaillamment ».

---

[206] Il s'agit bien entendu du mari d'Anne de Merveil, Herrin von Prosting, décédé probablement en 1642.

[207] *Proverbes* XVIII, 14.

Consolation classique à laquelle elle joint enfin une note plus personnelle en reconnaissant le soutien de la fille d'Anne de Merveil, et en souhaitant que la douairière décidera de s'installer à Utrecht, afin qu'elle, Anne Marie, puisse, en toute humilité, lui offrir ses services.

*

* *

A Madame Anne de Merveil, Doüairiere de Prosting.

Madame,

Je ne sçay si je dois avoir plus de compassion de vostre adversité ou plus de joye de vostre victoire. Car la lettre, qu'il vous a plû me faire l'honneur de m'escrire, m'asseure aussi bien de l'une, que de l'autre. Il est vray que vous avez eu à surmonter des difficultez tres-grandes, et que je vous souhaiterois une felicité plus pure et plus parfaite, si nostre condition en pourroit estre susceptible dans ce monde : mais d'autant que les maux de ceste vie sont la matiere des triomphes, qui nous attendent dans le ciel ; et que Dieu veut faire eclatter l'excellence des dons, qu'il a mis dans l'esprit des fideles, par des preuves et exercices proportionnez à leurs forces ; ce seroit mal prendre ses mesures, que de mettre vostre combat Chrestien au rang des miseres, ou des infortunes. Or vous me direz que j'ay des pensées trop abstraites de vos sensibles ennuis, et que le plus sage des Roys en a mieux connu les efforts, quand il dit, comme par exclamation, en ses Proverbes : *l'esprit abbatu qui le relevera* ? Je vous concede, Madame, que je juge plus librement de vos afflictions, quand je les regarde comme des choses passées, qui ont bien esté contraires, mais point superieures à vos vertus ; et qui les ont pû combattre, sans toutes-fois les pouvoir vaincre. Autrement je sçay fort bien que la contemplation, et la joüissance des privileges celestes, que nous obtenons par la foi Chrestienne, ne sont pas tousjours si vives et si constantes, qu'elles puissent detourner tous les coups de nos adversitez, ou en oter le sentiment. L'experience mesme nous apprend bien le contraire. Lors que l'Espoux de nos ames se tient derriere la muraille, et qu'il luy plaist de retenir pour quelque temps l'influence de ses graces et consolations divines. Car à la verité, comme dit le Psalmiste Royal, *sa gratuité est meilleure que la vie*[208]. De là vient que la foy et la vertu des plus chers amis de Dieu, comme de David, Job, Jeremie et d'autres, ont eu quelque-fois des grandes eclypses ; et que la violence de leurs tentations leur a fait jetter des plaintes approchantes de peu près de celles des gens desesperez ; lesquelles ont esté marquées par l'Ecriture saincte à nostre commune consolation. De sorte que souvent nos victoires sont aussi sanglantes qu'elles sont tres-certaines, et les couronnes du Paradis celeste ne sont données qu'à ceux qui auront combattu vaillement. Quant à ce que vous avez opinion que j'eusse pû contribuer quelque chose à la tranquillité de vostre esprit par ma presence, cela me donne sujet de me rejouir extremement, comme d'une preuve infaillible de vostre affection. Or de ma part, je ne vous puis pas celer que l'ardeur, et la force du desir, que j'ay de vous pouvoir presenter un jour mon tres-humble service, me fait esperer, voire m'asseure parfois, que vous choisirez icy dans nostre Ville le lieu de vostre residence, à sçavoir après vous estre desveloppée des inquietudes de vostre trop grand mesnage : Et ayant eu le bonheur de joüir quelque temps de la douce compagnie de Madame de N.N. vostre Fille, nous nous sommes entretenu bien souvent de ces tres-agreables discours, desquels nous attendrons la confirmation de vos bonnes resolutions, et de la providence Divine. A la protection de laquelle je vous recommande, demeurant à tout jamais

Madame, Vostre tres-humble et tres-affectionnée Servante.
A.M. de Schurman
Ce 13 Aoust 1642.

*
* *

[208] *Psaume* LXIII, 4.

LETTRES XIV, XV, XVI

La Correspondance entre Anne Marie de Schurman et Anne de Rohan.

XIV. Lettre d'Anne Marie de Schurman à Anne de Rohan[209].

[19 août 1643]

Anne de Rohan, née en 1584, et malgré la différence d'âge, se devait d'entrer en contact avec Anne Marie de Schurman. La Princesse Anne de Rohan était la fille de René II et de Catherine de Parthenay, sœur de Henri, duc de Rohan, chef reconnu du mouvement protestant sous Louis XIII. Il y avait donc d'emblée une affinité spirituelle et confessionnelle entre les deux femmes. En outre, Anne de Rohan, digne héritière de sa mère, avait acquis la réputation enviable de femme savante, versée dans les arts et les sciences. Comme Anne Marie, elle était polyglotte et, ainsi qu'en témoigne la lettre qu'Anne Marie lui envoie, lisait l'hébreu. Quiconque aimait les arts ou les sciences rendit hommage à Anne de Rohan, et son palais devint le rendez-vous des savants. Elle avait ouvert ses portes à André Rivet qu'elle révérait. C'est grâce à Rivet qu'Anne de Rohan a été mise au courant des talents et de la piété d'Anne Marie de Schurman. La Princesse avait alors parlé avec chaleur d'Anne Marie dans une lettre adressée à André Rivet. Flattée par l'attention de la Princesse, Anne Marie lui écrivit une lettre à laquelle Anne de Rohan répondra, et qui sera suivie d'une autre missive d'Anne Marie, trois ans avant la mort de sa correspondante, survenue en 1646.

La première lettre constitue un discours dithyrambique où perce la profonde satisfaction de Mlle de Schurman de pouvoir communiquer avec la Princesse de Rohan. Effacement de soi, mise en valeur du rang et des mérites de son interlocutrice, insistance sur ses hautes vertus, et admiration pour une personne qui a pu concilier deux valeurs généralement incompatibles, « à sçavoir la grandeur de ce monde, et la sagesse Chrestienne ». Bien qu'Anne Marie de Schurman concède volontiers qu'elle ne peut prétendre à une « alliance d'amitié » à cause

[209] Schotel, p. 124 et ss., lui consacre quelques belles pages.

de l'inégalité de leur rang social, elle espère néanmoins se lier à la Princesse par un nœud spirituel, le plus beau de tous[210].

Elle termine sa lettre en disant qu'elle prend la Princesse comme un exemple qu'elle veut suivre, et elle révèle par la même occasion jusqu'à quel point elle se désole en présence des « tenebres de ce siecle corrompu ». Il est rare et précieux d'entendre Anne Marie de Schurman émettre un jugement moral sur son époque, surtout avant la rédaction de l'*Eucleria.*

*

* *

A la Princesse Anne de Rohan

Madamoiselle,

J'ay este d'avis cy devant que, pour estimer et reverer dignement vos tres-eminentes vertus, il les falloit plustost couvrir du voile d'un sacré silence, que de rabbattre de leur prix, par la bassesse de mon style : Mais après que Mons. Rivet m'a communiqué la lettre, dont il vous a plû l'honnorer dernierement, il me faut advoüer, que vostre bonté, laquelle reluit si clairement, a eu plus de force pour me faire mettre la main à la plume, que ces considerations respectueuses, pour la retenir plus long-temps. Car à vray dire, ce seroit ignorer ma felicité, et la valeur de vos bonnes graces ; de ne les prendre promptement, lors que vous estes aussi large à me les offrir, que je suis incapable de les meriter. Certes d'estre admise à la communication d'un si grand bien, c'est participer au plus precieux thresors de la vertu mesme, laquelle n'a pas besoin de nous donner d'autres loix que celles, qui se forment sur vostre exemple. Je n'ay pas la presomption de vouloir faire un tableau de vos loüanges, mais je diray seulement que vous avez conjoint deux choses qui sont ordinairement incompatibles, c'est à sçavoir la grandeur de ce monde, et la sagesse Chrestienne. Or combien que le haut rang de vostre tres-ilustre Maison ne me permette point de joindre mon ame avec la vostre, par une alliance d'amitié, laquelle requiert une egalité des parties : si est ce qu'elles se lient ensemble par un nœud plus ferme que celuy des societez politiques ;

---

[210] C'est ici qu'elle transcrit un texte biblique en hébreu, que, faute de connaissances, nous n'avons ni traduit ni identifié.

d'autant que tous mes vœux conspirent avec les vostres en l'amour de ceste qualité celeste, laquelle, comme dit, le plus sage des Rois, [*texte en hébreu*] Je ne nie pas que les progrez que j'ay faits en ceste lice ne soyent bien petits : mais cela ne m'empeschera point de me proposer vostre exemple, comme un Astre brillant parmy les tenebres de ce siecle corrompu, et de demeurer toute ma vie.

Madamoiselle, Vostre tres-humble et tres-devote Servante
A. M. de Schurman
d'Utrecht ce 19, Aoust 1643.

*
* *

XV. Réponse d'Anne de Rohan à Anne Marie de Schurman
[20 septembre 1643]

Dans ce que Schotel a appelé une « compétition de compliments[211] », Anne de Rohan rend hommage à la savante fille d'Utrecht. Elle se réjouit d'être dans la mémoire d'une « Dame, dont la pieté, le sçavoir et le merite ont l'aprobation des plus vertueux ». C'est dire que la réputation de femme savante d'Anne Marie de Schurman était déjà spontanément associée à sa vertu et, n'en doutons pas, à sa dévotion de femme pieuse. Mais il ne s'agit finalement que d'une réponse de civilité.

*
* *

[211] Schotel, p. 125.

Lettre de Madamoiselle Anne de Rohan
A Madamoiselle de Schurman

Madamoiselle,

Encore que la sincere amitié, que me porte ce digne personnage Mons. Rivet, me cause la faveur de vos lettres[212], je ne laisse pas de vous estre extremement obligée de m'en faire participante, et me glorifie de ce que je suis dans la memoire d'une Dame, dont la pieté, le sçavoir et le merite ont l'aprobation des plus vertueux. Mais ce qui trouble mon contentement en ce bon-heur, c'est que je me sens bien plus propre à vous admirer, que je ne suis utile à vous servir. D'autre part je croy qu'estant satisfaicte de vostre propre vertu, vous n'avez besoin de l'assistance de personne. Je ne vous offre donc rien et ne vous pouvant rien donner, je vous demande qu'il vous plaise de vous souvenir dans vostre chere patrie, que dans la France, il y a une personne de vostre sexe, et de vostre nom, qui vous honnore comme elle doibt, et vous souhaitte le bon-heur que vous meriter laquelle est

Madamoiselle,
Vostre bien humble et plus affectionnée à vous faire service

Anne de Rohan

De Paris. le 20. de Septemb. 1643.

*
* *

XVI. Réponse d'Anne Marie de Schurman à Anne de Rohan
[13 novembre 1643]

De toute évidence Anne Marie de Schurman a été comblée, voire éblouie par la courte lettre de la Princesse de Rohan. Encore que la Princesse ne dise rien d'extraordinaire, et s'est contentée d'une réplique polie dans le style affecté de son époque, Anne Marie éprouve

---

[212] À en croire la réponse d'Anne de Rohan, il y aurait eu d'autres lettres. Si c'est le cas, il faut dire qu'elles n'ont pas été retrouvées.

le besoin d'enrober sa gratitude d'une phraséologie difficultueuse, proche de l'emphase sibylline. Elle insiste, bien sûr, sur son humilité et sur sa modestie qui s'effarouchent devant le portrait élogieux de sa personne, fait par Rivet auprès de la Princesse. Un détail charmant est dans l'évocation d'Apelle, le célèbre portraitiste dont nous ne connaissons que la réputation. C'est dire que le « pinceau d'Appelles » d'André Rivet, dont elle a été l'objet, est aussi problématique que la renommée du peintre grec. Façon adroite et détournée de souligner une fois de plus sa modestie.

Il est évidemment question des « bonnes graces » de la Princesse, et de ses « divines qualitez ». Enfin, un petit passage qui mérite d'être souligné. On sait en effet qu'Anne Marie ne s'est jamais rendue en France, pour des raisons précises qui risquent de nous échapper. Nous avons émis l'hypothèse que les forces libertines de la France l'effrayaient au point que le voyage au pays de Descartes n'a jamais eu lieu. Ici toutefois, s'adressant à une Princesse de France, elle devient dithyrambique pour un pays qu'elle ne connaîtra jamais, mais qu'elle aime, dit-elle, surtout parce qu'il « possede la gloire de nostre sexe », à savoir la Princesse de Rohan. L'éloge de la France n'est pas moins flatteur : « Or encores que je regarde la France il y a long temps comme une des plus belles parties de l'univers : et comme mere et nourrisse de la sagesse, et de la vertu ».

Anne Marie possédait l'art d'encenser les grands de ce monde. Elle savait plaire et toucher la sensibilité des privilégiés de son siècle.

*

*   *

A la Princesse Anne de Rohan

Madamoiselle,

Ce seroit une grande presomption de vouloir attribuer à mon merite, et non pas à vostre pure bonté, qu'il vous a plû de recevoir si gracieusement les offres de mon tres-humble service, et, qui plus est, de les recompenser d'une lettre de vostre main, laquelle porte autant de marques de vos illustres faveurs qu'elle a de lignes, et de periodes. Que si Mons. Rivet m'a peint d'un pinçeau d'Appelles, et y a donné quelques beaux traits de son eloquence, il faut pardonner à l'affection d'un tel ami, lequel s'est servi, peut estre, de cest artifice, pour m'acquerir la vostre ; d'autant qu'il n'y avoit pas d'apparence de pouvoir l'attirer par l'objet des choses vulgaires. Quoy qu'il en soit, puis que ny la loy de la prudence, ny celle de la sincerité ne me commandent de decouvrir une erreur, dont la cognoissance ne sçauroit accroistre le contentement de personne, mais bien diminuer le nostre, je n'ay garde de me defigurer moy-mesme, afin que pour une verité non necessaire, je ne coure hasard de perdre vos bonnes graces. C'est là un tresor, dont je fais plus d'estat que des richesses de l'Orient et de l'Occident. Et si je me le puis conserver, je seray riche et heureuse mesme parmy les disgraces de ce monde. A vray dire d'estimer et d'admirer vos divines qualitez pour l'amour d'elles-mesmes, c'est un devoir, à qui la justice oblige generalement tous les hommes : Mais d'estre estimée d'une Princesse comme vous, c'est une prerogative, ou plustost une grace aussi rare qu'elle est desirée de tous ceux, qui ont accoustumé d'aspirer à des choses relevées. Ou encores que je regarde la France il y a long temps comme une des plus belles parties de l'univers : et comme mere et nourrisse de la sagesse, et de la vertu : si est ce qu'à present je l'ayme et l'honnore plus particulierement, pource qu'elle possede la gloire denostre sexe ; laquelle se communique si debonnairement à nos Provinces. Et s'il y a de la convenance entre les choses qui ont le mesme nom, (j'interprete ainsi vostre douce observation à mon avantage) et s'il m'est permis de chercher quelque secret dans les mots et les syllabes, à l'imitation des Cabalistes[213], comment pourray je me souvenir de moy mesme, sans faire reflexion sur mon Original, c'est à dire, Vostre tres-illustre personne, de qui je porte et le Nom et l'image, comme celle qui est veritablement,

Madamoiselle,

Vostre tres-humble et tres-obeissante et fidele Servante
A.M. de Schurman
D'Utrecht ce 13 de Novemb. 1643.

*
* *

[213] Allusion à ces interprétations juives ésotériques et symboliques des textes bibliques, une lecture à laquelle Mlle de Schurman s'est donnée corps et âme toute sa vie.

LETTRE XVII

Lettre à la Princesse de Bohème
[26 janvier 1644]

Cette lettre mentionnée au moment où nous posions la question des relations entre Anne Marie de Schurman et Descartes, renforce le sentiment traditionnel commun sur sa modestie. Il y a toutefois une telle insistance, ici comme ailleurs, sur cette modestie qu'elle en deviendrait volontiers suspecte. Quoi qu'il en soit, Anne Marie est honorée d'avoir mérité la sollicitude de la Princesse qui s'est même enquise de son état de santé. Elle minimise ensuite les progrès de ses études et relève un détail intéressant qui en dit peut-être plus long sur ses véritables ambitions, que toutes ses protestations d'humilité qui parsèment sa correspondance. En effet, Élisabeth de Bohème a dû (ou a pu) lui souhaiter une reconnaisance publique, ce qui allait parfaitement dans le sens de son « féminisme » combatif. Anne Marie n'a pas été insensible à ce vœu, et le rappelle avec un accent de résignation : « Au moins je n'ay pas opinion, qu'ils [ses études] puissent meriter les esperances publiques ». Curieusement elle se lance alors dans une réflexion sur la scolastique, départageant les partisans de l'argument d'autorité, dont elle fait partie, et les adeptes d'une pensée philosophique plus hardie, comme celle de Descartes. C'est dire qu'Anne Marie de Schurman aurait aimé participer à ce débat idéologique, voire être reconnue pour ses prises de position. En fait, comme mesure compensatoire, toute la lettre à la princesse de Bohème est pour ainsi dire consacrée aux options philosophiques de part et d'autre, le dernier mot revenant enfin à saint Augustin et à Aristote, « lesquels on n'a jamais pû obscurcir, quelques broüillars et chaos d'erreurs qu'on ait tasché d'opposer à leur brillante lumiere » ! La lettre date de 1644, et malgré sa réputation grandissante, nulle porte des illustres milieux savants ne s'est ouverte toute grande pour elle. Les éloges pleuvent, certes, autant aux Pays-Bas qu'en France, mais son insertion dans le mouvement scolastique se dérobe sans cesse. Cette lettre, pourtant d'une vive intelligence, en porte le triste témoignage.

A la Princesse de Boheme

Madame,

Ce seroit ignorer la grandeur de Vostre Altesse, et la petitesse de ma condition que d'attribuer à mon merite plustost, qu'à vostre pure grace, qu'il vous a plû m'honnorer dernierement d'une lettre de vostre main, et de vous enquerir si gracieusement, et de ma santé et de mes occupations. Or quant à ma disposition, elle est (graces à Dieu) en un temperament assez bon et propre, pour recevoir l'honneur de vos commandemens : Mais les progrez de mes etudes ne sont pas si notables, que j'en puisse rendre compte à mon avantage. Au moins je n'ay pas opinion, qu'ils puissent meriter les esperances publiques, comme vostre faveur me veut persuader. Il est vray, que je fais grand estime des Docteurs Scolastiques, et que sans doute ils pourroyent fournir de belles occasions pour exercer mon esprit, si je n'en estois divertie le plus souvent par des exercises plus necessaires. Je ne veux point nier, qu'il s'esgarent quelques fois par des speculations vaines, dangereuses, voire blasphemes ; ce qui les a fait encourir la censure de plusieurs gens doctes de nostre temps : neantmoins cela ne doit point prejudicier à la solidité, ny à l'excellence de leurs conceptions, qu'on a accoustumé d'admirer dans leurs ouvrages, lors qu'il est question ou d'esclaircir les secrets de Philosophie, ou de soustenir les plus hauts poincts de la Religion Chrestienne contre les Sceptiques profanes, et Athées. A peine sçauroit on discerner, s'ils ont esté plus ingenieux à forger des doutes, et des objections ; ou plus adroits à les resoudre : s'ils ont esté plus hardis à entreprendre des matieres hautes et difficiles, ou plus heureux et capables de les desmesler. De sorte, qu'à mon jugement, ils ont fort bien conjoint ensemble ces deux qualitez rarement sociables la subtilité et la realité. Et de fait ce n'est pas merveille qu'ils sont parvenus à un si haut degré de perfection, d'autant qu'ils n'ont point mesprisé la succession de leurs predecesseurs, ny la possession de tous les siecles passez ; et qu'il est aisé, selon la regle des Philosophes, *aliorum inventis aliquid addere*. Cela leur a esté assez de gloire de se laisser conduire par ces deux grands astres des sciences divines et humaine S. Augustin et Aristote, lesquels on n'a jamais pû obscurcir, quelques broüillars et chaos d'erreurs qu'on ait tasché d'opposer à leur brillante lumiere. Pour n'amuser [n'abuser ?] trop long temps vostre Altesse, je finiray après que vous m'aurez permis de dire que je suis encores celle qui a esté et sera toute sa vie,

Madame, Vostre tres-humble et tres-obeissante et tres-fidele Servante A.M. de Schurman.
A Utrecht ce 26 de Jan, 1644.

*
* *

LETTRE XVIII

Lettre à F. Spanheim[214]
[20 avril 1645]

Gottfried Arnold, un des premiers biographes d'Anne Marie de Schurman, a écrit qu'elle n'aurait jamais été connue si ce n'eut été du soutien de Rivet, de Voetius, et de Fréderic Spanheim[215]. C'est ce dernier qui la poussera à publier un certain nombre de ses lettres dans ce qui deviendra les *Opuscula*, publiés en 1648, 1650 et 1652. Ces lettres, c'est elle qui les a choisies, pour leur caractère non-conventionnel, a-t-on écrit[216], même si certaines lettres, comme à Madame Coutel, voire à l'illustre et savante Anne de Rohan, répondent assez peu à ce critère de sélection.

Fréderic Spanheim, né à Amberg en 1600, professeur de théologie, a donc joué un rôle important dans la vie d'Anne Marie, l'incitant précisément à publier, et ainsi à projeter son image de piété et de modestie. Les *Opuscula*, intéressants il va sans dire, ne constituent cependant pas une œuvre majeure, mais appartiennent au genre plus ou moins biographique, contenant, comme on sait, des lettres privées, les unes plus savantes que les autres, des poésies et des éloges.

La première lettre française qu'elle adresse à Spanheim, est datée du 20 avril 1645. Elle précède donc de trois années la première publication des *Opuscula*, mais témoigne assurément de la relation amicale

---

[214] Sur Fréderic Spanheim (1600-1649), voir la longue notice que lui consacre Pierre Bayle dans son *Dictionnaire*, vol. 4 p. 428-429.
[215] Voir plus haut p. 85.
[216] Voir Brita Rang, *art. cit.*, dans *A.M.V.S. (1607-1678)*, p. 45.

entre Anne Marie et le théologien de Leyde. Il s'agit manifestement d'une réponse à une lettre de Spanheim, qui a tardé sans doute à lui parvenir, mais qui lui a donné le plaisir d'un « present si excellent et si reel ». Selon ses habitudes, Anne Marie se complaît dans l'abaissement de son mérite, tout en se réjouissant que Spanheim ait manifesté de l'affection à son égard. Elle l'avait, suggère-t-elle, entretenu de questions théologiques sur lesquelles elle avait exprimé une « opinion qui ne chocque point le sens commun, ny les articles de la foy Chrestienne ». Elle évoque également une lettre que « Monsieur du Bois[217] (lui) a présentée » de la part de Spanheim, et où il est question des « Controverses des Eglises d'Angleterre ». C'est dire qu'Anne Marie de Schurman, sans entrer de plain-pied dans la controverse, abordait malgré tout des sujets théologiques épineux, et se formait une opinion forcément favorable à l'Église réformée. On a rappelé que dans une autre lettre à Spanheim, elle traitait le pape de diable, et prétendait même que ce dernier avait perdu son éminente position à cause du mouvement de la Réforme[218]. Une fois de plus elle juge qu'ils vivent « dans un siecle si dereglé que le nostre ». C'est à de tels traits que l'on reconnaît le fanatisme naissant d'Anne Marie, aboutissant, comme on sait, à une allégeance labadiste intransigeante.

*

* *

[217] Il s'agit vraisemblablement de C. Boy (Cornelis Boeij, poète zélandais), le mari d'Anna van Blockland à qui van Beverwÿck avait dédié en 1639 son ouvrage consacré à l'éloge de femmes remarquables.

[218] Voir Erica Scheenstra, « Over de goede keus van Anna Maria van Schurman » (Au sujet du bon choix [Eucleria] d'Anne Marie de Schurman), dans *A.M.V.S. (1607-1678)*, p. 132. Il s'agit d'un passage d'une lettre latine à Spanheim, datée du 9 octobre 1644 (*Opuscula* [éd. 1652], p. 118). Ajoutons ici que Pierre du Moulin avait, lui aussi, prétendu que c'est « Satan qui a corrompu l'Église romaine par le trop avoir, c'est-à-dire par l'avarice et l'ambition, tâche à corrompre les Églises de la nouvelle Réforme par le trop savoir... » (cité par Bossuet, *Œuvres complètes*, t. XIII, p. 385).

A Monsieur

Monsieur Spanheim
Docteur et Professeur en la S. Theologie dans l'Academie de Leiden.

Monsieur,

Ce n'est pas merveille que les veritez qui procedent de vostre esprit sont utiles à tout le monde, puisque les erreurs mesmes de vostre imagination m'ont procuré un present si excellent et si reel que vos Memoires. Pardonnez moy, que j'appelle erreur que vous croyez devoir faire la paix, où il n'y a pas de partie offensée. Car de fait, j'aurois tres-mauvaise grace de vouloir vous obliger à me respondre promptement, et de m'offencer à cause de vostre silence, puis que vos heures sont si cheres, et si necessaires au public, que les particuliers n'y peuvent quasi rien pretendre, sans dispense, et privilege exprès. Or si je n'ay pû recevoir vostre Princesse en la qualité d'Advocate, laquelle vous lui aviez donnée, je l'honnoreray tousjours en celle de Maistresse ; dont les actions Chrestiennes, que vostre style a consacrées à l'eternité serviront la loy et d'exemplaire aux miennes, autant que la mediocrité de ma condition m'en pourra rendre capable. Je passe aux tesmoignages qu'il vous a plû rendre à ma derniere Lettre, qui me font autant de marques de vostre intime affection ; Laquelle ne vous a point permis d'user de rigueur de vostre jugement pour la traiter selon ses merites. Je veux croire que pour une personne de ma capacité il vous semble assez, d'avoir trouvé en une matiere si haute et si difficile, une opinion qui ne chocque point le sens commun, ny les articles de la foy Chrestienne. De plus vostre Lettre touchant les Controverses des Eglises d'Angleterre, que Monsieur du Bois m'a presentée de vostre part, m'a donné grand contentement en la lisant, et ne me sera pas moins utile que necessaire dans un siecle si dereglé que le nostre. Car à mon jugement, vous avez mis la verité tellement à son avantage, que vous n'aurez plus rien à combattre que la passion aveugle et l'opiniatreté. Ce sont des vices qui font bien la guerre aux ******[?] comme on vous aura rapporté sans doute, et mon Frere vous en dira l'histoire plus particulierement. Je suis parfaitement, et demeureray toute ma vie.

Monsieur,

Vostre tres-humble, et tres-obligée Servante,
A. M. de Schurman
d'Utrecht le 20. d'Avril 1645.

*

* *

LETTRE XIX

Lettre à F. Spanheim
[29 juin 1645]

L'édition de 1652 des *Opuscula* date cette lettre du 29 juin 1645, alors que Douma la date de 1644. Erreur d'impression chez Douma ? Sans doute.

Sans que nous ayons des précisions, nous pouvons déduire de cette lettre que Spanheim avait soumis à Mlle de Schurman quelque sujet théologique, et avait sollicité ses impressions, voire ses « meditations ». Sa réponse a tardé car elle avait dû entreprendre un voyage sur « les instances de quelques uns de (ses) parents ». On sait qu'au moment du décès de sa mère, en 1637, elle avait dû prendre en mains les rênes du ménage, ce qui explique sans doute ses déplacements et, par conséquent, un ralentissement dans ses activités intellectuelles. Ce qui compte toutefois, c'est que Fréderic Spanheim n'hésite pas à faire participer Anne Marie à la vie de l'esprit de son temps, et à lui proposer des sujets de réflexion. C'est là une marque d'estime qui explique l'entreprise des *Opuscula* quelques années plus tard, dans laquelle l'influence de Spanheim a joué un rôle prépondérant.

Un détail de la lettre nous apprend également qu'Anne Marie a « esté abusée en la personne de ******, dont Monsieur Rivet (...) vous aura recité l'Histoire », écrit-elle. S'agit-il encore de cette vieille histoire selon laquelle Descartes s'était plaint de l'influence que Voetius exerçait sur elle ? On a peine à le croire, mais on remarque néanmoins qu'Anne Marie est extrêmement sensible quand il s'agit de sa réputation. Il en sera encore ainsi lorsqu'elle se verra soupçonnée en 1652 d'avoir embrassé le catholicisme. Il en va de même dès l'entrée en matière de l'*Eucleria*, où elle dénonce les savants qui ont eu l'audace de lui reprocher son nouveau style de vie, à savoir son labadisme intraitable. Anne Marie était un être susceptible, jalouse de sa réputation de femme modeste et pieuse, aisément offensée, peut-être trop aisément, car quelques médisances ne méritaient certes pas l'abandon de sa croissance intellectuelle.

*
* *

A Monsieur Spanheim, Docteur et Professeur en la S. Theologie dans l'Academie de Leiden.

Monsieur,

C'est vostre incomparable bonté et courtoisie, qu'il vous a plû me prevenir par vostre derniere lettre au devoir, que je vous eusse rendu il y a long temps, si les prieres, et les instances de quelques uns de nos parens ne m'eussent obligée de faire un petit voyage, par lequel le fil de mes pensées a esté interrompu jusqu'à present. Je ne veux pas nier que le poids et la difficulté de la matiere qu'il vous a plu me proposer ne m'ait empeschée d'y aller si promptement comme je l'eusse desiré : mais tant s'en fault que ces exercices me soyent desagreables, ou ennuieux, qu'au contraire, si j'en estois capable, je m'estimerais heureuse d'y pouvoir employer tout le reste de ma vie. Je tascheray donc au plustost qu'il me sera possible de vous communiquer mes meditations sur ce suject ; et si mes raisons ne pourront satisfaire à vostre jugement, au moins je monstreray la bonne volonté que j'ay de me conformer à vos desirs. J'ay feuilletté tous mes papiers pour trouver la lettre de Monsieur Joliver[219] ; mais ç'a esté en vain, et d'autant qu'il ne me souvient pas de ce nom, j'ay opinion qu'elle ne m'a pas esté rendüe. Quoy qu'il en soit, je me promets de sa civilité, qu'il m'excusera en ce point, puisque ma condition ne souffre point que j'estende trop les bornes de ma familiarité par le commerce des lettres, principalement après que j'ay esté abusée en la personne de ****** dont Monsieur Rivet, comme je croy, vous aura recité l'Histoire, je finiray la presente après vous avoir remercié bien humblement de Vostre tres-cher, et tres-agreable present, vous asseurant que je suis, et demeureray toute ma vie

Monsieur.

Vostre tres-humble, et tres-affectionnée Servante,
A.M. de Schurman.
ce 29. de Juin 1645.

---

[219] Difficile d'identifier ce Monsieur Joliver qu'Anne Marie, de toute évidence, ne connaît pas.

*

* *

LETTRE XX

Lettre à F. Spanheim
[20 avril 1646]

Cette troisième lettre adressée à Fréderic Spanheim (les *Opuscula* en contiennent huit, dont cinq en français et trois en latin) évoque une querelle de théologiens à laquelle Spanheim fut mêlé au moment où il publia une réfutation des prises de positions inacceptables pour l'Église réformée. Il s'agit en l'occurence d'un conflit entre Fréderic Spanheim et Moïse Amyraut, ministre protestant et professeur de théologie à Saumur. En 1634, Amyraut avait publié un *Brief traitté de la predestination et de ses principales dependances.* Cet ouvrage, selon les paroles de Bayle, provoqua une guerre civile parmi les protestants en France. Pierre du Moulin lui-même s'en était mêlé, disant que le traité d'Amyraut était en contravention au Synode de Dordrecht[220]. Amyraut fut accusé de favoriser l'arminianisme[221], et fut dès lors pris à partie par Fréderic Spanheim dans un ouvrage de 1646, *Exercitationes de gratia universalis*, celui dont parle Anne Marie de Schurman dans la présente lettre. Malgré la plainte portée en 1645 contre Amyraut, le Synode de Charenton lui permit de répondre aux trois volumes de Spanheim, ce dernier ayant été l'agresseur. En 1648, Amyraut répondit donc directement à Spanheim dans son *Specimen animadversionum in exercitationes de gratia universalis.* Spanheim, épuisé, essaya de reprendre le débat en 1649, avec des sermons sur « le trône de la

---

[220] Sur la condamnation des Arminiens, voir Bossuet, *Histoire des Variations*, Livre XIV, p. 428 et ss., dans Bossuet, *Œuvres complètes*, éd. cit., t. XIII.

[221] Jacobus Arminius (1559-1609), théologien protestant hollandais, avait contesté la théorie de la prédestination telle qu'elle avait été exposée par Calvin, et il soutint donc que la grâce était donnée à tous et non seulement à des élus prédestinés par Dieu, position calviniste proche du jansénisme du XVIIe siècle. Ce thème de la prédestination se retrouve évidemment dans la lettre d'Anne Marie de Schurman.

grâce », et la même année avec une riposte à Amyraut. Mais terrassé par ses travaux, il mourut la même année.

C'est donc dans le contexte de ce débat entre théologiens qu'il faut lire et comprendre la lettre d'Anne Marie de Schurman. Elle se réjouit bien entendu d'y être indirectement impliquée puisqu'elle a enfin reçu le livre de Spanheim, qu'elle a lu avec avidité. Nous remarquons une fois de plus ici combien les sujets théologiques la fascinaient. On devine également qu'elle a fait parvenir à Spanheim, selon ses habitudes, un petit auto-portrait.

*

* *

A Monsieur Spanheim, Docteur et Professeur en la S. Theologie en l'academie de Leiden.

Monsieur,

Combien que j'ay eu cy devant un tres-grand desir de voir vostre dernier ouvrage, si ay je à present encore beaucoup plus de satisfaction et de contentement en le possedant. Car de fait quand j'en considere toutes les parties, il me semble que vous vous y estes surmonté vous mesme. Et tant s'en faut que je vous veuille plaindre de vous voir les armes à la main, que j'advoüe qu'il n'y eut jamais d'armes plus dignes de louange et d'applaudissement que les vostres. Je sçay bien, que j'aurois mauvaise grace si je voudrois soustenir icy la personne d'un Juge, ou d'un Aristarche[222] : neantmoins je ne sçaurois vous refuser d'en dire mon sentiment, c'est en un mot que ceste querelle, que la gloire de Dieu, et la justice de la cause vous a rendu necessaire, apportera sans doute beaucoup de fruict aux spectateurs, de la confusion de vostre adversaire et à vous de l'honneur et du triomphe. Ceste opinion nouvelle, que vous avez disgraciée, est fort approchante de celle qui autresfois a troublé nos Provinces[223], quoy qu'elle se

[222] Aristarque (215-143 av, J.C.), le plus sévère des grammairiens et des critiques selon ses contemporains.

[223] Allusion aux différends entre Jacobus Arminius et l'Église réformée. En 1591, Arminius fut pris à partie par un pasteur d'Amsterdam, Petrus Plancius (1553-1622). Le conflit entre les deux hommes connut une accalmie en 1593. En 1604 toutefois,

deguise pour paroistre dissemblable à soy mesme, et pour gaigner pays avant qu'on la puisse recognoistre. Or, Monsieur, vous luy avez osté le masque, et la faisant approcher de la lumiere de la verité, vous monstrez que toutes ces belles couleurs qui luy donnent de l'avantage, ne sont que du fard, et que la bonne mine qu'elle fait à tout le monde, n'est qu'un beau semblant des faveurs, dont elle n'a rien moins que la realité. Veritablement c'est un erreur[224], qui d'abord semble bien petit, voire assez plausible en tant qu'il pretend d'amplifier la bonté, et la gloire de Dieu, en amplifiant sa grace. Mais vous prouvez evidemment que d'attribuer à Dieu un desir imparfait et sans efficace, de sauver, ou de vouloir estre sauvez sous une condition impossible ceux qu'il sçait aller en perdition, ce n'est pas seulement amuser le monde à de beaux songes, et le convier à des banquets de Tantale : mais aussi faire injure à la Majesté divine et à la felicité du Souverain Dieu, pour donner quelque satisfaction et consolation imaginaire aux meschans et aux reprouvez[225]. De sorte qu'à mon jugement, vous l'avez tellement reduit à l'estroit, et coupé chemin à toutes ses

---

alors qu'Arminius avait été nommé professeur de théologie à Leyde, le débat reprit de plus belle, cette fois-ci entre Arminius et son collègue Franciscus Gomarus (1563-1641), en dépit du fait qu'Arminius avait tâché d'adoucir ses vues sur la prédestination. Plancius revint à l'assaut et le différend entre les deux hommes prit alors une tournure nationale, au point qu'une commission fut créée en 1607, dont le rôle était de préparer un synode où la question serait tranchée. En 1608, les États de Hollande confrontèrent Gomarus et Arminius, mais sans résultat. C'est à ce moment-là, le 30 octobre 1608, qu'Arminius livra sa fameuse déclaration : « *Corte ende grondighe verclaringhe*... (Courte et solide déclaration tirée des Livres sacrés (...) sur la question importante de la puissance et de la justice de la prévoyance divine vis-à-vis des méchants) » (nous traduisons). En 1609, une nouvelle convocation fut lancée à Gomarus et Arminius, mais ce dernier ne put s'y rendre pour cause de maladie. Il mourut à Leyde en octobre de la même année. À la suite du synode de Dordrecht, en 1619, les disciples d'Arminius se séparèrent de l'Église réformée, et formèrent la Confrérie des Remontrants.

224 « Erreur », nom masculin (ou féminin) dans la langue du XVIe siècle. Voir Pasquier, Marot, Charron, dans le dictionnaire de La Curne, dans *l'Atelier*...

225 On remarquera en passant que l'arminianisme a quelque affinité avec les positions jansénistes, en dépit du recours à s. Augustin. La position d'Anne Marie de Schurman est évidemment celle de Pierre du Moulin qui « condamne les Arminiens en ce qu'ils enseignent qu'il y a des justifiés qui perdent la foi et sont damnés », car « quiconque est assuré de son salut, l'est en même temps que Dieu ne l'abandonnera jamais, et ainsi qu'il persévérera jusqu'à la fin » (cité par Bossuet, *Œuvres complètes*, t. XIII, p. 448).

eschappades, que de necessité il luy faudra se confiner dans ce labyrinthe de semblables absurditez ; ou n'avoir plus d'arrest, ny de bornes. Or c'est là un mal qui avoit besoin d'un prompt remede ; et il y falloit, un autre Augustin comme vous, pour maintenir le party de la Grace contre les fardeurs de la nature. Quant à moy, je vous suis grandement obligée d'un present si rare, et si precieux, qui et pour la consideration de son auteur, et pour celle de son propre merite, tiendra le premier rang dans ma Bibliotheque. Je souhaitterois fort d'estre aussi capable de vous pouvoir rendre la pareille, que je suis prompte à le recognoistre ; Ce que j'ay voulu vous tesmoigner par ce petit ouvrage de ma main, lequel ne vous sera point desagreable, si vous le recevez (comme je m'en asseure) d'une mesme affection que vous l'offre celle qui est,

Monsieur,

Vostre bien-humble et tres-obligée Servante,
A.M. de Schurman
D'Utrecht ce 20. d'Avril 1646.

*

* *

LETTRE XXI

Lettre à Mlle du Moulin (inédite)

[27 septembre 1646]

Nous ne savons pas grand-chose de Mlle du Moulin, Marie de son prénom, sauf qu'elle était une fille issue du deuxième mariage du fameux Pierre du Moulin. Comme nous l'avons déjà fait remarquer, la relation entre Mlle du Moulin et Anne Marie de Schurman précède de toute évidence le contact d'Anne Marie avec le célèbre pasteur.

Il s'agit ici en l'occurrence d'une petite missive envoyée à la fille de Pierre du Moulin, qui semble avoir rejoint son oncle à Breda, où André Rivet est curateur depuis 1646 à « l'Illustre École ». Anne Marie de Schurman se désole de l'éloignement de son amie, mais trouve réconfort dans l'idée que c'est la providence, ou la volonté divine, qui a voulu qu'André Rivet occupe ses hautes fonctions en une école qui est « encore comme dans le berceau ». Il n'est sans doute pas inutile ici de montrer une fois de plus dans quelle mesure la pensée d'Anne Marie de Schurman est marquée par le providentialisme, et par conséquent dominée par un véritable affect religieux. C'est un tel état d'esprit qui la livrera tout entière au labadisme.

*
* *

A Madamoiselle
Madamoiselle du Moulin
sous couvert[226]
A La Haye.

Ma tres-chere Sœur,

Je ne puis vous representer le grand desplaisir que j'ay reçu de ces nouvelles, qui nous menacent de vostre plus grand éloignement. Il est vray que c'est une espece de necessité d'obeïr à la volonté de son Altesse : mais je ne sçaurais nullement acquiescer en ceste consideration, si je ne regardois plus haut à la providence de nostre Dieu ; qui sans doute, se veut servir de Monsieur vostre Oncle au bien de ceste Escole illustre, laquelle estant encore comme dans le berceau, aura besoing d'une authorité et d'une prudence, pour la conduire, comme la sienne. Quoy qu'il en arrive, ceste incommodité ne m'empeschera pas aucunement de vous conserver toute entiere ceste affection laquelle je vous ay une fois vouëe, et de demeurer toute ma vie,

Ma tres-chere sœur

Vostre tres-humble et tres-affectionnée sœur et servante

A.M. de Schurman

[226] Sous le couvert, avec une enveloppe qui porte l'adresse d'un tiers.

J'escriray à la premiere occasion à Monsieur vostre Oncle pour le remercier de son agreable present. Il vous plaira le saluer tres-humblement de ma part, comme aussi Mademoiselle vostre tante.

ce 27me de Sept. 1646.

*
* *

LETTRE XXII

Lettre à Mademoiselle du Moulin
[8 décembre 1646]

On ignore où et quand Anne Marie et Marie de Moulin se sont connues. Peu importe, mais on constate dans la présente lettre une fraîche amitié, entrelacée de taquineries et d'humour. Ce sont là des traits extrêmement rares dans les lettres d'Anne Marie, qui jettent un nouveau jour sur sa personnalité.

Nous apprenons que Mlle du Moulin s'est intéressée aux questions philosophiques, mais sans donner de précision sur la nature de ses lectures. Anne Marie s'en réjouit, même si, dit-elle, elle jalouse quelque peu cette rivale. Marie du Moulin s'est toutefois demandé si au lieu de retenir « les bonnes graces » de la philosophie, elle n'en a eu seulement que « la mine et le semblant ». Cette modestie inattendue pique au vif Anne Marie qui y oppose avec une feinte indignation « quelque petite folie parmy les sages » qui aurait incité Mlle du Moulin à prendre « plaisir d'abuser le monde, et de paroistre moindre » qu'elle ne l'est en réalité. L'explication d'Anne Marie, au-delà des flatteries habituelles, est intéressante dans la mesure où l'on peut y voir une projection de sa propre modestie, ostentatoire certes, mais qui masque à peine un vrai savoir qu'elle partage avec son amie, et, disons-le, qu'elle n'hésiterait pas à proclamer publiquement.

Nous apprenons aussi qu'elle a envoyé un de ses petits portraits à Mlle du Moulin, trop flatteur s'empresse-t-elle de dire. Suit alors une joute linguistique fort amicale, où nous voyons Mlle du Moulin se plaindre d'être sur le point de perdre son « Flaman[227] », tandis qu'Anne Marie renchérit avec un doute sur sa propre maîtrise de la langue française. Elle lui propose donc de choisir entre de longues lettres en flamand, qui risquent de compromettre leur entente, et le retour souhaité de Mlle du Moulin. Le tout sur un ton enjoué, presque de gaminerie.

Enfin, plus sérieusement, elle s'enquiert de la santé de son père, Pierre du Moulin, et en profite pour demander à son amie « quel est à present en France l'estat de nostre Religion » sujette à des « nouveautez[228] (...) dangereuses dans un Royaume où il y a tant d'adversaires ». Allusion sans doute à la situation toujours précaire des protestants français, à peine protégés par l'Édit de Nantes, et pour qui la Hollande était devenue un hâvre de paix.

*

* *

227 On remarquera que Marie du Moulin parle du flamand comme étant la langue de la Hollande, et non seulement de la partie septentrionale de la Belgique actuelle. En France on jugea que la langue des « Pays-Bas » était le *flamand*, comme en témoignent, par exemple, des textes de Jean-Pierre Camus, assimilant les pays de Liège ou de Namur à la grande communauté flamande des Pays-Bas. Même Anne Marie de Schurman, dans la présente lettre, parle de ses « longues lettres en Flaman ».

228 On imagine mal que cette « nouveauté » soit le jansénisme au cours des années 40. Depuis *De la fréquente communion* (1643) d'Arnauld, le mouvement réformateur des jansénistes avait pris de l'ampleur et était devenu sujet à controverse. Combattu en France, certes, mais jamais confondu avec les Églises réformées. Par ailleurs les « nouveautez » peuvent désigner la tolérance assez nouvelle et le climat de réconciliation entre protestants et catholiques, sous l'œil complaisant du cardinal Mazarin. Il faut dire que les huguenots français ne formaient plus pour ainsi dire un parti : « il ne restait qu'une église sans défense, livrée au bon vouloir des ministres ou des rois » (Raoul Stephan, *Histoire du protestantisme français*, Paris, Arthème Fayard, 1961, p. 149). Mazarin, bien disposé à leur égard, disait même : « Je n'ai pas à me plaindre du petit troupeau. S'il broute de mauvaises herbes, du moins il ne s'écarte pas » (*Ibidem*, p. 150). En dépit de ce climat de tolérance, des forces contraires continuaient néanmoins à menacer l'Église réformée. On songe surtout, et c'est sans doute la pensée de Mlle de Schurman, à l'action de la Compagnie du Saint-Sacrement, créée vers 1630 par Henri de Lévis, et qui s'efforçait « de fermer aux réformés toutes les professions, jusqu'à celle de blanchisseuse » (*Ibidem*, p. 150).

A Madamoiselle du Moulin.

Ma tres-chere Sœur,

Puis que nous avons les mesmes interests de joye et de tristesse, nous avons esté fort rejouis de voir en vostre lettre les vrayes marques d'un visage serain ; et non seulement en posture de rire, mais aussi pour faire rire le chagrin mesme. Et de fait la gayeté de vostre cœur se reveillant et esclattant après une si grand eclipse, ne peut produire en nous que des pensées plaisantes et recreatives. En sorte, que si vous me trouvez à present en une humeur plus gaye, et plus extravagante qu'à l'ordinaire, sçachez que c'est vous qui m'y avez mise. Vous me pardonnerez donc si je viens à vous divertir un peu de la serieuse instruction de Mons. vostre Pere, et la compagnie de la Philosophie, à laquelle (comme j'apprens) vous avez donné ma place. Et quoy que pour m'oster la jalousie de ceste rivale, vous tachiez à me persuader, que vous ne tenez rien de ses bonnes graces que la mine et le semblant ; si est ce que je ne sçaurois me persuader, qu'elle ne vous ait fait de ses caresses. Que si vous estez resolue de ne me reveler rien de ses secrets et mysteres, j'ay opinion, qu'elle n'a voulu vous les communiquer que sous le seau du silence, et d'une confession secrete. Je ne veux pas nier pourtant, que vous n'ayez commun avec les plus sages de mesler quelque petite folie parmy la sagesse, et notamment en ce point, que vous prenez plaisir d'abuser le monde, et de paroistre moindre que vous n'estes en effect. De plus quand je considere les avantages que vous me donnez, j'ay raison de croire que le pourtrait, que je vous ay envoyé dernierement, me flatte trop, et que l'Idée de l'original est presque effacée de vostre esprit. De sorte qu'il n'est pas merveille que vostre Flaman (comme vous dites) vous est de peu près eschappé. Pour moy, je vois bien que mon François est deja prest de s'embarquer, et de chercher ailleurs meilleur entretien, que je ne luy sçaurais donner. Et si vous ne voulez que je vous escrive cy-après des longues lettres en Flaman, et que nous n'ayons besoin de truchemens pour nous faire entendre l'une à l'autre, il vous faut songer bien tost à vostre retour. Or pour finir serieusement, je desire fort d'entendre de vous la continuation de ces bonnes nouvelles touchant la convalescence de Mons. vostre Pere, et quel est à present en France l'estat de nostre Religion, laquelle (comme on dit) est troublée par des nouveautez, qui pour leur consequence ne peuvent estre que tres-dangereuses dans un

Royaume où il y a tant d'adversaires. Je suis et demeureray toute ma vie

Ma chere Sœur,

Vostre tres-affectionée Sœur et tres-humble Servante
A.M. de Schurman.
Ce 8. de Decemb. 1646.

*
*   *

LETTRE XXIII

Lettre à F. Spanheim
[18 octobre 1647]

Contrairement à la lettre précédente, celle-ci n'engage aucune opinion philosophique ou théologique. C'est une lettre sans grande valeur qu'Anne Marie a probablement voulu publier dans les *Opuscula* pour rendre hommage à Spanheim, et pour témoigner de son amitié et de son prestige. À la limite, c'est une lettre plus flatteuse pour l'auteur que pour le récipiendaire.

Quoi qu'il en soit, nous la voyons qui se désole de n'avoir pas pu rendre visite à Spanheim, d'abord parce que ce dernier s'était rendu à Spa (pour une cure ?[229]), et ensuite parce qu'elle même a été sollicitée par des voyages dont on devine qu'ils étaient de nature familiale.

On goûtera dans cette lettre l'art accompli du compliment joliment tourné, tout en arabesques stylistiques, au point que le sens premier de la phrase n'apparaît pas toujours de prime abord.

*
*   *

[229] Quel était l'état de santé de Spanheim ? Né en 1600, il meurt en 1649, à l'âge de quarante-neuf ans, donc deux ans avant la lettre d'Anne Marie de Schurman.

A Monsieur
Monsieur Spanheim, Docteur et professeur en la S. Theologie en l'Academie de Leiden.

Monsieur,

Il y a un terme assez long que je vous suis redevable de vos tres-agreables presens, dont il vous a plû m'honorer devant vostre voyage de Spaa. Et de fait je n'eusse pas manqué de vous en remercier promptement, comme vostre faveur et grande civilité l'avoi(en)t merité, si le regret que j'ay eu de vostre depart inopiné ne m'eut osté l'inclination de vous aller entretenir en un lieu, qui m'avoit ravi le bon-heur de vous voir chez vous ; et de participer à toutes les graces, et dons celestes, dont nostre Dieu a si richement orné vostre personne. Certes j'ay desiré passionnement ceste felicité il y a long-temps, et je la regardois desja comme presente avant que vos lettres, et la promesse que j'avois faitte à mes autres amis, m'en firent desesperer entierement. La difficulté de mes voyages, qui n'ont ordinairement des moindres intervalles que de quelque periode d'années, me fait d'autant plus regretter la perte de cette occasion, qu'elle me semble moins reparable. D'ailleurs le nombre, et la suite de vos hautes occupations enchainent tellement toutes vos heures, qu'il ne me reste aucune esperance de vous pouvoir accueillir quelque jour en nostre maison, si ce n'est que vous me fassiez attendre de l'excez de vostre bonté, ce que je ne puis pretendre de l'obligation de vostre devoir. Je finiray en cette douce pensée que vous vous laisserez vaincre par les vœux, et les prieres de celle qui est parfaitement

Monsieur,

Vostre tres-humble et tres-affectionnée Servante
A.M. de Schurman
D'Utrecht ce 18. d'Octobre 1647.

*
* *

LETTRE XXIV

Lettre à Claude de Saumaise (Salmasius, Claudius)

[26 novembre 1647]

La correspondance avec Claude de Saumaise témoigne amplement de l'estime où était tenue Anne Marie de Schurman. En effet, Saumaise (1588-1653) fut un des grands humanistes et philologues de son temps. Il fut initié par son père au grec et au latin. Il étudia le droit, la médecine, la théologie et l'histoire. Il fut polyglotte, comme Anne Marie, maîtrisant, entre autres, l'hébreu, l'arabe et le persan. Lorsque sa carrière d'avocat fut freinée par son adhésion à l'Église réformée, il se rendit en Hollande, à Leyde, où l'université lui offrit en 1631 la succession de Joseph Scaliger. Savant inépuisable, il produisit pas moins de quatre-vingt livres, parmi lesquels on retient surtout sa défense du droit divin de la monarchie. C'est à ce géant de l'érudition humaniste que s'adresse Anne Marie de Schurman. S'il y a eu échange de lettres, nous pouvons regretter qu'aucune lettre de Claude de Saumaise à Mlle de Schurman n'ait été retrouvée.

Dans cette première lettre en français à Saumaise, Mlle de Schurman évoque, non sans fierté, l'imminente publication de ses *Opuscula*, sous l'instigation de Fréderic Spanheim. Elle mentionne également une lettre[230] où elle commentait un « Traicté de la Transsubstantiation », de la main de Saumaise[231], et dirigé contre Grotius.

Revenant alors aux *Opuscula*, elle concède qu'ils ne seront pas d'un « grand profit au public », affirmant ainsi une fois de plus sa modestie par trop ostensible, même si le ton de sa lettre latine semble avoir eu

---

[230] Cette lettre latine est datée de janvier 1646. Elle est longue de 18 pages (éd. 1652 des *Opuscula*), et elle donne une excellente idée de l'érudition (scripturaire ou autre) d'Anne Marie de Shurman. On y trouve également le nom de Grotius, celui qui a mis le feu aux poudres.
La date de janvier 1646 est étonnante, compte tenu du fait que le traité de Claude de Saumaise est également daté de 1646. On peut croire que le traité était déjà sorti en 1645, et qu'Anne Marie en avait reçu un exemplaire, tandis que la date de sortie publique fut reportée à 1646.

[231] Il s'agit en l'occurence d'un gros in-8 de 551 pages, intitulé *De Transsubstiatione liber, Simplicio Verino autore. Ad Justum Pacium contra H. Grotium*, paru à Leyde en 1646.

une acidité qu'elle réservait spécialement, d'après elle, à un échange de lettres privées.

*
* *

A Monsieur,

Monsieur de Saumaise
Chevalier et Conseiller d'Estat du Roy de France.

Monsieur,

Il y a quelque temps que je vous ay tesmoigné par ma derniere lettre le ressentiment que j'ay, et auray toute ma vie de tant d'honneur que nous avons reçeu dernierement chez vous. Depuis Mons.*****[232] m'a escrit touchant l'edition de quelques-unes de mes Lettres, et notamment de celles que vous tenez de moy afin de les joindre aux autres ; mais puis qu'il me souvient, que vous avez jugé si favorablement de celle qui se rapporte à vostre Traicté de la Transsubstantation, comme si elle eut merité quelque place dans l'edition de celuy de la Messe, que vous avez en main ; je ne voudrois point qu'elle fust privée d'un si beau jour, d'où elle emprunteroit tout le lustre, qu'elle n'a pas de soy mesme. Quant à moy certes, je ne puis m'imaginer qu'il en reviendra grand profit au public : mais ce m'est assez de contentement de faire ceder mes opinions à celles de mes amis. Je desirerois seulement une chose, que l'aigreur du style de controverse fust aucunement adoucie par quelque advertissement au Lecteur, qu'elle n'avoit esté destinée qu'à une conference privée. Pardonnez à ma franchise que je vous arreste à si peu de chose. C'est que je me fie à vostre bonté et amitié comme celle qui est

Monsieur,

Vostre tres-humble et tres-obligée Servante
A.M. de Schurman
d'Utrecht ce 26. de Nov. 1647.

---

[232] Il s'agit probablement, soit d'Abraham Elsevier, mort en 1652, soit de Bonaventure Elsevier, mort en 1653, les deux plus célèbres imprimeurs de la maison Elsevier où la première édition des *Opuscula* fut publiée.

*

* *

LETTRE XXV

Lettre à Claude de Saumaise
[18 mars 1648]

Cette deuxième lettre française à Saumaise, datée de 1648, nous apprend que l'humaniste a eu des problèmes de santé, et qu'il s'est rendu à Spa, célèbre pour ses vertus curatives. Anne Marie évoque une fois de plus sa longue lettre latine de janvier 1646, que Saumaise semble avoir bien reçue. Elle aborde également la question controversée de l'astrologie, contre laquelle Saumaise a publié en 1648 un gros traité intitulé *Cl. Salmasii de Annis climactericis et antiqua diatribae.* Est-ce encore un souvenir de la position un peu surprenante de Rivet, lorsqu'il répondit à sa lettre, reprise dans la « Question célèbre » de Colletet ? On peut le croire puisque, dit-elle, « une tres-illustre personne m'a donné autrefois occasion de luy en [l'astrologie] declarer les miens en une lettre qu'on a destinée à la presse ».

Elle exprime enfin le vœu que Saumaise fasse un jour paraître son traité *De termino vitae*, sans doute pour le comparer au sien, publié en latin en 1639, sous le titre *De Vitae termino*, avec une traduction en néerlandais la même année. Saumaise consacra ses dernières années à la défense de la monarchie de droit divin, et entra en lice avec Milton qui défendit Cromwell contre Charles Ier d'Angleterre. Il semblerait donc que Saumaise n'ait malheureusement pas eu l'occasion de publier cet ouvrage que sollicite Anne Marie de Schurman[233]. La mort devait le surprendre en 1653.

*

* *

[233] Nous avons consulté les catalogues de la Koninklijke Bibliotheek et de la bibliothèque de l'Université de Leyde. Le long répertoire des œuvres de Saumaise ne mentionne aucun traité de cette sorte.

A Monsieur,
Monsieur de Saumaise
Chevalier et Conseiller d'Estat du Roy de France.

Monsieur,

L'excuse de vostre silence est si juste et si legitime, que je n'ay point raison de me plaindre que de l'excès de vostre industrie et civilité ; laquelle vous a porté à me rendre des offices, qui dans l'estat où vous avez esté, n'ont pû vous apporter que de l'incommodité. Neantmoins j'ay esté fort rejoüie que vous m'avez advertie de vostre meilleure disposition. Et j'espere qu'à ce renouveau prochain nostre bon Dieu renouvellera vos forces, comme celles d'un aigle rajeunissant. De mesme que j'ay esté bien aise d'entendre que la lettre, que j'ay pris la hardiesse de vous escrire en une langue moins usitée, ne vous a pas ennuyé : mais qu'au contraire vous l'avez si bien reçeu, et luy avez donné tant d'avantages, qu'elle ne releve que de vostre pure faveur ; dont les obligations me tiennent tellement enchaisnée qu'au lieu de m'acquitter des vieilles je ne fay qu'en contracter de nouvelles. Le present qu'il vous a pleu me faire dernierement, n'a point seulement apporté du lustre à mon estude ; mais aussi de belles lumieres à mon esprit. Certes à mon opinion la recherche de ce subject n'estoit point indigne de vostre incomparable sçavoir, qui ne reçoit pas d'autres bornes que celles de tous les siecles ensemble ; et il y falloit un œil clair voyant et penetrant dans les plus reculez cabinets de l'antiquité, comme le vostre, pour decouvrir un erreur si deguisé et si communement receu que celuy des Ans Climacteriques[234]. Vous avez monstré

[234] Furetière consacre une assez longue notice à « climacterique », qui vaut la peine d'être rapportée ici. « CLIMACTERIQUE : adj. m. et f. Année dangereuse à passer, et où on est en danger de mort au dire des Astrologues. Une vieille experience, ou plustost erreur populaire, a confirmé cette opinion. Suétone dit qu'Auguste felicita son nepveu de ce qu'il avoit passé sa 63. année, qu'on tient **climacterique**. On le dit aussi des années 49. et 56. Le fondement de cette opinion est dans Marsile Ficin, qui assigne une année à chaque Planette, pour dominer sur le corps de l'homme chacune à son tour : et comme Saturne est la plus malefique de toutes, il tient chaque septiéme revolution dangereuse, et sur tout les 49. 56. et 63. années où on est déjà avancé sur l'âge. Il y a quelques-uns qui observent les revolutions dès neuf ans. Les Auteurs qui en ont écrit sont Platon, Ciceron, Macrobe, Aulugelle entre les Anciens ; et entre les Modernes, Magin, Argolus, et Claude Saumaise fort doctement. St. Augustin, Saint

que les termes par les abus des hommes changent souvent leur premiere signification ; et que celle de nostre temps est si differente en ce point, de celle des anciens, qu'il ne nous en reste rien que le masque. Or pour disgracier ces vanités tout d'un coup, vous avez fait bien à propos l'Histoire de leur origine, qu'elles ont pris du fonds de la superstition et de l'idolatrie payenne. De plus j'ay esté très satisfaicte d'avoir veu vos sentiments touchant l'Astrologie, qui fait icy une des principales parties : puis qu'une tres-illustre personne m'a donné autrefois occasion de luy en declarer les miens en une lettre qu'on a destinée à la presse : lesquels, combien que je ne les aye proposés que fort generalement, et par maniere d'acquit ; si les trouverez vous du tout conformes aux vostres. Pour finir, je ne puis m'empescher de vous presser encore sur vostre promesse (j'interprete ainsi les dernieres paroles de vostre Livre) que vous nous communiquerez un jour vostre traicté De termino Vitae ; lequel (comme vous aussi l'avez remarqué) approche et depend aucunement de cettuy-cy. En ce faisant vous obligerez grandement et le public d'un si long temps desiré, et tres-particulierement celle qui est,

Monsieur,
Vostre tres-humble et tres-obligée Servante
A.M. de Schurman
D'Utrecht ce 18. de Mars 1648.

*
* *

Ambroise, Beda et Boëce, disent que cette observation n'est point superstitieuse. Ce mot vient du Grec, où il signifie *par eschelons* ou *par degrez. Klimax* en Grec signifie une *eschelle* ».

LETTRE XXVI

Lettre à Madame de Saumaise
[18 mars 1648]

Madame Saumaise, qu'il ne faut pas confondre avec Charlotte de Saumaise de Chazan[235], était la fille de Josias Mercier, sieur de Bordes et de Grigny, calviniste notoire et professeur d'hébreu au Collège de France. Sa fille Anne épousa Claude de Saumaise en 1623. Selon Schotel, Anne de Saumaise fut comparée à Xanthippe, ce qui, à l'insu de l'historien, n'est pas forcément un compliment, même si cette dernière était la femme de Socrate, mais reconnue surtout pour être une femme acariâtre que Socrate fit éconduire lors de ses dernières heures[236].

De toute évidence, Anne Marie de Schurman avait été en contact avec la femme de Claude de Saumaise. Anne Marie évoque leur correspondance (dont n'est restée que la présente lettre) et l'offre que fit Anne Marie d'un de ses portraits, comme elle avait l'habitude de le faire avec ses amis et amies. On apprend aussi qu'Anne Marie lui a envoyé « un petit essay de (sa) Muse[237] et de (son) ciseau », en quoi il faut sans doute reconnaître une de ces petites statuettes qu'elle

---

[235] Charlotte Saumaise de Chazan, née en 1618, était la nièce de Claude de Saumaise, connue comme la Comtesse de Brégy. Elle écrivait de la poésie, et quelque traité intitulé *La reflexion de la lune sur les hommes*, publié en 1654. Voir Georges Mongrédien, « Une précieuse : la comtesse de Brégy », dans *Revue de France*, 3, 1929, p. 36-66.

[236] Ces détails se trouvent dans le *Phédon* de Platon, *Œuvres complètes*, Paris, Gallimard (La Pléiade), t. I, p. 768. Il semblerait même qu'elle soit devenue le symbole de l'épreuve imposée par le mariage à l'impassibilité du Philosophe (*Ibidem*, n. 2, p. 1369). On a peine à croire que Schotel, p.115, songe au portrait peu flatteur de Xanthippe.

[237] Il est possible qu'il s'agisse d'un de ces petits poèmes, en latin, en français ou en néerlandais, qu'elle écrivit à ses amis ou à l'occasion d'un événement spécial, comme lors de l'inauguration de l'université d'Utrecht en 1636, gratifiée d'un poème en français. Voir les *Opuscula* (1652, p. 302-303), où le poème est précédé du préambule suivant : « Sur ce qu'après un air sombre et suivy d'une pluye espaisse (qui continua le jour de l'inauguration de l'Academie d'Utrecht jusqu'à 9. heures du matin) le Soleil perça les nues, et esclatta inopinément sur le frond de ceste pompe solemnelle, justement au point qu'elle fit sa sortie de la maison de ville ». Voir aussi Schotel, p. 53-54.

ciselait depuis son jeune âge. On sait peu au sujet de Madame de Saumaise[238], mais d'après Anne Marie de Schurman, toujours courtoise, elle était douée d'un « tres-noble et tres-liberale genie ».

*
* *

A Madame,
Madame de Saumaise.

Madame,

La Lettre, que j'ay eu l'honneur de recevoir de vostre main, porte des characteres si illustres de cette bonté et courtoisie extraordinaire, dont il vous a pleu nous recevoir dernierement chez vous, que je la garde, comme un tres-precieux tableau et gage de vos genereuses faveurs. Et de fait je ne pense pas avoir si bien rencontré en faisant mon pourtrait (lequel vous avez jugé digne de vostre approbation) que vous y avez exprimé parfaitement les marques de vostre tres-noble et tres-liberale genie, me remerciant de ce que je vous doy, et vous chargeant des obligations que je vous ay, et auray toute ma vie, comme celle qui est veritablement,

Madame,

Vostre tres-humble, tres-obeissante et tres-obligée Servante
A.M. de Schurman
D'Utrecht ce 18. de Mars 1648.

Je vous presente icy un petit essay de ma Muse, et de mon ciseau, en reognoissance de tant de bien-faits que j'ay receu de vous : et j'espere que l'occasion nous naistra un jour, de pouvoir vous en tesmoigner plus amplement mes ressentimens.

*
* *

[238] L'index des noms propres dans *A.M.V.S. (1607-1678)* mentionne Saumaise-Mercier, A. avec la parenthèse « inconnue ».

LETTRE XXVII[239]

Lettre à Claude de Saumaise
[11 juillet 1648]

Cette courte lettre reste énigmatique parce qu'on ignore ce que Saumaise lui aurait écrit. Quoi qu'il en soit, elle témoigne une fois de plus de cette modestie, de cet effacement même devant le mérite que des amis de Saumaise ont attribué à Anne Marie de Schurman. Elle enrobe même sa pensée d'un joli ruban précieux lorsqu'elle se risque à un jeu de mot innocent, certes, mais intentionnel : « des hommes *illustres* (...) empruntent du *lustre* comme par quelque réflexion ». C'est sans doute ce qui a fait dire au commentateur du *Cabinet historique* que cette lettre « dénote la précieuse ». Antoine Bodeau de Somaise n'en disait pas moins dans son *Grand Dictionnaire des Pretieuses*, où elle porte le nom de « Statira », « une des [plus] savantes précieuses qui ait jamais été ».

*

* *

Monsieur,

Je ne prends les excuses dont vous accompagnez vos recommandations que pour un effect de vostre courtoisie, et ce seroit ignorer le rang que vous tenez au monde et le droit de nostre amitié de les requérir en consideration de vostre devoir. Que s'il y a de la faute, c'est que vous croyez de l'avoir fait. Quant à moy, je desirerois estre aussy digne de la bonne opinion que vos amis ont de mon mérite, que vous êtes prompt à leur en donner l'impression. Or, c'est l'avantage de ceux qui possèdent la faveur des hommes illustres, qu'ils en empruntent du lustre comme par quelque réflexion ; et si je puis estre, en

---

[239] La lettre qui suit est celle que l'on trouve dans le *Cabinet historique*, 5, p. 62. Nous soupçonnons le copiste de n'avoir pas tout à fait respecté la graphie de l'original (accents aigus et graves, suppression de traits d'union [très humble au lieu de tres-humble]).

effect, tout ce que je devrois estre, je demeureray tousjours celle qui est véritablement, monsieur, votre très humble et très obligée servante,

A.M. de Schurman.

A Utrecht, ce XIe de juillet 1648.

Et au dos : A Monsieur de Saumaise, chevalier et conseiller au saint consistoire[240] du roy de France, à Leyden.

*
* *

LETTRE XXVIII

Lettre à F. Spanheim
[15 août 1648]

Cette dernière lettre à Spanheim clôt la correspondance française dans les *Opuscula*. Elle date du mois d'août 1648, au lendemain de la publication de ses *Opuscula* que Spanheim l'avait incitée à donner au public. De toute évidence, Anne Marie de Schurman est heureuse d'avoir offert un certain nombre de ses lettres, de ses poésies et des éloges qu'elle a reçus.

Il faut le dire, une telle publication, vu son contenu, relève d'un narcissisme à peine masqué. Anne Marie a voulu *se* lire. Son seul souci à la suite de cette publication, c'est qu'elle reçoive la faveur du public, ou, comme elle dit, qu'elle soit « d'utilité publique ». Dans la première édition de 1648, la préface avait été écrite par Fréderic Spanheim, préface louangeuse à souhait, et qui plut fort à la « modeste » Anne Marie. Elle s'arrête même à son propre portrait en frontispice du livre, assez flatteur et accompagné de quelques vers de son cru. Sa reconnaisance à Spanheim est immense, ce qui donne une idée

[240] Il faut sans doute prendre ce mot au sens « protestant » : « Consistoire signifie aussi parmy ceux de la Religion Pretenduë Reformée, un Conseil ou Assemblée composée des ministres ou des Anciens de leur Eglise, pour regler leurs affaires, leur police et leur discipline » (Furetière).

du prix qu'Anne Marie de Schurman attachait à la publication des *Opuscula.*

A Monsieur,
Monsieur Spanheim.

Monsieur,

Les exemplaires de mes lettres, qu'il vous plû m'envoyer, tesmoignent assez, combien je suis redevable à vostre affection et courtoisie, qui leur a procuré un si beau jour. Et je suis bien aise, que vous ne semblez pas encore regretter la peine que vous y avez pris. C'est leur bonheur principal : mais pour le continuer, ils ont encore besoin d'un autre, c'est à sçavoir la faveur et bonté du lecteur, pour n'estre du tout infructueuses à l'utilité publique. Or je m'asseure, que vostre Preface, laquelle je regarde comme une tres-belle statue, que vous avez dedié à mon honneur, et qui ne peut donner aux spectateurs que de tres-avantageuses impressions de mes estudes, y contribuera tout ce qu'il y faut. De sorte que vous ne m'eussiez pû donner de marques plus illustres de vostre Amitié, que celles dont vous avez constitué le public pour tesmoin. Pour ce qui du pourtrait que l'imprimeur y a mis avec les vers empruntez du mien, je ne vis jamais rien qui approchât de si près de son original, et qui en eût moins de l'air et de la posture : mais il faut pardonner à la licence des peintres. En fin ce m'a esté un grand contentement de voir les exercices de Monsieur vostre Fils[241], qu'il luy a plû me communiquer, et en prose, et en poësie ; tant pour l'elegance et la gravité de son style, que pour la meureté de son jugement, et la solidité de ses raisonnemens. Il paroit assez que les genereux desseins le portent à un sçavoir aussi relevé, qu'universel ; ce qui nous fait esperer, que nostre siecle verra un jour un second Spanheim, qui ne naistra pas des cendres, mais du cerveau d'un Pere incomparable. Je vous supplie tres-humblement, que par vostre permission il treuve icy les remerciemens que je luy dois de l'honneur qu'il m'a fait, en sousmettant la question, qu'il y traite, à mon

[241] Il s'agit vraisemblablement de Fréderic Spanheim fils, né en 1632, cinq ans après le mariage de son père avec Charlotte du Port, une jeune femme du Poitou. En 1648, Fréderic fils a seize ans, ce qui explique les louanges d'Anne Marie de Schurman. Fréderic Spanheim fils deviendra également professeur de théologie à Leyde.

jugement, et qu'il vous plaise de l'asseurer, que si j'estois capable de la qualité et de l'autorité de juge en ce point, je luy decernerois des triomphes dignes de son merite. Je me rapporte du reste à mon Frere, qui vous va voir : et vous prie de croire que je suis parfaitement,

Monsieur,
Vostre tres-humble et tres-obligée Servante
A.M. de Schurman

D'Utrecht ce 15 d'Aoust 1648.

*
* *

LETTRE XXIX

Lettre à Mlle du Moulin (inédite)

[3 avril 1649]

Petite lettre d'amitié où perce le désarroi de toute la Hollande à l'annonce de l'exécution de Charles Ier. Par ailleurs, sans qu'elle en fasse partie, Anne Marie de Schurman semble néanmoins curieuse de la vie de la cour que Madame Swaen[242] fréquente. Il ressort également de cette lettre que Marie du Moulin entretenait une relation épistolaire avec la célèbre chanteuse.

Le post-scriptum évoque le mari de Mlle du Moulin, qui, semble-t-il, s'adonne à la sculpture, un art qu'Anne Marie a elle-même cultivé et auquel elle est restée particulièrement sensible.

*
* *

---

[242] Il s'agit de Madame Utricia Ogles, dite Swaen (Mlle de Schurman écrit Zwaen), à qui Anne Marie avait adressé un poème de bienvenue à Utrecht, en novembre 1647. Elle était cantatrice et ravissait la cour et son entourage avec sa voix mélodieuse. Schotel doute qu'elle ait été liée d'amitié avec Anne Marie de Schurman, car cette dernière fuyait les mondanités, tandis que Madame Swaen les cultivait. Madame Swaen accompagnait ensuite son mari à Hambourg, où celui-ci avait été nommé résident du roi d'Angleterre. Le poème d'Anne Marie est dans les *Opuscula* (1652), p. 213, et a été transcrit par Schotel, p. 51-52.

A Madamoiselle
Madamoiselle du Moulin
A Breda

Ma tres-chere Sœur,

Je veux croire que mes lettres n'auront point besoin pour le present d'excuser pour ce qu'elles s'adressent à vous si bien accompagnées ; je veux dire de celles de Madame Zwaen, laquelle sans doute vous expliquera les particularitez de son voyage à La Haye, et l'estat present de la Cour. Dieu veuille avoir pitié de sa pauvre Eglise parmy l'horrible et sanglante confusion de l'Angleterre. J'ay esté fort rejouie d'entendre la continuation de vostre bonne santé, et celle de vos heureux progrez dans une connoissance solide de la langue saincte. Car ne pensez pas que je veuille adjouter foy plustost à la voix de vostre humilité, qui decline les argumens de vos louanges, qu'à celle du jugement de Monsieur mon Pere[243] qui n'a garde de flatter sa propre Niece. Ce Capitaine de Cavallerie qui m'a rendu vostre derniere m'a entretenu quelque temps des agreables discours que vous avez eu(s) ensemble à Breda et comment il vous a exposé mon dessain de faire imprimer les vers dont vous m'escrivez. Je vous remercie de m'avoir informé(e) de la qualité de leur autheur. Car je voy bien que ce Monsieur luy est fort affectionné, et qu'il n'a pas égard à sa charge presente puisqu'il a quitté, comme il m'a dit, une assez honnorable pour l'amour de la religion reformée.

Ma tres-chere Sœur

Vostre tres-humble et tres-affectionnée Sœur et Servante,
A.M. de Schurman.

Avec vostre permission je me recommanderay aux bonnes graces de Monsieur vostre tres-joli mari, et le remercie de(?) bien bon cœur de sa tres-belle lettre, et du tres-beau present qu'il m'a fait de son ciseau, lequel monstre assez (pardonnez moy si je vous contredis) qu'il n'a pas quitté ny l'amour ni l'habitude de cest art, et qu'il a l'esprit fait

---

243 On remarquera qu'Anne Marie de Schurman réfère toujours à André Rivet comme « son père ».

pour travailler à plusieurs belles choses tout ensemble. Nostre bon Dieu le veuille combler de plus en plus de toutes les graces et benedictions.

d'Utrecht ce 3me d'Avril 1649.

*
* *

LETTRE XXX

Lettre à Rivet (inédite)
[3 avril 1649]

Cette lettre a été écrite le même jour que la précédente. On remarquera qu'Anne Marie de Schurman est plus explicite au sujet des événements tragiques en Angleterre, et par ricochet, aux sombres nuages qui planent sur la Hollande. Il est question de la « tragédie du royaume », et de l'aversion qu'elle ressent pour quiconque aurait l'âme « si barbare » de ne point partager son sentiment. Elle en retire une leçon stoïcienne, courante chez les poètes de l'ère pré-classique, à savoir que la mort n'épargne ni les rois ni leurs sujets. Malherbe en avait donné un exemple célèbre dans sa *Consolation à M. du Périer* : « Le pauvre en sa cabane où le chaume le couvre,/ Est sujet à ses lois,/ Et la garde qui veille aux barrières du Louvre/ N'en défend point nos rois ». On sait qu'Anne Marie de Schurman était une lectrice avide de Sénèque, auteur de plusieurs consolations où le thème de la fatalité de la mort est pleinement développé. Elle même, comme on sait, était l'auteur d'un *De vitae termino* (1639). On retrouve donc sous sa plume le providentialisme récurrent de sa pensée religieuse.

Elle jette un regard de confiance vers la France où la persécution de l'Église réformée semble être en régression, mais elle exprime par ailleurs sa crainte pour une Hollande menacée, à la fois par des forces extérieures et par son propre prince, Guillaume II, dont elle tait néanmoins le nom. Ce qui finalement la préoccupe encore davantage, ce sont les schismes au sein même de l'Église réformée. Anne Marie de Schurman vit pour et dans la religion.

*

* *

A Monsieur Rivet, Professeur honnoraire de l'Academie d'Hollande et Curateur de l'Escole Illustre de son Altesse.
A Breda[244]

Monsieur mon tres-cher et tres-honnoré Pere

La promesse que j'avois faite à Madame Zwaen de joindre mes lettres aux siennes m'a engagé dans une necessité de differer ma responce ; d'autant qu'elle a fait plus long sejour à La Haye, où elle estoit allée pour plaindre le deuil à la Princesse Royale[245]. La tragedie de ce Royaume est un cas inouy en nostre siecle ; et où trouveroit on une ame si barbare qui n'en auroit de l'aversion en considerant les causes secondes ? mais nous sçavons que la Premiere y preside tousjours, et qu'elle nous fait voir ces grands exemples pour donner de la terreur de ses jugemens, qui n'espargnent non plus les Rois que les sujets. Aussi ne faut-il chercher d'ailleurs remede à ces playes mortelles que de la main de Dieu, qui peut tirer mesme des tenebres de la lumiere. Les affaires de la France nous semblent regarder d'un meilleur visage ; et j'espere que nostre bon Dieu aura pitié de son Eglise tant affligée. Et certes elle a aussi chez nous ses espines, et l'avenir la menace encore davantage. Les instrumens sont dejà forgez pour la tourmenter, et n'y a que l'occasion à naistre. Tous les gens de bien sont d'accord, comme je croy avec vous que nos superieurs desvroyent tascher de composer ces deux parties dont vous m'escrivez. Mais Monsieur, vous sçavez bien qu'il n'a pas tenu à nos Professeurs, qui ont fait offre de venir mesme à Groeningen pour donner toute sorte

---

[244] C'est à Breda que Rivet avait été nommé curateur en 1646, et c'est là qu'il passerait les dernières années de sa vie.

[245] Il s'agit d'Élisabeth de Bohème, fille d'Élisabeth, la sœur de Charles Ier, et épouse de Fréderic V, electeur palatin. Élisabeth de Bohème était donc la nièce de Charles Ier, décapité le 30 janvier 1649 sur les ordres de Cromwell. C'est de Charles Ier qu'elle est en deuil, et la « tragedie de ce royaume » réfère évidemment aux malheurs de Charles Ier et aux guerres civiles de l'Angleterre.

de satisfaction et aux Magistrats et au sieur des Maré[246]. Or il est tres-notoire que cestuy-cy n'a pas voulu accepter la condition et au lieu de poursuivre la paix, « il n'arrête pas d'injurier ses confrères et, ce dont on peut vraiment s'étonner, c'est qu'il attaque même mon nom en se moquant. Pour ma part je vous demande quel mal je lui aurais fait pour qu'il veuille m'entraîner dans la même querelle[247] ». Je suis

---

[246] Les dissensions entre les différentes factions de l'Église réformée inquiètent Anne Marie de Schurman. La situation de Groningen était particulièrement préoccupante, car la ville était dominée par les Remontrants qui, après avoir été condamnés par le synode de Dordrecht (1618-1619), avaient créé une confrérie arminianiste. Opposés à la prédestination selon Calvin, et à l'existence d'élus choisis par Dieu, les Remontrants croient que tous les hommes peuvent aspirer à leur salut. Ce sont de telles subtilités théologiques dont Anne Marie de Schurman avait déjà entretenu Fréderic Spanheim dans sa lettre du 20 avril, 1646 (Lettre XX). Quant à de Marès, il s'agit de Samuel Des Marets (Maresius, 1599-1673), le théologien controversé de Groningen, qui combattit les Arminiens, et plus tard s'opposerait au labadisme. Il eut maille avec les Arminiens, mais aussi avec Voetius avec qui il combattrait néanmoins le cartésianisme. De toute évidence, en 1649, les différends entre les Arminiens et les Gomaristes (de Gomarus, théologien flamand [1563-1641]), qui prônaient la doctrine de la prédestination, conviction que partagent Spanheim et Anne Marie de Schurman, ne trouvèrent pas de solution.

[247] Ce texte est écrit en grec (sans transition) dans la lettre à Rivet. La querelle dont il est question est une ancienne affaire qui remonte à 1643, mais reste d'actualité jusqu'en 1648. Une fois de plus les adversaires s'appellent Voetius, père et fils, et René Descartes, ce dernier ayant été accusé d'athéisme et de vouloir miner le protestantisme, et autres peccadilles. Voetius s'en était également pris à Samuel Desmarets, ami de Descartes, qui occupait la chaire de théologie à l'Université de Groningue depuis 1642. Descartes répondit à ses accusateurs par un virulent *Epistola ad Voetium*. Les choses s'envenimèrent et aboutirent d'abord à une condamnation de Descartes par les Magistrats d'Utrecht. Descartes demanda réparation et justice à l'Université de Groningue, ce qu'il obtint en 1645 grâce à l'influence de son ami Desmarets. Malgré les instances de Descartes, les Magistrats d'Utrecht maintinrent leur inflexibilité à son égard. C'est alors que Descartes publia, le 21 février 1648, en français et en flamand, une *Lettre apologétique de Mr Descartes aux Magistrats de la Ville d'Utrecht contre Messieurs Voetius, père et fils*. La lettre de Descartes ressemble à un pamphlet et provoque l'indignation des défenseurs de Voetius, dont Anne Marie de Schurman. Pour une vue objective de l'affaire, voir Gustave Cohen, *op. cit.* ; pour une vue plus tendancieuse, voir Adrien Baillet, dans sa *Vie de Monsieur Descartes*. Notons ici qu'Anne Marie de Schurman n'est pas nommée dans la *Lettre apologétique* de Descartes. Il est possible qu'elle évoque Moïse Amyraut, auteur d'une lettre à Rivet, en 1649 (leur réconciliation date seulement de 1650), ou le *Specimen animadversiorum in exercitationes de gratia universali*, publié à Saumur en 1648. Nous n'avons pas pu consulter ce document et, le cas échéant, partager l'indignation d'Anne Marie.

fort desireuse de voir les livres que vous me promettez et je ne manqueray point de remercier ce digne personnage, dont vous m'avez si vivement depeint les rares et bonnes qualitez, après que j'auray reçu le present qu'il luy a plû m'envoyer. Cependant je prieray nostre bon Dieu de vouloir vous conserver longtemps en bonne santé et prosperité, pour le bien de l'eglise et le contentement de vos amis, au nom des quels je me qualifie particulierement d'estre

Monsieur,
Vostre tres-humble et tres-obeissante fille et servante,
A.M. de Schurman

D'Utrecht ce 3me d'Avril 1649.

Je me recommande tres humblement aux bonnes graces de Madamoiselle vostre chere compagne. Mon Frere vous baise tres-humblement les mains.

*
* *

LETTRE XXXI

Lettre à Rivet (inédite)
[25 juillet 1649]

L'année 1649 a été une année particulièrement éprouvante pour Anne Marie de Schurman, ainsi que pour son pays, les Pays-Bas. Sur le plan personnel elle porte le deuil de Spanheim, cet « excellent personnage », mort en mai 1649. Sur le plan politique, la Hollande a appris avec stupeur que Charles Ier, beau-père de Guillaume II, et défenseur de la pensée protestante, avait été décapité le 30 janvier. Deux années avant cet événement tragique, au cours des négociations entre les pays belligérents d'Europe, qui aboutiraient au traité de Münster (1647) et de Westphalie (1648), le Prince Fréderic Henri, père du futur Guillaume II, rendit l'âme. Aux prises avec sa mère Amélia van Solms, son fils Guillaume II tâcha alors, mais en vain, d'entraver les traités de paix, et chercha même à renouveler la guerre contre l'Espagne. Les États de Hollande s'opposeront à cette humeur belliqueuse, ce qui incitera Guillaume II à s'emparer de force d'Amsterdam (1650). Les Pays-Bas vécurent donc des jours sombres sur plusieurs fronts, ce qui explique le ton affligé de la lettre d'Anne Marie de Schurman à Rivet, et sa référence à « de plus epesses tenebres[248] ». Seule l'idée que la cause de l'Église réformée reste entre de bonnes mains lui rend cependant quelque espoir. C'est donc l'occasion de rappeler le combat acharné que mène Pierre du Moulin, le beau-frère de Rivet. Enfin, plus que la politique et les guerres, on remarque que c'est le triomphe de la foi en Dieu qui préoccupe la savante fille d'Utrecht.

*

* *

A Monsieur
Monsieur Rivet Docteur et Professeur honnoraire en la S. Theol. dans l'Université de Leyden, et Curateur de l'Escole Illustre de son Altesse.
A Breda.

Mon tres-cher et tres-honoré Pere,

Ce n'est point merveille que nous avons les mesmes interests en la perte d'un si excellent personnage, qui n'estoit pas moins necessaire aux amitiés privées, que profitable au public, et à l'Eglise de Dieu ; puisque nous avons eu les mesmes en sa vie. De fait, le Ciel nous menace de plus epesses[249] tenebres, d'autant que nous ne cheminons pas en la lumiere, pendant qu'elle reluit sur nostre hemisphere. Et notamment j'apprehens qu'on lui fera succeder quelque astre de mauvaise influence[250] ; si on n'y pourvoit de bon-heur. Cependant nous avons sujet de nous consoler en ce temps turbulent, que nostre Dieu appelle au combat tant d'excellens champions pour la defense de sa cause. Sur tout j'admire le courage et la force de l'esprit de

---

[248] Nouvelle allusion à l'*Exode X*, 21 (voir plus haut Lettre IV, à Colvius).

[249] « espesse », graphie ancienne (XII-XIIIe siècles) d' « épaisse ».

[250] On s'étonne de cette remarque d'Anne Marie qui abhorrait toute référence favorable à l'atrologie.

Monsieur vostre incomparable beau frere[251] ; et je desire passionnement de voir son dernier ouvrage dont il vous a plû me donner quelque esperance.

Je vous supplie tres-humblement de faire tenir l'enclose à Monsieur Riveau[252], pour laquelle je le remercie (de son Livre) de l'honneur qu'il m'a fait de me mettre au rang de ceux qui sont capables d'en juger.

Je suis de toute mon affection,
Monsieur mon tres-cher Pere,

Vostre tres-humble et tres-obeissante fille et servante,

A.M. de Schurman
D'Utrecht le 25 Juillet, 1649.

[P.S.] Je ne puis m'imaginer pourquoy les Elzeviriens[253] n'ont pas rendu ma lettre avec mon petit present[254] à Monsieur Conrart, veu que nostre feu ami, Monsieur de Spanheim leur en a donné la charge il y a long temps. Mes Tantes et mon Frere se recommandent tres-

---

[251] Pierre du Moulin, le père de Mlle du Moulin, l'épouse d'André Rivet. L'ouvrage auquel Anne Marie de Schurman fait allusion est sans doute la publication de Pierre du Moulin, datant de 1648, et publiée à Leyde, intitulée : *Esclaircissement des controverses salmuriennes ou défense de la doctrine des églises réformées sur l'immutabilité des décrets de Dieu, l'efficace de la mort de Christ, la grace universelle, impuissance à se convertir et sur d'autres matieres.*

[252] George Riveau, né à Nantes vers la fin du XVIe siècle. Il habita La Rochelle. Protestant zélé, mais sans fanatisme. Il désapprouva même l'assemblée de La Rochelle en 1620 lorsqu'il fut décidé d'avoir recours aux armes contre les forces de Richelieu. Il a écrit une relation du siège de La Rochelle, intitulée *De Rupella obsessa, dedita, demum subacta libri 3 gratiae posteritati*, publiée à Amsterdam en 1649. Il s'agit de l'ouvrage auquel Mlle de Schurman fera allusion dans la Lettre XXXIII.

[253] Il s'agit des éditeurs Elsevier (Abraham Elsevier et Bonaventure Elsevier) dont les livres sont connus à travers l'Europe. Un livre imprimé par un membre de la famille Elsevier était appelé un « Elsevier ». Adrien Baillet disait qu'il « n'y a point de boutique d'où il soit sorti de plus beaux livres ni en plus grand nombre », et il les appelait « la Perle des Imprimeurs » (*Jugemens des Savans*, tome I, p. 395).

[254] Il s'agit vraisemblablement d'un de ces petits portraits qu'Anne Marie envoya à ses amis et connaissances. Cfr. la lettre de Madeleine de Scudéry, datée du 21 août 1647 (voir plus haut, p. 23).

humblement à vos bonnes graces, et moy à celles de Madamoiselle, vostre chere compagne.

*

* *

LETTRE XXXII

Lettre à Rivet (inédite)

[4 février 1650]

Cette année-là, un deuil a affligé Anne Marie de Schurman. Il n'est nullement question d'une de ses vieilles tantes, puisqu'elles sont évoquées dans la lettre, et que celles-ci, nous l'avons vu, l'accompagneraient à Cologne en 1653[255]. La personne décédée était sans doute peu connue socialement, car, selon Anne Marie, sa mort « n'emporte (n'importe) point beaucoup au public ». Par ailleurs, elle était reconnue pour son extrême piété[256].

Il y a également dans cette même lettre une allusion aux « deux excellentes lumieres de l'Eglise », qu'elle ne nomme pas, mais dans lesquelles on reconnaît Fréderic Spanheim, mort le 14 mai 1649, et Vossius, mort le 17 mars de la même année. Enfin, elle évoque la réconciliation entre Pierre du Moulin et Amyraut, qui sera suivie de celle avec Rivet au début de 1650.

*

* *

---

[255] La généalogie des Schurman, dressée par G.D.J. Schotel (Appendice, p. 47-52) n'apporte aucun renseignement sur les tantes d'Anne Marie, Agnès et Sybille von Harff, toutes deux sœurs d'Éva von Harff, et, à ce titre, en marge de la généalogie des Schurman. Nous savons par ailleurs qu'elles vivaient toutes deux sous le toit familial depuis une vingtaine d'années avant la mort d'Eva von Harff (voir l'*Eucleria*, p. 220-221).

[256] Si Rivet a offert ses condoléances, c'est qu'il s'agissait fort probablement, si non d'un membre de la famille, du moins d'une personne intimement associée à la famille Schurman.

A Monsieur
Monsieur André Rivet Doct. et Professeur en la S. Theologie et Curateur de l'Escole Illustre de son Altesse.
Sous couverte
A Breda.

Monsieur mon tres-cher et tres-honnoré Pere,

Vostre derniere lettre m'a esté en grande consolation, tant pour la gravité de sa matiere, que pour la sympathie et interests que vous avez en nostre affliction. Il me faut advoüer que nostre perte n'emporte point beaucoup au public comme celle de ces deux excellentes lumieres de l'Eglise dont vous m'escrivez ; si est-ce qu'elle ne laisse pas d'estre fort sensible, principalement à nos bonnes vieilles tantes, qui ont moins de force pour y resister. Mais ce qui soulage nostre esprit, c'est que sa pieté a tellement esclatté sur la fin de sa vie, qu'il n'y a pas de doute qu'elle ne soit passée de celle-cy à une infiniment plus heureuse. Je n'ay pas encore veu les lettres du Seigneur Amiraut[257] dont les nouvelles que vous nous mandez nous ont donné grand suject de joye et d'admiration[258] ; puis que ceste tempeste des dissensions qui menacent nos Eglises en France d'un grand naufrage, semblent vouloir finir en un doux calme, et que ce personnage qui estoit comme

---

[257] Il s'agit de Moïse Amyraut (1596-1664), mentionné plus haut dans la Lettre XX, accusé de favoriser l'arminianisme. Pierre Bayle lui a consacré une longue notice élogieuse, rappelant que « Mr. Amyraut eut le joie de se reconcilier avec ses plus ardens adversaires », parmi lesquels Pierre de Moulin fut un des premiers. La réconciliation avec Rivet, ce dernier « cherchant la paix avec les hommes avant de la faire avec Dieu » (Gustave Cohen, *op. cit.*, p. 308) se fit par l'entremise de la duchesse de Trémoïlle. Contrairement à ce que laisse entendre Anne Marie de Schurman, ce n'est pas Amyraut qui reconnut ses erreurs, mais plutôt ses adversaires. C'est du moins ce qui ressort de la notice de Bayle : « La raison et la charité nous portent à croire que ceux qui avoient tant crié, et tant excité de tempêtes contre un dogme qu'ils ont reconnu enfin innocent, et dont enfin le defenseur leur a paru un fidele serviteur de Dieu, ne sont point morts sans s'être couverts de confusion, pour le moins aux pieds du trône de la Majesté divine, à la vue de cette prévention mortifiante, qui leur avoit montré comme un dogme affreux une hypothèse où il n'y a nul venin ».

[258] De toute évidence la réconciliation entre Rivet et Amyraut a eu lieu au tout début de 1650.

le chef du party, a recognu sa faute et recherché nostre amitié. Or je ne doute pas que la reconciliation de ces deux personnes[259] dont vous faites mention se feroit aussi facilement, si la partie qui a donné offence vouloit faire de mesme. On m'a rapporté que toute l'affaire depend maintenant de nos Synodes qui en ont pris le soin ; et il en faudra attendre l'issue s'il vous plait d'en prendre une cognoissance plus particuliere. Les Ministres Flamans de vostre ville vous pourront faire voir les Actes du Synode de Suythollande[260] venu à Leyden au mois de Juillet de l'An 1649, et de ceux qui sont suivis depuis. Je prie le Dieu de paix d'y vouloir presider, et leur inspirer des conseils salutaires, afin que tout reüssisse à la gloire de son Nom et edification de son Eglise, et qu'il luy plaise de vous conserver long temps en bonne santé pour la mesme fin, demeurant à tout jamais

Monsieur

Vostre tres-humble et obeïssante fille et servante
A. M. de Schurman

D'Utrecht, le 4me de Fevr. 1650

Mon Frere se recommande à vos bonnes graces.

*

*   *

LETTRE XXXIII

Lettre à Rivet (inédite)

[12 juin 1650]

On sait déjà qu'Anne Marie de Schurman a publié en 1648/1650 ses *Opuscula*, recueil de lettres choisies, de poésies et d'éloges. On peut croire que ce mot à Rivet y fait nettement allusion, puisqu'il est

---

[259] Il s'agit très vraisemblablement de Pierre du Moulin et de Moïse Amyraut.
[260] Il s'agit évidemment de « Sud-Hollande ».

question d'un « Exemplaire » de ses lettres destiné à Valentin Conrart[261].

C'est dans cette lettre à Rivet qu'elle évoque l'ouvrage de George Riveau sur le siège de La Rochelle, où les protestants regroupés de la place forte subirent finalement une cuisante défaite aux mains des troupes de Richelieu.

*

* *

A Monsieur
Monsieur Rivet Doct. et Prof. honnoraire en la S. Theol. et Curateur de l'Escole Illustre de Son Altesse d'Orange
A Breda

Monsieur tres-cher et tres-honnoré Pere,

Je n'ose pas vous amuser longtemps, n'ayant pas de matiere digne de vostre loisir, puis que ma lettre precedente et celle que vous m'avez fait l'honneur de m'escrire, se sont rencontrez en chemin et l'une semble avoir preoccupé la responce de l'autre. Je diray seulement que mon Frere venant, devant peu de jours, de Leiden, m'a rapporté que les Elzeviriens l'ont asseuré qu'ils envoyeront encore un Exemplaire de mes lettres à Monsieur Conrart ; et qu'ils me procureront une lettre de sa main, laquelle me pourra donner une nouvelle occasion de le remercier avec bonne grace pour la seconde fois des presens qu'il m'a fait l'an passé. J'ay reçu dernierement de Monsieur Riveau une fort docte et courtoise lettre, où il fait mention de son livre de La Rochelle

---

[261] Valentin Conrart (1603-1675), le premier secrétaire perpétuel de l'Académie française, de souche huguenote, était en relation avec André Rivet, et obtint par son intermédiaire et celui de sa nièce Mlle du Moulin, une introduction auprès d'Anne Marie de Schurman, en espérant qu'elle le souffrira « au rang de ses admirateurs » (Lettre du 26 novembre 1644). C'est à lui que s'adresse Mlle de Scudéry lorsque celle-ci veut entrer en contact avec Mlle de Schurman. Ce vœu n'a jamais été exaucé. Conrart fut également mêlé à la controverse que suscitèrent les observations de Rivet à propos de Jeanne d'Arc (voir Lettre VI), ayant mis en cause la virginité de la Pucelle d'Orléans. De toute évidence Mlle de Schurman a refusé d'être impliquée dans cette affaire. Enfin, Conrart lui demanda au moment de la mort de Guez de Balzac d'écrire en vers un éloge du défunt, demande qui n'eut pas plus de succès (voir J. Voisine, *art. cit.*).

assiegée. Je luy repondray après qu'il me sera rendu. Je prie nostre bon Dieu de vous vouloir tenir en sa saincte protection et de vous continuer les forces et de vostre corps et de vostre ame, demeurant à jamais,

Monsieur et tres-honnoré Pere

Vostre tres-humble et affectionnée fille et servante au Seigneur,

Anne Marie de Schurman
D'Utrecht, ce 12me de Juin 1650.
Mes Tantes et mon Frere se recommandent tres-humblement à vos bonnes graces, et moy aussi.

*
* *

LETTRE XXXIV

Lettre à Mlle du Moulin (inédite)
[13 mars 1652]

André Rivet, l'oncle de Mlle du Moulin, et correspondant fidèle d'Anne Marie de Schurman, est décédé le 7 janvier 1651. La même année parut à Breda une plaquette de 73 pages, intitulée *Les dernieres heures de Monsieur Rivet, ministre de Jesus-Christ et professeur en theologie*, rééditée en 1666. Comme nous l'avons vu, Anne Marie de Schurman évoquera avec émotion le souvenir de Rivet dans son *Eucleria* de 1673[262]. Il l'avait honorée de sa « sainte amitié et de son nom de père ». Dans la lettre qui suit d'un peu plus d'un an le décès de Rivet, Anne Marie rend hommage à celui qui fut à plusieurs égards son mentor et son inspiration. Elle est émue et fière qu'André Rivet se soit souvenu d'elle sur son lit de mort, et elle accepte avec reconnaissance une petite bible[263] que la nièce de Rivet lui a fait parvenir. Elle découvre dans ce legs un témoignage testamentaire que son propre héritier, dit-elle, après sa mort, rendra respectueusement à Mlle de Moulin.

---

[262] Voir plus haut dans notre analyse de l'*Eucleria*.

[263] « ...je lui offre une Bible sans annotations », disait Rivet au moment de ses dernières heures. Voir plus haut (p. 47).

*

* *

A Madamoiselle

Madamoiselle du Moulin,

Mon voyage de Delft, que j'ay fait principalement pour voir nostre tres-chere sœur de Maisonneuve, m'a retardée quelques jours à vous remercier de ceste tres-excellente piece, à laquelle vous avez donné le jour. C'est un present dont toute la Chretienté vous est redevable ; et lequel je regarde non seulement comme un beau pourtrait d'une ame comblée de dons et graces celestes : mais aussi comme un Testament de mon Pere qui comprend des motifs et des regles toutes divines pour vivre et mourir heureusement ; et qui a cela de particulier pour moy, qu'il me declare comment ce sainct Personnage s'est souvenu de moy en ses plus grandes douleurs et foiblesses ; qu'il m'a donné ses saintes benedictions, avec tant d'expressions de paroles emphatiques ; y adjoustant, pour gage de son amour spirituel, un legat du Testament de nostre Dieu, en la meilleure forme. Ce me sont veritablement des marques infaillibles de son affection paternelle, qu'il m'a conservé(e) jusqu'au dernier soupir de sa vie ; lesquelles me sont plus precieuses que les thresors des Indes. La condition que vous me proposez, touchant à ceste petite Bible, et celle que vous avez herité(e) pareillement, je la trouve si raisonnable et si avantageuse pour moy, que je veux que la presente vous soit, en ce regard, au lieu de testament, afin qu'elle vous soit rendüe de mon heritier après ma mort. Car je le prens à gain et grand honneur que ma memoire se puisse eterniser avec celle d'une si illustre et saincte Personne laquelle Dieu a voulu faire l'objet de toutes ses graces plus speciales. Et ce m'est une espece de plaisir dès le present, de m'imaginer un temps quand je ne seray plus au monde que vous vous souviendrez de nos alliances et fermes amitiez, et de la personne qui demeurera toute sa vie,

Tres-chere Sœur
Vostre tres-humble et tres-affectionnée Sœur et Servante
A.M. de Schurman

A Utrecht
ce 13 me de Mars 1652
Mes Tantes et mon Frere vous saluent tres humblement et moy Madamoiselle vostre Tante.

*
* *

LETTRE XXXV

Lettre à Colvius
[26 mai 1657]

Vingt ans séparent la première lettre française à Colvius (15 février 1637) de celle écrite en 1657. Il faut donc croire que la correspondance entre Colvius et Anne Marie de Schurman fut suivie, et, surtout, que leur amitié fut durable. En 1657 Anne Marie est encore une fidèle inconditionnelle de l'Église réformée. Elle a donc toute la bénédiction de ses amis théologiens, jusqu'au moment, dix ans plus tard, quand elle préférera suivre Labadie dans sa spiritualité éthérée.

La lettre démontre toutefois quelque symptôme d'une crise spirituelle de plus en plus aiguë. Elle parle du « dernier acte de sa vie », opposé au « premier », qu'elle souhaite meilleur puisqu'il est le seul qui puisse la mener à la possession « de la vie celeste ». Nous retrouvons donc ici le thème du refus du monde et de ses vanités, comprenant les palmes du savoir, de la reconnaisance et de la gloire. Rappelons que c'est déjà en 1653, lors de son retour d'un voyage à Cologne, et à la suite des rumeurs dont elle avait été victime, qu'elle avait ralenti ses activités intellectuelle et qu'elle s'était de plus en plus cloîtrée dans sa « petite Église ». La lettre à Colvius est un écho de cette crise de conscience et de ce désistement.

*
* *

Monsieur,

Ayant laissé passer, par des empeschemens inevitables le juste terme de la responce, que de justice je devois à vostre tres-agreable lettre, que je reçeue l'hiver passé, j'ay opinion que la presente auroit mauvaise grace, si je ne la rapportois à l'occasion presente, pour vous asseurer que je ne manqueray jamais (quelque incommodité me puisse empescher de le vous dire) de vous conserver le respect et l'estime que je dois à nostre ancienne amitié ; laquelle je crois me pouvoir estre fort utile, quand il vous plaira d'user de ses loix et prerogatives, pour m'inciter et confirmer dans le dessein que j'ay de rendre (par la grace de Dieu) le dernier acte de ma vie meilleur que le premier. Car plus je vis, plus je vois la difficulté de ce chemin qui meine à la possession de la vie celeste, et la facilité, qu'on s'imagine d'y pouvoir parvenir. La brieveté du temps me presse de finir, et de vous dire, que je suis,

Monsieur,
Vostre bien humble et tres-obligée Servante
Anne Marie de Schurman.

Conclusion

Les écrits de Mlle de Schurman se présentent, *grosso modo*, sous deux aspects. Elle participe activement à la vie intellectuelle de son temps en se faisant connaître à travers ses nombreuses lettres savantes, écrites en latin, en grec, en hébreu, en néerlandais ou en français, un bon nombre d'entre elles étant rapportées dans ses *Opuscula*. L'étendue de son érudition s'y révèle à la fois par la qualité de ses observations et par la richesse de ses références savantes. Remarquons également que ses correspondants de langue française sont parmi quelques-uns des érudits les plus remarquables de son temps, même si plusieurs d'entre eux ont dû quitté la France à cause de leur allégeance religieuse : Pierre du Moulin, Claude de Saumaise, André Rivet. Elle n'a pas échappé à l'attention de Gassendi, de Mersenne, de Conrart, de Guez de Balzac, de Daniel Huet, de Jean le Laboureur, ce dernier lui consacrant un bel éloge, repris dans les *Opuscula*, et qui la nomme « cette dixième Muse, l'une des merveilles de son siecle et de son sexe[1] ». Madeleine de Scudéry aurait voulu être de ses amies, et parmi ses correspondantes on découvre quelques-unes des femmes les plus éminentes de leur temps : Marie de Gournay, Anne de Rohan, Élisabeth de Bohème. Elle fut même en contact épistolaire avec Richelieu et Anne d'Autriche.

Reste le rôle que joua Guillaume Colletet dans le rayonnement en France d'Anne Marie de Schurman. C'est lui qui tenta de porter à l'attention du public français l'avant-gardisme « féministe » de la femme savante en publiant la traduction de ses lettres à Rivet, enrichie de la réponse de ce dernier, où était débattue la question toujours brûlante de l'éducation des femmes[2]. Il suffit encore de passer en

---

[1] *Opuscula* (1652), « Elogia », p. 338. Pour une liste plus complète de ses nombreux admirateurs, voir Schotel, p. 94-98.

[2] Rappelons que ces deux lettres à Rivet ont été reprises en 1641 sous la forme plus académique de la *Dissertatio*, où se précise une dialectique qui s'appuie principalement sur Platon, Aristote et Érasme, et qui révèle la solidité de ses arguments. Voir

revue les éloges rendus à Anne Marie de Schurman, à la suite de cette correspondance latine avec Rivet, puis dans les *Opuscula*, pour se rendre compte de l'ascendant de cette femme exceptionnelle. On l'a vu, dès 1647, Hilarion de Coste lui rend hommage. Lorsque Jean de la Forge publie son *Cercle des femmes savantes* en 1663, Anne Marie de Schurman est du nombre, et dans le *Grand Dictionnaire des Pretieuses*, d'Antoine Bodeau de Somaize, elle apparaît sous les traits de « Statira », « une des [plus] savantes précieuses qui ait jamais été[3] ». Tout les savants d'Europe qui firent le voyage à Utrecht défilaient chez elle.

Nous avons déjà dit que Bouhours se souvient d'elle en 1671 dans ses *Entretiens d'Ariste et d'Eugène* (1671). Compte tenu des témoignages divers, la curiosité qu'elle a éveillée dans les cercles érudits en France était surtout due à ses extraordinaires talents de polyglotte, certes, mais également à l'ampleur de son savoir. Elle était à la fois latiniste, helléniste et hébraïste. Cicéron, Sénèque, Virgile, Quinte-Curse, Suétone et Tacite étaient tous parmi ses lectures. Elle lisait Xénophon, et Homère était son auteur préféré. Les textes sacrés, de la *Genèse* jusqu'aux lettres de saint Paul, n'avaient plus de secrets pour elle, et elle en tirait, dès son plus jeune âge, son inspiration spirituelle. C'est à ce point que nous touchons aux deuxième aspect de l'œuvre d'Anne Marie de Schurman.

Profondément dévote, elle a graduellement senti monter en elle le besoin d'une spiritualité plus dépouillée, vidée de tout dogmatisme contraignant et de questionnements théologiques ambigus. Transportée par des élans mystiques velléitaires, elle ne se fia plus qu'à la simple parole de Dieu et de Jésus-Christ. C'est alors, auprès de Jean Labadie et sa théosophie illuminée, qu'elle découvrit la voie de son salut. C'est de là aussi qu'est née son *Eucleria,* où elle retrace son itinéraire spirituel en marge de certaines révélations biographiques. Cette œuvre est parmi les moins connues d'Anne Marie de Schurman parce qu'elle échappe à toute classification littéraire, appartenant à la fois au journal intime d'une âme touchée par Dieu, et à l'histoire hors du commun d'une femme savante que les conditions sociales réservées à son sexe

---

Caroline van Eck, *art.cit.* Quant aux lettres, elles témoignent déjà d'une subtile analyse du statut des femmes, élitiste il est vrai, mais tenace, au point que Rivet se voit forcé d'y répondre avec parti pris et partialité.

[3] Voir J. Voisine, *art.cit.*, p. 516-517.

avaient marginalisée. L'*Eucleria* est un témoignage qui, par certaines facettes, peut être porté au compte de l'histoire du féminisme au XVIIe siècle. Il n'était donc pas inutile, croyons-nous, d'avoir situé Anne Marie de Schurman dans ce contexte social, tout en soulignant ses attaches avec le monde littéraire et savant français.

*

* *

Références scripturaires

La liste des références scripturaires comprend les références dans la présente étude et celles dans l'*Eucleria*, dans l'édition néerlandaise de 1684. Nous espérons ainsi montrer la vaste culture scripturaire d'Anne Marie de Schurman.

Ancien Testament

Nouveau Testament

Ire Corinthiens

IIe Corinthiens

Galates

Éphésiens

Philippiens

Colossiens

INDEX DES NOMS PROPRES
(XVIᵉ-XVIIIᵉ siècles)

N

O

P

Q

R

S

BIBLIOGRAPHIE

Abrégé du dictionnaire de Trévoux, 3 tomes, Paris, Libraires associés, 1762.

Adam, Antoine, *Histoire de la littérature française au XVIIe siècle*, 5 tomes, Paris, éd. Domat, 1956.

Adam, Antoine, *Les libertins au XVIIe siècle*, Paris, Buchet/Chastel, 1964.

Albistur, M. et Armogathe, D., *Histoire du féminisme français*, Paris, éd. des Femmes, 1977.

Angenot, Marc, *Les champions des femmes*, Montréal, Les presses de l'université du Québec, 1977.

Aristote, *Aristotle's Metaphysics*, trad. Hippocrates G. Apostle, Bloomington, London, Indiana University Press, 1966.

Augustin, saint, *Les confessions*, Paris, Guillaume Desprez, nouvelle édition, 1761.

Baillet, Adrien, *Jugemens des Savans*, Paris, Moette, Le Clerc, Morisset, Prault, Chardon, 1722.

Baillet, Adrien, *La vie de Monsieur Descartes*, 2 t., Hildesheim - New york, 1972 (d'après l'édition originale de 1691).

Basile de Césarée, *Homélies sur l'Hexaéméron*, éd. Stanislas Giet, Paris, Éditions du Cerf, 2e éd., 1968.

Bayle, Pierre, *Dictionnaire historique et critique*, Rotterdam, chez Michel Bohm, 1720.

Bénichou, Paul, *Morales du Grand siècle*, Paris, Gallimard, 1948.

Biographisch-Bibliographisches Kirchenlexicon, édition en ligne.

Bossuet, *Œuvres complètes*, éd. A. Lebel, 1815-1820, Paris, Paul Mellier, 1851-1852.

Bouhours, *Entretiens d'Ariste et d'Eugène*, « Le bel esprit », éd. René Radouant, Paris, Éd. Bossard, 1920.

Busson, Henri, *Le rationalisme dans la littérature française de la Renaissance*, Vrin, 1957.

Cabinet historique (Le), revue trimestrielle sous la direction de Louis Paris, et d'Ulysse Robert, 5.

Camus, Jean-Pierre, *Divertissement historique (1632)*, éd. Constant Venesoen, Tübingen, Gunter Narr Verlag, 2002.

Chapelain, *La Pucelle ou la France delivrée, poëme héroïque*, Paris, Augustin Courbé, 1656.

Chaufepié, *Nouveau dictionnaire historique et critique pour servir de supplément au Dictionnaire de Bayle*, Amsterdam, Zhatelain, 1750.

Cionarescu, Alexandre, *Bibliographie de la littérature française du dix-septième siècle*, 3 tomes, Paris, Éditions du C.N.R.S., 1965.

Cohen, Gustave, *Écrivains français en Hollande dans la première moitié du XVII*[e] *siècle*, La Haye et Paris, Martinus Nijhoff et Édouard Champion, 1921.

Colletet, Guillaume, *Question celebre, s'il est necessaire, ou non, que les filles soient sçavantes*, Paris, Rolet le Duc, 1646.

De Baar, Miriam et Rang Brita, « Minerva of savante, heilige of dweepster », dans *Marie de Schurman, (1607-1678) een uitzonderlijke geleerde vrouw [A.M.V.S. (1607-1678)]*, éd. par M. de Baar, M. Löwensteyn, M. Monteiro, A. Sneller, Zutphen, Walburg Pers, 1992, p. 9-28.

De Baar, Mirjam, « "Wat nu het kleine eergeruchtje van mijn naam betrecht", De *Eukleria* als autobiographie », dans *A.M.V.S. (1607-1678)*, p. 93-107.

Descartes, René, *Méditations métaphysiques*, éd. Florence Khodoss, Paris, P.U.F., 1968.

Descartes, René, *Œuvres et Lettres*, Paris, Gallimard (La Pléiade), 1953.

Dezon-Jones, Élyane, *Fragments d'un discours féminin*, Paris, José Corti, 1988.

Dictionnaire historique de l'ancien français, par La Curne de Sainte-Palaye, dans *L'Atelier historique de la langue française*, Marsanne, Redon, 1999.

Dictionnaire raisonné des sciences, des arts et des métiers, t. VI, Paris, Briasson, David, Le Breton, Durand, 1756.

Dictionnaire des Littératures de langue française, t. III, Paris, Bordas, 1984.

Douma, Anna Margaretha Hendrika, *Anna Maria van Schurman en de studie der vrouw*, Amsterdam, H.J. Paris, 1924.

Encyclopaedia Britannica, article Jane Grey.

Fénelon, *De l'Éducation des filles*, Avalon, Comyet, Imprimeur-Libraire, 1822.

Feugère, Léon, *Les femmes poètes au XVIe siècle*, Genève, Slatkine Reprints, 1969.

Fleuret et Perceau, *Le Cabinet satyrique*, Paris, Jean Fort, éditeur, 1924.

Foxe, John, *The Acts and Monuments*, éd. par Rev. George Townsend, New York, AMS Press, vol. VI, 1965.

Furetière, *Dictionnaire universel*, dans *L'atelier historique de la langue française*, Marsanne, Redon, 1999.

Geffriaud-Rosso, J., *Études sur la féminité au XVIIe et XVIIIe siècles*, Pise, Éd. Libreria Goliardica, 1984.

Gibbon, Edward, *Guizot's Gibbon, History of the decline and Fall of the Roman empire*, Cincinnati, Applegate and Company, 1859.

Gournay, Marie de, *Égalité des hommes et des femmes, Grief des dames*, suivis du *Proumenoir de Monsieur de Montaigne*, éd. C. Venesoen, Genève, Droz, 1993.

Gournay, Marie de, *Textes relatifs à la calomnie*, éd. C. Venesoen, Tübingen, Gunter Narr Verlag, 1998.

Grimal, Pierre, *Dictionnaire de la mythologie grecque et romaine*, Paris, P.U.F., 1969.

Grandsaignes d'Hauterive, R. *Dictionnaire de l'ancien français*, Paris, Larousse, 1947.

Guez de Balzac, Jean-Louis, *Œuvres*, publiées par Valentin Conrart (d'après l'édition de Paris), Genève, Slatkine Reprints, 1971.

Homère, *Odyssée*, traduction de Victor Bérard, Paris, Gallimard (La Pléiade), 1955.

Irwin, Joyce L., *Schurman, Anna Maria van, 1607-1678,* Chicago, The University of Chicago press, 1998.

Kelso, Ruth, *Doctrine for the Lady of the Renaissance*, Urbana, University of Illinois Press, 1956.

La Bible de Jérusalem, Paris, Éditions du Cerf, 1997.

Labrousse, Élisabeth, *L'entrée de Saturne au Lion*, La Haye, Martinus Nijhoff, 1974.

Le Gendre, Marie, *Exercice de l'âme vertueuse*, éd. Colette H. Winn, Paris, Honoré Champion, 2001.

Legoff et Rémond, *Histoire de la France religieuse*, tome II, Paris, Seuil, 1988.

Les Stoïciens, éd. Émile Bréhier, Paris, Gallimard (La Pléiade), 1962.

Levenschetsen van beroemde en merkwaardige vrouwen, Rotterdam, Mensing en de Westreenen, 1825.

Lougee, Carolyn C., *Le Paradis des Femmes*, Princeton, Princeton University Press, 1976.

Makin, Bathsua, *An essay to revive the antient education of Gentlewomen*, 1673, publié par Augustan Reprint society, 1980.

Malherbe, *Œuvres*, éd. Antoine Adam, Paris, Gallimard (La Pléiade), 1971.

Mandrou, Robert, *Histoire de la pensée européenne. Des humanistes aux hommes de science, XVIe et XVIIe siècles*, Paris, Seuil, 1973.

Margolin, J.C., *Érasme par lui-même*, Paris, éd. du Seuil, 1965.

Margolin, J.C., *Érasme, Declamatio de pueris statim ac liberaliter instituendis*, Genève, Droz, 1966.

Marguerite de Navarre, *Les Marguerites de la Marguerite*, 4 vol., éd. Félix Frank, Paris, Librairie des Bibliophiles, 1873.

Martial, *Épigrammes*, éd. H.J. Izaac, Paris, Les belles lettres, 1961.

Mathieu-Castellani, Gisèle, « La quenouille ou la lyre : Marie de Gournay et la cause des femmes », dans *Montaigne et Marie de Gournay*, textes réunis par Marcel Tetel, Paris, Honoré Champion, 1997.

Mazedod, L. et Schoeller, G., *Dictionnaire des femmes célèbres*, Paris, Robert Laffont, 1992.

Mersenne, P. Marin, *Correspondance du P. Marin Mersenne, religieux minime*, publiée et annotée par Cornélis de Waard, Paris, Éditions du C.N.R.S, t. VII, 1962.

Mesnard, Jean, « Honnête homme et honnête femme dans la culture du XVIIe siècle », dans *Présences féminines*, éd. I. Richmond et C. Venesoen, Tübingen, PFSCL, Biblio 17, 1987, p. 15-42.

Michaud, J. F., *Biographie universelle, ancienne et moderne* (d'après l'édition de 1854), Graz (Austria) : Akademische Druck -u. Verlagsanstalt, 1969.

Michelangelo Buonarroti, 1475-1564, Letters/ translated from the original Tuscan, 2 vol., by E.H. Ramsden, Stanford, Stanford University Press, 1963.

Michelangelo, *The complete works of Michelangelo*, New York, Reynal, 1965.

Michelet, Jules, *La Femme*, Paris, Hachette, s.d.

Millet, Olivier, Introduction à l'*Avertissement contre l'Atrologie judiciaire*, Genève, Droz, 1985.

Molière, *Œuvres complètes*, tome II, édition Georges Couton, Paris, Gallimard (La Pléiade), 1971.

Mongrédien, Georges, « Une précieuse : la comtesse de Brégy », dans *Revue de France*, 3, 1929, p. 36-66.

Mongrédien, Georges, *Madeleine de Scudéry et son salon*, Paris, éd. Tallandier, 1946.

Montaigne, *Essais*, I, XLI, éd. Pierre Villey, 3 vol., Paris, Quadrige, P.U.F., 1965.

Montesquieu, *Lettres persanes*, Paris, éd. Garnier frères, 1956.

Moréri Louis, *Le Grand Dictionnaire historique*, Paris, Denys Mariette, 1712.

Nicéron, Jean-Pierre, *Mémoires pour servir à l'histoire des hommes illustres dans la république des lettres, avec un catalogue raisonné de leurs ouvrages*, vol. XXXIII, Farnborough, U.K., Gregg International (d'après l'édition parisienne de Briasson 1729-1745), 1968-1969 et Slatkine Reprints, 1971.

Andrea Nye, *The Princess and the Philosopher*, New York, Rowman and Littlefield Publishers, Inc., 1999.

Ovide, *Les Métamorphoses*, traduction de G.T. Villenave, Paris, 1806.

Paquot, Jean-Noël, *Mémoires pour servir à l'histoire littéraire des dix-sept provinces des Pays-Bas, de la principauté de Liège, et de quelques contrées voisines*, Westmead, Farnborough, Hants, Gregg International Publishers limited, 1970 (d'après l'édition originale de Louvain, De l'Imprimerie académique, 1770).

Penn William, *Account of W. Penn's travails in Holland and Germany*, imprimé à Londres, par T. Sowle, 1694.

Pindare, *Odes Pythiques*, II, éd. A. Puech, Paris, Belles lettres, 1958-1966.

Platon, *Œuvres complètes*, tome 1, éd. L. Robin et M.J. Moreau, Paris, Gallimard (La Pléiade), 1950.

Plutarque, *Les Œuvres morales*, trad. par Jacques Amyot, Lyon, Étienne Michel, 1588.

PLutarque, *Les vies des hommes illustres*, 2 tomes, Paris, Gallimard (La Pléiade), 1951.

Rabelais, *Œuvres*, 2 tomes, éd. Burgaud des Marets et Rathery, Paris, Firmin Didot, 1858.

Rang, Brita, dans « Een sonderlingen geest, De geleerde Anna Maria van Schurman », dans *A.M.V.S. 1607-1678*, p. 29-47.

Revel, Jean-François, *Histoire de la philosophie occidentale*, I, Paris, Stock, 1968.

Rimbault, Lucien, *Pierre du Moulin, 1568-1658*, Paris, Librairie philosophique J. Vrin, 1966.

Sainte-Aulaire, *Histoire de la Fronde*, 3 t., Paris, Baudoin frères, 1827.

Schiff, Mario, *La fille d'alliance de Montaigne, Marie de Gournay*, Paris, Honoré Champion, 1910.

Schotel, G.D.J., *Anna Maria van Schurman*, 's Hertogenbosch, Gebroeders Muller, 1853.

Scott, S.P., *Corpus Juris civilis (The Civil law)*, Cincinnati, Central Trust company, Publishers, vol V, Livre XI.

Scudéry, Madeleine de, *Le Grand Cyrus*, (d'après l'édition de 1656), t. 10, Genève, Slatkine, 1972.

Sénèque, *The Epistles of Lucius Anæus Seneca*, translated by Thomas Morel, London, W. Woodfall, 1786.

Shakespeare, *The Riverside Shakespeare*, Boston, Houghton Mifflin Company, 1974.

Simon, Richard, *Histoire critique du nouveau testament*, Rotterdam, Reinier Leers, 1690.

Sneller, Agnès, « Indien zij een man geweest was... », dans *A.M.V.S. (1607-1678)*, p. 139-157.

Stace, *Les Silves*, tome II, éd. H. Frère et H.J. Isaac, Paris, Les belles lettres, 1961.

Stephan, Raoul, *Histoire du protestantisme français*, Paris, Arthème Fayard, 1961.

Sutherland, Ann et Nochlin, Linda, *Women artists : 1550-1950*, New York, A.A. Knopf, 1976.

Tallemant des Réaux, *Historiettes*, t. I et II, éd. Antoine Adam, Paris, Gallimard (La Pléiade), 1960-1961.

Tertullien, *À son épouse*, éd. Charles Munier, Paris, Éd. du Cerf, 1980.

Tester, S.J., *A History of Western Astrology*, New Hampshire, The Bodell press, 1987.

Van Beek, Pieta, « Het Babel van haar tijd : Anna Maria van Schurman (1607-1678) en haar kennis van (oosterse) talen », dans *Tijdschrif vir Nederlands en Afrikaans*, 6e année, 1999.

Van der Stighelen, Katlijne « Et de ses artistes mains (...), De kunstzinnighijd van Anna Maria van Schurman », dans *A.M.V.S. (1607-1678)*, p.61-74.

Van der Stighelen, Katlijne, *Anna Maria van Schurman, of « Hoe hooge dat een maeght kan in de konsten stijgen »*, Leuven, Universitaire Pers, 1987.

Van Eck, Caroline, « Het eerste nederlandse feministische traktaat ? », dans *A.M.V.S. (1607-1678)*, p. 49-60.

Van Schurman, A.M., *Opuscula Hebraea, Graeca, Latina, Gallica : prosaica et metrica*, Leiden, Elsevier, 1650.

Van Schurman A.M., *Opuscula Hebraea, Graeca, Latina, Gallica : prosaica adque metrica*, Utrecht, Joh. Wasberge, 1652.

Van Schurman, A.M., *Eucleria of Uitkiezing van Het beste deel*, Amsterdam, Jacob vande Velde, 1684 (fac-similé De Tille, Leeuwarden, 1978).

Venesoen, Constant, « La cause caduque des femmes dans l'*Égalité des hommes et des femmes* de Marie de Gournay », *LittéRéalité*, VIII, 1, Printemps/Été 1996, p. 49-63.

Venesoen, Constant, *Études sur la littérature féminine au XVIIe siècle*, Birmingham, Alabama, Summa Publications, 1990.

Venesoen, Constant, « Mademoiselle de Gournay et l'érudition classique », *Les Lettres romanes*, XLIII, 4, 1989, p. 283-296.

Vivès, Louis, *Livre de l'institution de la femme chrestienne*, Genève, Slatkine Reprints (d'après l'édition du Havre de 1891), 1970.

Voisine, J., « Un astre éclipsé : Anne Marie de Schurman (1607-1678) », *Études germaniques*, 27, nov.-déc. 1972, 4, p. 501-531.

Zinguer, Ilina, *Misères et grandeurs de la femme au XVIe siècle, de Nicole Liébault*, Genève-Paris, éd. Slatkine, 1982.

TABLE DES MATIÈRES

IMPRIM'VERT®

Achevé d'imprimer par Corlet,
Condé-en-Normandie (Calvados),
en Février 2022
N° d'impression : 174921 - dépôt légal : Février 2022
Imprimé en France